新东方 XDF.CN

MW01713491

IELTS 词汇

Vocabulary Classified

词以类记

■ 张红岩 编著

浙江教育出版社·杭州

图书在版编目(CIP)数据

词以类记. IELTS词汇 / 张红岩著. —杭州：浙江教育出版社，2014（2016.4重印）
ISBN 978-7-5338-9375-0

Ⅰ. ①词…　Ⅱ. ①张…　Ⅲ. ①IELTS—词汇—自学参考资料　Ⅳ. ①H313

中国版本图书馆CIP数据核字（2014）第096272号

词以类记：IELTS词汇

出版发行	浙江教育出版社 （杭州市天目山路40号　　邮编：310013）
著　　者	张红岩
责任编辑	孔令宇
责任校对	蔡　歆
责任印务	时小娟
封面设计	大愚设计
印　　刷	北京鑫海达印刷有限公司
开　　本	880mm×1230mm　1/32
印　　张	12.5
字　　数	300 000
版　　次	2014年9月第1版
印　　次	2016年4月第5次印刷
标准书号	ISBN 978-7-5338-9375-0
定　　价	38.00元
联系电话	0571 - 85170300 - 80928
电子邮箱	bj62605588@163.com
网　　址	www.zjeph.com

自 序

读一本好书，就像在与作者进行一次深刻的精神对话，那个作者的知识或观点会潜移默化地对你产生正面或负面的影响；背一本词汇书，则更需要作者给你更多的精神力量，才能对得起你至少一个月时间与这本书的相濡以沫、形影不离。遗憾的是很多词汇书没有能够把自己的思想灌输在里面，常常是因为“对话”乏味而没有将思想交流进行到底。

给词汇注入思想，重在组织安排词汇时巧妙的智力思维，以及体现在纸面上的有如教师亲临的把控感。这些在母语者和英语教研专家眼中很普通的词汇，对于我国多数考生来说还是构成了一个不大不小的挑战的。以通常半年的准备周期而言，能够在前一个月解决词汇问题的考生能很快体验到幸福，如果两个月才过词汇关，会有艰涩感，而用了3个月或更多时间来做此事，则常常会令人开始慨叹人生的意义究竟何在，因为那确实是一个很痛苦、很枯燥的过程。如何让词汇记忆过程更高效、更愉悦，是这些年我不断研究的一个重要课题。

在过去十多年有关英语考试的教学与研究中，我发现所有词汇量比较大的同学都有这样一个共性，其所掌握的单词在大脑中都不是以点状存储的，而是典型的网状结构。实际中，每当你向他/她提问一个单词，他/她可能会很快想出该单词的同义词或者反义词，也就是说以任何一个词为中心，都会牵扯出一串相关单词，没有这种自然联想思维的人恐怕词汇量大不了。在很多场千人讲座中，我随意向一个学生提问一个单词，比如说：strange, 那些词汇量较大的同学就会自然联想到这个词在IELTS中常考的其他同义词，如：bizarre, weird, eccentric, erratic 等，我问一个学习GRE的学生：abstract，则他/她可能联想出其反义词 concrete。对于一个词汇量比较大的学生来说，建立词与词之间的关联记忆是快速扩大词汇量的关键，对于某种特殊考试，还需要强化建立词与词之间相应的特定联系，比如IELTS、TOEFL考试要建立同义词联想，而GRE考试要建立反义词联想。

记忆心理学家告诉我们，要想使大脑中储存的东西具有这种联系，并不是靠自己的头脑本身具有的分类检索能力，相关词汇不会只待你一声令下就依次列出，而需要我们在存储词汇的时候就以相互关联的方式完成。针对IELTS考试创立适用于该考试的记忆方式是本书的主要特色。

《词以类记：IELTS词汇》将雅思词汇分为28个学科，8个意群。在学科和意群中词汇的排列遵循一定的逻辑顺序，如同你在课上听讲时所做的笔记一样，长串的单词就这样注入你的大脑。本书的姐妹篇《词以类记：TOEFL iBT词汇》自06年底面世后迅速成为同类词汇书中的销量冠军，证实了“词以类记”这种记忆方法的科学性和有效性。IELTS词汇与TOEFL词汇属于同一层次上的词汇，有相当的共性，同时也有反映英联邦文化的一些自有词汇，在本书中都有比较全面的体现。

根据我留学期间的体验和多年来从事英语教学与研究的经验，我认为中国学生必须先明白下面两个基本问题的答案，因为我认为能否清晰认识下列问题直接决定着是否能很快突破词汇关并获得理想分数。

1. 为什么要通过记诵方式扩大词汇量？如果达不到相应的词汇量，对考试成绩会产生很大影响吗？

对第一个问题的不清晰导致没有真正意识到词汇量对考试成绩的重要性，不知道未来留学生活所需词汇90%以上来自准备IELTS或TOEFL考试的被迫积累，结果很可能导致学了很多所谓技巧而在现实中无法应用，就像只练习招式而从不修炼内功，词汇量不足的留学意味着在众多场合的必然劣势：我国大学英语教育培养大学生具备的英语词汇量约为4,500左右，而很好地应对IELTS考试需要的词汇量在6,000～8,000左右。这个差距客观存在并且直接产生了分数的差异，IELTS分数6分以下、TOEFL iBT 90分以下的考生无一例外都是在词汇量上出现了问题，表现在阅读速度低下、写作词汇贫乏、听力词汇超了自己的“纲”，我没有把口语中偶尔精确地使用一些IELTS词汇作为提高分数的必要手段，当然，我还得告诉你未来在欧美课堂上的辩论、发言你是不能总使用简单词汇的。就目前情况看，如果大学毕业后寄希望于词汇的自然增长而达到不需要为IELTS考试扩充词汇量的程度，可能需要一个勤奋努力的大学英语教师两年左右的时间。一句话，靠自然增长对于不是以英语为职业的绝大多数考生来说，在合理的IELTS准备期间（一般为3～6个月），唯一的方法是背诵词汇。通过做真题直接记忆IELTS词汇会浪费真题的宝贵模拟价值；靠漫无边际的英文杂志阅读可能会导致无的放矢，同时需要克服惰性；靠老师在课上讲笑话记单词，数量十分有限；最后只好靠背单词来记忆单词，这是非英语专业的绝大多数中国考生最后不得不走的词汇突破之路，这也是我于1997年在新东方开始讲授留学课程时分析的实际情况，比较粗鲁，但很实际地告诉了初学者背诵词汇的重要作用。今天比较成熟的留学培训行业再怎么演化，也都不会忘记敦促学生狂背单词，毕竟，没有了词汇的基石，任你有多少套“降龙十八掌”也发挥不了功效，而一旦内力深厚，就可以简单地料理敌人了。

2. 背单词只能增长短期的、被动式的词汇量，和真实的英语实力无任何关系，不是吗？

这种认识使得大家即便是在背单词也心有不甘，而导致惰性增加、效率降低。

必须认识到这一点：

很多留学生在留学期间还带着词汇书，背过的单词总归是熟悉的，以应用为目的时这些词汇依然非常好用。

如果从长远着眼，现在背单词时也应该把词汇背得更熟一些，可以采用以下方法：

a. 重视例句、真题中词汇的应用方式，使它成为写作中可能应用到的积极词汇；
b. 重视单词发音，经常听配套MP3，使得这些词汇能成为听力中的积极词汇；
c. 跟读发音，未来有机会使用的时候保证口腔肌肉对其有记忆。

实现上面三点并不影响背单词的效率，反而会加深对词汇的理解式记忆。

将符合成年人记忆习惯的分类思维和IELTS考试的词汇记忆需求相结合，把作者的思想灌注于词汇书的编排中，从而让学习者有条理地、科学地记单词，是“词以类记”系列词汇书的宗旨。

本书的编写，不仅受益于笔者持续至今十多年的对各类英语考试的教学和研究，更得益于多年来记忆心理学家、IELTS考试教学专家的研究分享。留学澳大利亚归国的李振华先生为本书编辑工作作出了重要贡献，新东方大愚文化传播有限公司的诸位编辑为此书提供了专业的编辑思路和中肯的建议，特此感谢！

张红岩

说明：IELTS词汇的记忆方法

下面的方法经过新东方数十万学生检验，是符合绝大多数考生记忆规律的原则：

1. 少量多次：正常情况是一天学习60个新词汇，这比较符合认知心理学原理。很多记忆心理学研究表明，一个正常人一天能够很好接受的外语生词数量在30个左右，只有在主观积极性极强、自信心合理膨胀的时候才可能超水平发挥，但也就是双倍而已，所以60个左右生词数为上限，这意味着你一天可以背120～150个左右的单词，因为其中有一半甚至更多是你以往已经熟悉的，如此而已，不可贪多；假如一天背单词的时间是两个小时，最好分成几次实现，如果能利用各种可能的时间记忆，比如上下班(学)时听MP3记忆，睡觉前再看一些，这样比整个上午都不停地背单词效果更好。

2. 主次分明：初记时每个单词都应仔细看一遍，遇到熟悉的词汇要验证有没有考到它不常见的用法。在此基础上，标记出每课中较生疏的词汇，以便复习时重点记忆。经验表明，你以往就熟悉的单词，不会因为在这里冷落了它而忘记。这样区分有助于你减轻负担，提高效率。

3. 学而时习：开始背新一课前应复习上次背过的词汇，也可以参考艾宾浩斯遗忘曲线来完成背诵计划。如有以下情况更需要花一点时间来复习查证，参照相关部分复习：阅读中或做题时遇见了曾背过的词汇，却忘了什么意思；一些比较接近的词汇经常在头脑中纠缠不清；背新单词时联想到了以往的词汇，一时却想不起来精确的拼写和发音。

4. 背与练结合：每背完一个部分，就要做后面相应的练习，作为阶段成果检验，即便练习做得很差，也可以激励你更加努力。

5. 研习词根、词缀：对于给出词根词缀记忆法同时又是你不熟悉的词汇，建议一定仔细钻研之，因为词根、词缀不仅可以加深理解记忆，还可以培养大家根据词根、词缀推测词义的能力，在考试中这种能力很有用处。

目录一

目录二

按学科分类

按意群分类

事物属性

人类生活

❖ 品德品行 ❖

❖ 万事万物 ❖

❖ 心理 ❖

❖ 行为 ❖

❖ 状态 ❖

❖ 语言 ❖

IELTS
按学科分类
Subjects

Word List 1

音频

气 象

arid [ˈærid] *adj.* 干旱的(barren, dry)

【例】The desert is an *arid* place.

atmosphere [ˈætməsfiə] *n.* 气氛；大气层

【例】The Smiths' favorite restaurant has a friendly, relaxed *atmosphere*.

balmy [ˈbɑːmi] *adj.* 温和的(mild, temperate, moderate)

【记】balm(安慰)+y→温和的

【例】The Virgin Islands, located in the Caribbean, have a *balmy* climate.

barometer [bəˈrɔmitə] *n.* 气压计(indicator)

【记】baro(压力)+meter→气压计

【例】A *barometer* is useful in predicting the weather.

blast [blɑːst] *n.* 一阵(风)(gust, blow)

【例】The leaves were lifted into the air by a sudden *blast* of wind.

blizzard [ˈblizəd] *n.* 大风雪

breeze [briːz] *n.* 微风

chill [tʃil] *vt.* 使变冷 *n.* 寒冷

【例】There is quite a *chill* in the air this morning.

chilly [ˈtʃili] *adj.* 寒冷的

【例】It is a bit *chilly* outside today.

climate [ˈklaimit] *n.* 气候(weather)；气氛(atmosphere)

【例】Britain has a temperate *climate*.

condense [kənˈdens] *v.* (使)浓缩，精简

【例】Soup *condenses* when boiled.

convection zone 对流层

crystal [ˈkristl] *n.* 水晶，晶体

current [ˈkʌrənt] *n.* 气流

damp [dæmp] *n.*潮湿 *adj.* 潮湿的，有湿气的(wet, moist)

【例】Do not stay outside in the *damp*.

dank [dæŋk] *adj.* 阴湿的(damp, clammy)

【例】The cave is *dank* and dark.

dew [djuː] *n.* 露，露水般的东西

downpour [ˈdaunpɔː(r)] *n.* 倾盆大雨

drizzle [ˈdrizl] *v.* 下细雨(rain, sprinkle)

【例】It *drizzles* quite often in southern China around May.

droplet [ˈdrɔplit] *n.* 小滴

drought [draut] *n.* 干旱(aridity, dry period, prolonged lack of rain)

frigid [ˈfridʒid] *adj.* 严寒的(icy, freezing); 冷淡的

【记】frig(寒冷)+id→严寒的

【例】Students who come from southern China are not used to *frigid* weather.

frost [frɔst] *n.* 霜, 霜冻, 严寒 *v.* 结霜

【例】*frost* heaving霜洼

funnel [ˈfʌnəl] *n.* 漏斗云

gale [geil] *n.* 大风(storm,tempest)

greenhouse effect *n.* 温室效应

【例】The *greenhouse effect* leads to global warming.

hail [heil] *n.* 冰雹; 致敬, 招呼

humid [ˈhjuːmid] *adj.* 潮湿的(damp, moist)

【例】People from northern China could not adapt to the *humid* weather in south China.

humidity [hjuːˈmiditi] *n.* 潮湿(moisture)

【记】humid(湿)+ity→潮湿

hurricane [ˈhʌrikən] *n.* 飓风

【例】The *hurricane* caused huge damage to the village.

meteorology [ˌmiːtjəˈrɔlədʒi] *n.* 气象学; 气象状态

moisture [ˈmɔistʃə] *n.* 潮湿, 湿气

oxygen [ˈɔksidʒən] *n.* 氧气

【记】oxy(氧)+gen→氧气

【例】The main parts of the air are composed of *oxygen* and nitrogen.

ozone layer *n.* 臭氧层

precipitate [priˈsipiteit] *v.* 加速

【记】pre(提前)+cipit(落下)+ate→降下

precipitation [priˌsipiˈteiʃən] *n.* 降水

【例】The annual *precipitation* of the region this year is higher than that of last year.

saturate [ˈsætʃəreit] *v.* 使饱和, 浸透, 使充满

【例】I went out in the rain and got *saturated*.

fog [fɔg] *n.* 雾

【记】比较frog(青蛙)

serene [siˈriːn] *adj.* 晴朗的; 平静的

【记】seren(安静)+e→平静的

【例】It is a dream of the white collars to go to the *serene* countryside in the weekends.

smog [smɔg] *n.* 烟雾

temperature [ˈtempritʃə(r)] *n.* 温度

tempest [ˈtempist] *n.* 暴风雨

【例】The *tempest* brought water to the crops.

tepid [ˈtepid] *adj.* 微温的(lukewarm, warm)

【例】The water is *tepid*. / Their performance only received *tepid* applause.

tornado [tɔːˈneidəu] *n.* 旋风，龙卷风，大雷雨

troposphere [ˈtrɔpəusfiə] *n.* 对流层

typhoon [taiˈfuːn] *n.* 台风

vapor [ˈveipə] *n.* 水汽，水蒸气

whirlwind [ˈ(h)wəːlwind] *n.* 旋风

You will never have what you like until you learn to like what you have.

—Goethe

欲得到你喜欢的东西，应先学会喜欢你已有的东西。

——歌德

Word List 2

音频

宗　教

Christianity [ˌkristiˈæniti] *n.* 基督教；基督精神

【例】*Christianity* was founded on the life and teachings of Jesus.

Catholicism [kəˈθɔlisizəm] *n.* 天主教

Protestantism [ˈprɔtistəntizəm] *n.* 新教，新教徒，新教教义

reformation [ˌrefəˈmeiʃən] *n.* 改革，革新；宗教改革

【例】The *Reformation* movement in Western Europe aimed at reforming some doctrines and practices of the Roman Catholic Church and resulted in the establishment of the Protestant churches.

Lutheranism [ˈluːθərənizəm] *n.* 路德教

Calvinism [ˈkælviniz(ə)m] *n.* 加尔文教派，加尔文主义

【例】*Calvinism* refers to the religious doctrines of John Calvin, emphasizing the omnipotence of God and the salvation of the elect by God's grace alone.

Methodism [ˈmeθədiz(ə)m] *n.* 卫理公会；美以美教派教会；卫理公会的教义和礼拜方式

Puritanism [ˈpjuritənizəm] *n.* 清教，清教徒主义

【例】*Puritanism* refers to the practices and doctrines of the Puritans.

Judaism [ˈdʒuːdeiizəm] *n.* 犹太教

Islamism [ˈizləmizəm] *n.* 伊斯兰教

Buddhism [ˈbudizəm] *n.* 佛教

Daoism [ˈdɔːizəm] *n.* 道教

paganism [ˈpeigənizəm] *n.* 异教，异教信仰

fetishism [ˈfetiʃiz(ə)m] *n.* 拜物主义，物神崇拜，盲目崇拜

atheism [ˈeiθiizəm] *n.* 无神论(无神论者atheist)

【记】a(无)+the(神)+ism→无神论

【例】Anne's *atheism* contrasted with her friend's strong religious beliefs.

Cowards die many times before their deaths.

—*Julius Caesar*

懦夫在未死之前，已经历多次死亡的恐怖了。

——朱利叶斯·凯撒

Word List 3

音频

动　物

mammal [ˈmæməl] *n.* 哺乳动物

【记】mamma(乳)+l→哺乳动物

【例】Human beings are natural enemies to *mammals*.

buffalo [ˈbʌfələu] *n.* 水牛；(北美)野牛

calf [kɑːf] *n.* 小牛，小牛皮

zebra [ˈziːbrə] *n.* 斑马

antelope [ˈæntiləup] *n.* 羚羊

gazelle [gəˈzel] *n.* 瞪羚

reindeer [ˈreinˌdiə] *n.* 驯鹿

dromedary [ˈdrʌmədəri] *n.* 单峰骆驼

rhinoceros [raiˈnɔsərəs] *n.* 犀牛

leopard [ˈlepəd] *n.* 豹；美洲豹，美洲虎

beaver [ˈbiːvər] *n.* 海狸，河狸

chimpanzee [ˈtʃimpənˈziː] *n.* 黑猩猩

gorilla [gəˈrilə] *n.* 大猩猩

hedgehog [ˈhedʒhɔg] *n.* 刺猬；美洲箭猪，豪猪

walrus [ˈwɔːlrəs] *n.* 海象

eagle [ˈiːgl] *n.* 鹰；鹰状标饰

【例】bald *eagle* 白头鹫

falcon [ˈfɔːlkən] *n.* 隼，猎鹰

vulture [ˈvʌltʃə(r)] *n.* 兀鹫；贪婪的人

turkey [ˈtəːki] *n.* 火鸡

peacock [ˈpiːkɔk] *n.* 孔雀

ostrich [ˈɔstritʃ] *n.* 鸵鸟；鸵鸟般的人，回避现实的人

seagull [ˈsiːgʌl] *n.* 海鸥

canary [kəˈnɛəri] *n.* 金丝雀

reptile [ˈreptail] *n.* 爬行动物；卑鄙的人

batrachia [bəˈtreikjə] *n.* 无尾两栖类，蛙类

python [ˈpaiθɔn] *n.* 大蟒，巨蟒

rattlesnake [ˈræt(ə)lsneik] *n.* 响尾蛇

lizard [ˈlizəd] *n.* 蜥蜴

chameleon [kəˈmiːliən] *n.* 变色龙

crocodile [ˈkrɔkədail] *n.* 鳄鱼

turtle [ˈtəːtl] *n.* 海龟

salmon [ˈsæmən] *n.* 鲑鱼，大麻哈鱼

sardine [sɑːˈdiːn] *n.* 沙丁鱼

cicada [siˈkeidə] *n.* 蝉

dragonfly [ˈdrægənflai] *n.* 蜻蜓

cricket [ˈkrikit] *n.* 蟋蟀

centipede [ˈsentipiːd] *n.* 蜈蚣

butterfly [ˈbʌtəflai] *n.* 蝴蝶

scorpion [ˈskɔːpiən] *n.* 蝎子

mollusk [ˈmɔləsk] *n.* 软体动物

crustacean [krʌˈsteiʃən] *n.*甲壳纲动物

cuttlefish [ˈkʌtlfiʃ] *n.* 墨鱼，乌贼

octopus [ˈɔktəpəs] *n.* 章鱼

lobster [ˈlɔbstə] *n.* 龙虾

prawn [prɔːn] *n.* 对虾，明虾，大虾

worm [wəːm] *n.* 虫，蠕虫

earthworm [ˈəːθwəːm] *n.* 蚯蚓

baboon [bəˈbuːn] *n.* 狒狒

moth [mɔθ] *n.* 蛾；蛀虫

caterpillar [ˈkætəpilə] *n.* 毛虫

dinosaur [ˈdainəsɔː] *n.* 恐龙

larva [ˈlɑːvə] *n.* 幼虫

family [ˈfæmili] *n.* 科

class [klɑːs] *n.* 纲

order [ˈɔːdə] *n.* 目

suborder [ˈsʌbˌɔːdə] *n.* 亚目

genus [ˈdʒiːnəs] *n.* 种，类

antenna [ænˈtenə] *n.* 触须

tentacle [ˈtentəkl] *n.*（动物）触须，触角；（植物）腺毛

spleen [spliːn] *n.* 脾脏

hide [haid] *n.* 兽皮（skin）

【例】Boots made of buffalo *hides* are popular in the western part of the country.

spine [spain] *n.* 脊骨（backbone）

toe [təu] *n.* 脚趾

bill	[bil] *n.* 鸟嘴
beak	[biːk] *n.* 鸟嘴，喙
fuzzy	[ˈfʌzi] *adj.* 有绒毛的，绒毛状的(frizzy, downy)
scale	[skeil] *n.* 鳞片；障眼物
	【例】The *scales* fell from my eyes: he had been lying all the time.
nervous	[ˈnəːvəs] *adj.* 神经的
	【记】nerv(神经)＋ous→神经的
	【例】He was quite *nervous* when they first met.
grease	[griːs] *n.* 动物脂；脂肪
	【例】The *grease* from pork can be used for frying.
jellyfish	[ˈdʒelifiʃ] *n.* 水母
	【记】jelly(胶冻，果冻)＋fish(鱼)→水母
starfish	[ˈstɑːfiʃ] *n.* 海星
porpoise	[ˈpɔːpəs] *n.* 海豚，小鲸
dolphin	[ˈdɔlfin] *n.* 海豚
shrimp	[ʃrimp] *n.* 小虾
sponge	[spʌndʒ] *n.* 海绵；海绵体；海绵状物
plankton	[ˈplæŋkt(ə)n] *n.* 浮游生物
oyster	[ˈɔistə] *n.* 牡蛎，蚝
clam	[klæm] *n.* 蛤
coral	[ˈkɔrəl] *n.* 珊瑚；珊瑚虫
crab	[kræb] *n.* 螃蟹，类似螃蟹的动物

Life is just a series of trying to make up your mind.

—T. Fuller

生活只是由一系列下决心的努力所构成的。

——富勒

Word List 4

音频

化　　学

reagent [ri(ː)ˈeidʒənt] *n.* 反应力；反应物；试剂

element [ˈelimənt] *n.* 元素，成分

【例】Water is made of two *element*: oxygen and hydrogen.

compound [ˈkɔmpaund] *n.* 化合物

molecule [ˈmɔlikjuːl] *n.* 分子；摩尔

electron [iˈlektrɔn] *n.* 电子

isotope [ˈaisəutəup] *n.* 同位素；核素

polymer [ˈpɔlimər] *n.* 聚合体

alloy [ˈælɔi] *n.* 合金

metal [ˈmetl] *n.* 金属

metalloid [ˈmetəlɔid] *n.* 非金属

derivative [diˈrivətiv] *n.* 衍生物

alkali [ˈælkəlai] *n.* 碱；碱金属 *adj.* 碱性的

hydrate [ˈhaidreit] *n.* 水合物

action [ˈækʃən] *n.* 作用

【例】Catalysts are sometimes used to accelerate chemical *action*.

adhesive [ədˈhiːsiv] *n.* 黏合剂 *adj.* 胶粘的；黏着性的

alchemy [ˈælkimi] *n.* 炼金术；魔力

biochemistry [ˌbaiəuˈkemistri] *n.* 生物化学

【记】bio(生物)+chemistry(化学)→生物化学

bleach [bliːtʃ] *vt.* 去色；漂白(blanch, whiten) *n.* 漂白剂

【例】Please soak shirts in *bleach* to remove the stains.

blast [blɑːst] *v.* 爆破

【例】The village was *blasted* by enemy bombs.

calcium [ˈkælsiəm] *n.* 钙(元素符号Ca)

carbon [ˈkɑːbən] *n.* 碳

catalysis [kəˈtælisis] *n.* 催化作用(催化剂catalyst)

caustic [ˈkɔːstik] *adj.* 腐蚀性的(abrasive, corrosive)

【例】Some chemicals are *caustic* by nature.

combination [ˌkɔmbiˈneiʃən] *n.* 化合；组合

【例】The safe *combination* of the two chemicals required a complicated chemical process. / This is a *combination* of two powerful ingredients.

corrode [kəˈrəud] *v.* 腐蚀(erode, eat away)

【记】比较erode(腐蚀)

【例】The metal has *corroded* (away) because of rust.

crystal [ˈkristl] *adj.* 结晶状的

decay [diˈkei] *v.* (使)腐败(rot, decompose)

【例】Sugar *decays* our teeth.

decomposition [ˌdiːkɔmpəˈziʃən] *n.* 分解；腐烂

erode [iˈrəud] *vt.* 蚀，腐蚀(corrode, wear away)

【例】The sea has *eroded* the cliff face over the years.

explode [ikˈspləud] *v.* (使)爆炸(blast)

【例】The red balloon *exploded* when I popped it with a pin.

explosive [ikˈspləusiv] *adj.* 爆炸的 *n.* 炸药

【例】Dynamite is highly *explosive*./ Politics can be an *explosive* issue.

gasoline [ˈgæsəliːn] *n.* 汽油

ignite [igˈnait] *vt.* 使燃着(inflame, kindle)

【例】A smoldering cigarette *ignited* the newspapers.

impurity [imˈpjuəriti] *n.* 杂质

iodine [ˈaiədiːn] *n.* 碘，碘酒

methane [ˈmeθein] *n.* 甲烷，沼气

neutralize [ˈnjuːtrəlaiz] *v.* 中和(counteract)

【例】Alkalis *neutralize* acids.

nickel [ˈnikl] *n.* 镍；镍币

nitrogen [ˈnaitrədʒən] *n.* 氮

particle [ˈpɑːtikl] *n.* 颗粒，微粒

【记】比较article(文章)

polymerization [ˌpɔlimərai ˈzeiʃən] *n.* 聚合

scorch [skɔːtʃ] *vt.* 使褪色(discolor)

【例】Do not leave the iron on that delicate fabric or the heat will *scorch* it.

silicon [ˈsilikən] *n.* 硅，硅元素

sodium [ˈsəudjəm] *n.* 钠

solubility [ˌsɔljuˈbiliti] *n.* 溶度，溶性；可解决性，可解释性

solvent [ˈsɔlvənt] *adj.* 溶解的；有溶解力的；有偿付能力的 *n.* 溶媒，溶剂

sulfur [ˈsʌlfə] *n.* 硫磺

synthetic [sinˈθetik] *adj.* 综合的；合成的(artificial, man-made)

tint [tint] *vt.* 上色，染色 *n.* 上色；色彩(tinge, hue)

【例】At dawn, the sky *tints* with green and pink./ His comments were *tinted* with irony.

zinc [ziŋk] *n.* 锌

solution [sə'luːʃn; sə'ljuʃən] *n.* 解答，解决办法；溶解，溶液

rotten ['rɔtn] *adj.* 腐烂的(decaying, decomposed)

【例】The *rotten* fruit smelled horrible.

We must accept finite disappointment, but we must never lose infinite hope. *—Martin Luther King, Jr.*

我们必须接受失望，因为它是有限的，但千万不可失去希望，因为它是无穷的。——马丁·路德·金

Word List 5

音频

教　　育

compulsory [kəm'pʌlsəri] *adj.* 必须做的，必修的；被强迫的，被强制的，义务的

【例】Education is *compulsory* in Britain.

optional ['ɔpʃənəl] *adj.* 任选的，可自由选择的

【记】option(选择)＋al→任选的

elective [i'lektiv] *adj.* 可选修的

obligatory [ɔ'bligətri; –tɔːri] *adj.* 必修的

Socratic [sɔ'krætik] *adj.* 苏格拉底式的

subject ['sʌbdʒikt] *n.* 科目，学科

discipline ['disiplin] *n.* 纪律；学科

interdisciplinary [ˌintə(ː)'disiplinəri] *adj.* 各学科间的

instruct [in'strʌkt] *v.* 教，教导；命令，指示；通知

【例】She *instructs* music once a week at a middle school.

enlighten [in'laitn] *v.* 启迪，教化

【记】en＋light(光)＋en→启迪，教化

【例】The speaker *enlightened* the students about the importance of being critical and skeptic.

curriculum [kə'rikjuləm] *n.* 课程

mathematics [ˌmæθə'mætiks] *n.* 数学

science ['saiəns] *n.* 科学，自然科学；理科

arts [ɑːts] *n.* 文科

humanities [hjuː'mænitis] *n.* 人文学科

literacy ['litərəsi] *n.* 有文化；有教养；有读写能力

illiteracy [i'litərəsi] *n.* 文盲

primary ['praiməri] *adj.* 初步的，初级的

secondary ['sekəndəri] *adj.* 二级的，中级的

tertiary ['təːʃəri] *adj.* 高等的；第三的，第三级的

matriculate [mə'trikjuleit] *v.* 被录取入学

enroll [in'rəul] *v.* 登记；招收；使入伍(或入会、入学等)

admission [əd'miʃən] *n.* 准许进入；准许加入

inculcate [in'kʌlkeit] *v.* 谆谆教诲

rote learning 机械学习

credit ['kredit] *n.* 学分

semester [si'mestə] *n.* 学期

specialization [ˌspeʃəlaiˈzeiʃən] n. 专门化；专业
major [ˈmeidʒə] n. 主修课
minor [ˈmainə] n. 副修科目
mobility [məuˈbiliti] n. 活动性，机动性
internationalization [intəˌnæʃənəlaiˈzeiʃən] n. 国际化
confer [kənˈfəː] v. 授予（称号、学位等）
award [əˈwɔːd] v. 授予；判给 n. 奖学金
specialty [ˈspeʃəlti] n. 专业
academia [ˌækəˈdiːmjə] n. 学术界，学术环境
symposium [simˈpəuziəm] n. 讨论会，座谈会
autonomy [ɔːˈtɔnəmi] n. 自治
heuristic [hjuəˈristik] adj. 启发式的
elicitation [iˌlisiˈteiʃən] n. 引出，诱出，抽出；启发
universal [ˌjuːniˈvəːsəl] adj. 普遍的，全体的，通用的
elementary [ˌeliˈmentəri] adj. 初步的，基本的
vocational [vəuˈkeiʃənəl] adj. 职业的
faculty [ˈfækəlti] n. 才能，本领，能力；全体教员
chancellor [ˈtʃɑːnsələ] n. 大学校长
extracurricular [ˌekstrəkəˈrikjulə(r)] adj. 课外的，业余的
alumna [əˈlʌmnə] n. 女毕业生，女校友

【记】比较Alumnus（男毕业生，男校友）

transcript [ˈtrænskript] n. 成绩单
dissertation [ˌdisə(ː)ˈteiʃən] n. 论文；专题；论述
thesis [ˈθiːsis] n. 论题，论文
scholarship [ˈskɔləʃip] n. 奖学金；学问，学识
tuition [tjuːˈiʃən] n. 学费
accommodation [əˌkɔməˈdeiʃən] n. 住处，膳宿
allowance [əˈlauəns] n. 津贴，补助
didactic [diˈdæktik] adj. 教诲的，说教的（instructive）

【例】I do not like his *didactic* way of explaining things.

Word List 6

音频

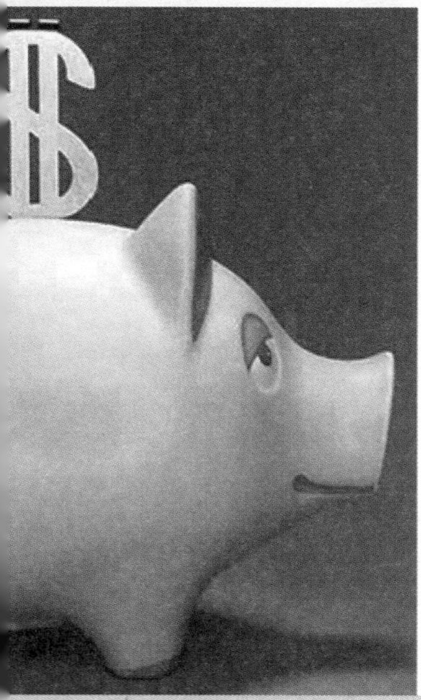

经　济

production [prə'dʌkʃən] *n.* 生产，产品；作品；（研究）成果
【例】*Production* of computers has doubled in the last few weeks.

saving ['seiviŋ] *n.* 储蓄
【例】Investment and *savings* are co-related.

investment [in'vestmənt] *n.* 投资；可获利的东西
【例】Ten million dollars was the amount of the *investment* sent to China to create joint adventure.

expenditure [iks'penditʃə] *n.* 支出，花费

capital ['kæpitəl] *n.* 资本，资金；资产
【例】He invested his *capital* to the best advantage.

currency ['kʌrənsi] *n.* 通货；通用；市价
【例】We exchanged our *currency* at a bank in the airport.

denomination [diˌnɔmi'neiʃən] *n.* （种类、数值或大小的）单位
【例】Cash registers have compartments for bills of different *denominations*.

demand [di'mɑːnd] *n.* 要求，需求（量）；需要

supply [sə'plai] *n.* 补给，供给；供应品

purchase ['pəːtʃəs] *n.* / *vt.* 购买（buy）
【例】The *purchasing* power of the people has been increasing.

inflation [in'fleiʃən] *n.* 通货膨胀
【例】*Inflation* erodes the purchasing power of the families with lower income.

monetary ['mʌnitəri] *adj.* 货币的；金钱的
【例】The *monetary* system of certain countries used to be based on gold.

microeconomics [ˌmaikrəuˌiːkə'nɔmiks] *n.* 微观经济学

macroeconomics [ˌmækrəuˌiːkə'nɔmiks] *n.* 宏观经济学

consume [kən'sjuːm] *v.* 消费，消耗（spend）
【记】con＋sum（结束）＋e→全部结束→消耗
【例】Americans *consume* a huge amount of sugar each year.

distribution [ˌdistri'bjuːʃən] *n.* 分配，分发；配给物
【例】*Distribution* is the process of marketing and supplying goods, especially to retailers.

durability [ˌdjuərə'biliti] *n.* 经久；耐久力

nominal ['nɔminl] *adj.* 名义上的；近似的，大约的
【例】*Nominal* gross domestic production differs from real gross domestic production.

taxation [tækˈseiʃən] *n.* 课税，征税，抽税；税款，估定的税额

【例】Government employs *taxation* to collect money.

externality [ˌekstəːˈnæliti] *n.* 外部因素；可能影响行动进程的偶然条件

【例】Our economic system treats environmental degradation as an *externality*.

asymmetric [ˌæsiˈmetrik] *adj.* 不均匀的，不对称的

fluctuate [ˈflʌktjueit] *vi.* 变动，波动，涨落

predictability [priˌdiktəˈbiliti] *n.* 可预见性

trademark [ˈtreidmaːk] *n.* 商标

copyright [ˈkɔpirait] *n.* 版权，著作权

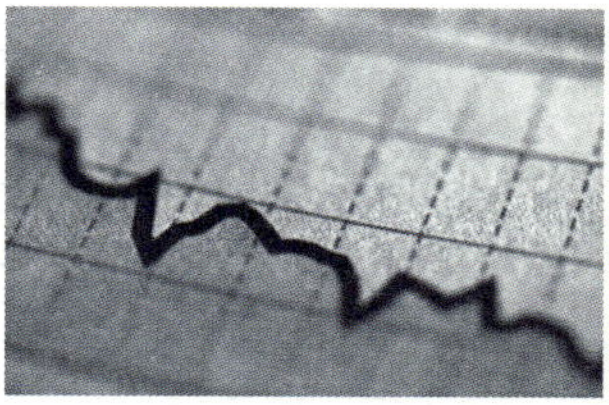

【例】*Copyright* protects the legal interests of authors.

brand [brænd] *n.* 商标，牌子；烙印

【例】Nike is a very famous *brand* of sports wear.

appreciation [əˌpriːʃiˈeiʃən] *n.* 增值

depreciation [diˌpriːʃiˈeiʃən] *n.* 贬值

【记】de(坏)＋preci(价值)＋ation→贬值

【例】*Depreciation* of the US dollar against the Chinese currency drives US export to China.

depression [diˈpreʃən] *n.* 萧条，不景气

【例】*Depression* is characterized by decreasing business activity, falling prices, and unemployment.

discount [ˈdiskaunt] *n.* 折扣

welfare [ˈwelfɛə] *n.* 福利；安宁，幸福；福利事业

efficiency [iˈfiʃənsi] *n.* 效率；功效

【例】The program was implemented with great *efficiency* and speed.

unemployment [ˌʌnimˈplɔimənt] *n.* 失业；失业人数

entrepreneur [ˌɔntrəprəˈnəː] *n.* 企业家；主办人

factor [ˈfæktə] *n.* 因素，要素

reserve [riˈzəːv] *vt.* 储备，保存，保留；预定，预约 *n.* 储备(物)，储藏量

【例】The government raised the official *reserve* ratio for commercial banks.

fiscal [ˈfiskəl] *adj.* 财政的；国库的；会计的；国库岁入的

【例】Monetary policy and *fiscal* policy are tools for the government to curb the development of the economy.

industrialization [inˌdʌstriəlaiˈzeiʃ(ə)n] *n.* 工业化，产业化

deflation [diˈfleiʃ(ə)n] *n.* 通货紧缩

index [ˈindeks] *n.* 指数，指标

securities [siˈkjuəritis] *n.* 证券

insurance [inˈʃuərəns] *n.* 保险；保险单；保险业；保险费

futures [ˈfjuːtʃəz] *n.* 期货

inventory [ˈinvəntri] *n.* 存货 *vt.* 盘存，盘点

financial [faiˈnænʃəl] *adj.* 财政的，金融的

【例】Mr. Danial is our *financial* adviser.

budget [ˈbʌdʒit] *n.* 预算 *vi.* 做预算，编入预算

【例】A new car will not be part of our *budget* this year.

equilibrium [ˌiːkwiˈlibriəm] *n.* 平衡，均衡；平静

【记】equi(等)+librium(平衡)→均衡

hyperinflation [ˌhaipərinˈfleiʃən] *n.* 恶性通货膨胀

aggregate [ˈægrigeit] *n.* 合计，总计；集合体

【例】*Aggregate* sales in that market is expected to grow.

incentive [inˈsentiv] *n.* 刺激；鼓励

【例】Taxation policy is sometimes used as *incentives* to attract investment.

profitability [ˌprɔfitəˈbiliti] *n.* 收益性，利益率

allocation [ˌæləuˈkeiʃən] *n.* 分配；安置

rigidity [riˈdʒiditi] *n.* 刚性；坚硬

share [ʃɛə] *n.* 共享，参与；一份，部分；份额，参股

stock [stɔk] *n.* 股本；股票，股份

Nasdaq [ˈnæzˌdæk] *n.* 纳斯达克(美国全国证券交易商协会自动报价表)

payment [ˈpeimənt] *n.* 付款，支付；报酬；偿还

stagger [ˈstægə] *v.* 摇晃，蹒跚；交错；摇摇摆摆

distortion [disˈtɔːʃən] *n.* 扭曲，变形；曲解；失真

function [ˈfʌŋkʃən] *n.* 功能，作用

tariff [ˈtærif] *n.* 关税；关税表

【例】*Tariff* for major items has been decreasing since China's entry into the WTO.

quota [ˈkwəutə] *n.* 配额；限额

【例】The *quota* system might contribute to corruption such as rent seeking.

textile [ˈtekstail] *n.* 纺织品

commodity [kəˈmɔditi] *n.* 日用品；商品

【例】*Commodities* are exchanged for money.

poverty [ˈpɔvəti] *n.* 贫穷，贫困；贫乏，缺少

scarcity [ˈskɛəsiti] *n.* 缺乏，不足

【例】Having looked to government for bread, on the first *scarcity* they will turn and bite the hand that fed them.

dearth [dəːθ] *n.* 缺乏，不足；饥荒

surplus [ˈsəːpləs] *n.* 剩余，过剩

privatize [ˈpraivətaiz] *vt.* 使归私有，使私人化

【例】To *privatize* state-owned enterprises is a way to increase the efficiency of the economy.

affluence [ˈæfluəns] *n.* 富裕，富足

【例】People who live in *affluence* do not know the pain of poverty.

prosperity [prɔsˈperiti] *n.* 繁荣

deprivation [ˌdepriˈveiʃən] *n.* 剥夺

paucity [ˈpɔːsiti] *n.* 缺乏，贫乏

plethora [ˈpleθərə] *n.* 过剩，过多

abundance [əˈbʌndəns] *n.* 丰富，充裕

compensate [ˈkɔmpənseit] *v.* 偿还；补偿；付报酬

merchandise [ˈməːtʃəndaiz] *n.* 商品，货物

enterprise [ˈentəpraiz] *n.* 企业，事业；计划；事业心，进取心

【例】Private *enterprise* is basic to capitalism.

commerce [ˈkɔmə(ː)s] *n.* 商业

【例】Our country has been trying to broaden its *commerce* with other nations.

account [əˈkaunt] *n.* 计算；账目

collateral [kəˈlætərəl] *adj.* 担保的

reimburse [ˌriːimˈbəːs] *v.* 偿还

refund [riːˈfʌnd] *v.* 退还，偿还 *n.* 归还；偿还额；退款

transaction [trænˈzækʃən] *n.* 交易；事务；处理事务

【例】All *transactions*, from banking to shopping, will be performed electronically.

patronage [ˈpætrənidʒ] *n.* 赞助

【例】Shopkeepers thanked Christmas shoppers for their *patronage*.

sponsorship [ˈspɔnsəʃip] *n.* 赞助

benefaction [ˌbeniˈfækʃən] *n.* 恩惠，善行；施予

【记】bene（好）+fac（做）+tion→善行

commission [kəˈmiʃən] *n.* 佣金

【例】She gets 10% *commission* on his sales.

ransom [ˈrænsəm] *n.* 赎金（payment，redemption）*vt.* 赎回；勒索赎金

【例】The rich man was asked to pay a high *ransom* for his daughter who was taken away by criminals.

interest [ˈintrist] *n.* 利息；利益

bankruptcy [ˈbæŋkrəp(t)si] *n.* 破产

【记】bank（银行）＋rupt（断）＋cy→破产

【例】The company was involved with critical financial issues and thus applied for *bankruptcy*.

acquisition [ˌækwiˈziʃən] *n.* 收购；获得；学到

【记】acqui(re)（获得）+si+tion→收购

merge [məːdʒ] *v.* 合并，并入

【例】*Merging* and acquisition take place every day in business world.

Always aim for achievement and forget about success.

—Helen Hayes

永远要争取做出成就，别多考虑成功。

——海伦·海丝

Word List 7

音频

军　事

confidential [ˌkɔnfiˈdenʃəl] *adj.* 机密的

【记】confident(有信心的；相信的)＋ial→相信的人才知道→机密的

【例】That matter is so *confidential* that it must not be discussed outside this office.

classified [ˈklæsifaid] *adj.* 机密的

【例】This information is *classified*; only a few top officials can see it.

military [ˈmilitəri] *adj.* 军事的，军用的

【例】According to the Constitution of the country, all the young men do a year's *military* service.

martial [ˈmɑːʃəl] *adj.* 战争的，军事的；尚武的；威武的

navy [ˈneivi] *n.* 海军

armada [ɑːˈmɑːdə] *n.* 舰队

flotilla [fləˈtilə] *n.* 小舰队，小型船队，驱逐舰队

fleet [fliːt] *n.* 舰队

【例】The *fleet* is manoeuvring in combination with the air unit.

campaign [kæmˈpein] *n.* 战役(crusade) *vi.* 作战

diplomacy [diˈpləuməsi] *n.* 外交；外交手段

strategy [ˈstrætidʒi] *n.* 策略，战略(tactics)

cannon [ˈkænən] *n.* 大炮，加农炮(ammunition)

radar [ˈreidə] *n.* 雷达

morale [mɔˈrɑːl] *n.* 民心；士气

【记】比较moral(道德)

【例】With no food and water, the soldiers are in low *morale*.

besiege [biˈsiːdʒ] *vt.* 围(enclose)；围困；围攻(城堡等)

【记】be＋siege(围攻)→围困

【例】The speaker was *besieged* with questions.

blockade [blɔˈkeid] *n.* 阻塞 *vt.* 封锁

【记】block(阻止)+ade→封锁

expedition [ˌekspiˈdiʃən] *n.* 远征(exploration)

【记】ex＋ped(脚)＋ition→脚出动→远征

【例】The explorers started on a year long *expedition* down the Nile.

mission [ˈmiʃən] *n.* 使命，任务

【例】They caught an agent on a secret *mission*.

repulse [riˈpʌls] *vt.* 击退(repel)

【记】re(反)＋pulse(推)→击退

【例】Tom *repulsed* the attacker by punching him in the stomach.

rebuff [riˈbʌf] *v.* 挫败

revolt [riˈvəult] *v.* 反抗，起义，反叛

【例】The people *revolted* against their king.

rebellion [riˈbeljən] *n.* 谋反，叛乱；反抗

【例】A *rebellion* in the officer corps led to chaos in the armed forces.

revolution [ˌrevəˈluːʃən] *n.* 革命

【记】比较evolution（演变）

【例】*Revolution* is both constructive and destructive.

insurrection [ˌinsəˈrekʃən] *n.* 起义(revolution)

mutiny [ˈmjuːtini] *n.* 兵变，反抗(insurgence) *v.* 叛变，造反，兵变

riot [ˈraiət] *n.* 暴乱，骚动；(植物，疾病等)蔓延；放荡 *v.* 骚乱；放纵，挥霍

【例】There was a *riot* when the workers were told they had lost their jobs.

envelop [inˈveləp] *vt.* 包围(besiege，enclose)

【例】Accompanying the darkness，a stillness *envelops* the city.

encircle [inˈsəːkl] *vt.* 环绕，围绕，包围

【记】en+circle(圆)→围绕，包围

【例】The beast was *encircled* by a group of hunters.

invade [inˈveid] *vt.* 侵入，侵略，侵犯(intrude，agress)

【例】Before they could attack, they needed to decide upon the plan about how they could *invade* the country.

wreck [rek] *vt.* 破坏，拆毁(damage) *n.* 失事

【例】After the ship *wreck*，the enemy fleet was in trouble up to the hilt.

demolish [diˈmɔliʃ] *vt.* 毁坏，破坏；推翻，粉碎(dismantle，shatter)

collision [kəˈliʒən] *n.* 碰撞，冲突(crash)

debris [ˈdebriː] *n.* 碎片，残骸

encroach [inˈkrəutʃ] *vi.* 蚕食，侵占(intrude，trespass)

【记】比较crochet(钩)

【例】The reporter *encroached* on my privacy./ The desert is gradually *encroaching* the land.

exterminate [iksˈtəːmineit] *vt.* 消灭(eradicate，eliminate)

【记】ex＋termin(范围)＋ate→清除出范围→消灭

【例】The landlord *exterminated* the rats in the cellar.

trespass [ˈtrespəs] *v.* 侵入(overstep, encroach)

【例】The farmer said we were *trespassing*.

enlist [inˈlist] *v.* 征召，招募(enroll)

【记】en+list(列入名单)→招募

【例】He *enlisted* as a soldier in the army as soon as he was old enough.

disarming [disˈɑːmiŋ] *adj.* 消除敌意的(relieving, soothing)

【例】The spy's *disarming* nature earned other people's trust.

assault [əˈsɔːlt] *vt.* 袭击(assail) *n.* 攻击(attack)

【例】Mike very unwisely *assaulted* a police officer.

offense [əˈfens] *n.* 进攻(attack, onset)

defense [diˈfens] *n.* 防御；护卫措施

【例】The enemy finally gave up because of their determined *defense*.

onslaught [ˈɔnslɔːt] *n.* 猛烈的攻击(charge)

【记】on+slaught(屠杀)→猛烈攻击

armament [ˈɑːməmənt] *n.* 兵力，军力(arms, munitions)

【记】arma(军队)+ment→兵力，军力

【例】Modernisation of *armament* is thought to be a protection against possible aggression.

disarm [disˈɑːm] *vt.* 缴械；消除(敌意)

【记】dis(使无)+arm(=army军队)→缴械

【例】The security guard *disarmed* the robber.

neutralize [ˈnjuːtrəlaiz] *v.* 使中立化；宣布中立

【例】To *neutralize* is to declare neutral in the war and therefore inviolable during a war.

captivate [ˈkæptiveit] *vt.* 抓住，捕获(capture, seize)

fortress [ˈfɔːtris] *n.* 堡垒；要塞

【例】Soldiers attacked the enemy's *fortress*.

weapon [ˈwepən] *n.* 武器(munitions, arms)

【例】US invaded Iraq based on fake intelligence reported that Iraq possessed *weapons* of mass destruction.

destruction [disˈtrʌkʃən] *n.* 破坏，毁灭

【例】Pride was her *destruction*.

warfare [ˈwɔːfɛə] *n.* 战争，作战，冲突；竞争(conflict, combat)

rivalry [ˈraivəlri] *n.* 竞争，竞赛；敌对，敌对状态(enmity, opposition)

【记】rival(竞争者，对手)+ry→竞争

【例】During Cold War period, there was great *rivalry* between the US and the USSR.

We cannot always build the future for our youth , but we can build our youth for the future. —*Franklin Roosevelt*

我们不能总是为我们的青年造就美好未来，但我们能够为未来造就我们的青年一代。——富兰克林·罗斯福

Word List 8

音频

艺　术

masterpiece [ˈmɑːstəpiːs] *n.* 杰作，名著

【记】master(名家；大师)+piece(一件作品)→名著

【例】The prolific artist left many *masterpieces* for people to appreciate.

gallery [ˈgæləri] *n.* 美术陈列室，画廊

exhibition [ˌeksiˈbiʃən] *n.* 展览会；展览品

collection [kəˈlekʃən] *n.* 收藏；征收

【例】He has a large *collection* of stamps.

inspiration [ˌinspəˈreiʃən] *n.* 灵感

【记】in(向内)+spira(呼吸)+tion→灵感

【例】Poets and artists often draw their *inspiration* from nature.

purism [ˈpjuərizəm] *n.* 纯粹主义

Byzantine [biˈzæntain] *n.* 拜占庭人；拜占庭派的建筑师、画家

surrealism [səˈriəliz(ə)m] *n.* 超现实主义

【记】sur(在…上)+realism(现实主义)→超现实主义

classicism [ˈklæsisizm] *n.* 古典主义；古典风格

【记】classic(古典的)+ism→古典主义

baroque [bəˈrəuk] *n.* 巴洛克时期艺术和建筑风格的，巴洛克式

rococo [rəˈkəukəu] *n.* 洛可可式；过分精巧的；俗丽的

impressionism [imˈpreʃəniz(ə)m] *n.* 印象派艺术家，印象流派

literature [ˈlitəritʃə] *n.* 文学(作品)；文艺；文献

folklore [ˈfəuklɔː(r)] *n.* 民间传说(myth, legends)

【记】folk(民间的)+lore(学问，知识)→民间传说

essay [ˈesei] *n.* 散文；小品文；随笔；短文；评论(paper, article)

criticism [ˈkritisiz(ə)m] *n.* 批评，批判

anthology [ænˈθɔlədʒi] *n.* 诗选；文选

volume [ˈvɔljuːm] *n.* 卷，册

drama [ˈdrɑːmə] *n.* (在舞台上演的)戏剧，戏剧艺术

comedy [ˈkɔmidi] *n.* 喜剧；喜剧性的事情

tragedy [ˈtrædʒidi] *n.* 悲剧

playwright [ˈpleirait] *n.* 剧作家

episode [ˈepisəud] *n.* 插曲

biography [baiˈɔgrəfi] *n.* 传记

【记】bio(生命，生物)+graphy(文章)→传记

improvisation [ˌimprəvaiˈzeiʃən] *n.* 即席创作

eloquence	[ˈeləkwəns] *n.* 雄辩；口才；修辞
pigment	[ˈpigmənt] *n.* 色素；颜料
portrait	[ˈpɔːtrit] *n.* 肖像，人像
caricature	[ˌkærikətjuə(r)；ˈkærikətʃə] *n.* 讽刺画，漫画；讽刺描述法
easel	[ˈiːzl] *n.* 画架，黑板架
bronze	[brɔnz] *n.* 铜像
sculpture	[ˈskʌlptʃə] *n.* 雕塑品(carving, engraving) 【例】*Sculpture* is the art of shaping solid materials.
architecture	[ˈɑːkitektʃə] *n.* 建筑；建筑学

The tragedy of life is not so much what men suffer, but what they miss.
—Thomas Carlyle

生活的悲剧不在于人们受多少苦，而在于人们错过了什么。
——托马斯·卡莱尔

Word List 9

音频

环　境

contaminate [kən'tæmineit] *vt.* 污染(defile, pollute)

【例】The Department of Resources notified the town council that the water supply was *contaminated*.

pollute [pə'luːt] *vt.* 污染(contaminate, defile)

【例】Rivers in the neighbourhood were *polluted* by the chemical wastes from the factories.

taint [teint] *v.* 感染；使腐坏 *n.* 污点

【例】The meat was *tainted*.

purify ['pjuərifai] *vt.* 使纯净(cleanse) *v.* 净化

【记】pur(e)(纯净的)+ i+ fy(使)…→使纯净

【例】This salt has been *purified* for use in medicine.

pollutant [pə'luːtənt] *n.* 污染物质

ecosystem ['iːkəuˌsistəm] *n.* 生态系统

noxious ['nɔkʃəs] *adj.* 有害的，有毒的(poisonous, toxic)

【记】nox(毒)+ious→有毒的

【例】The room is full of *noxious* fumes.

toxic ['tɔksik] *adj.* 有毒的，中毒的(noxious, poisonous)

lethal ['liːθəl] *adj.* 致命的(fatal)

venomous ['venəməs] *adj.* 有毒的，分泌毒液的

【记】venom(毒液)+ous→有毒的

【例】The government announced that fruits produced in the region was contaminated and thus all the fruits become *venomous*.

deteriorate [di'tiəriəreit] *v.* (使)恶化

【记】比较 ameliorate(改善，改进)

【例】The water in the catchment has *deteriorated* in the last month.

pernicious [pəː'niʃəs] *adj.* 有害的

【记】per(完全)+nici(杀死)+ ous→有害的

decibel ['desibel] *n.* 分贝

hazardous ['hæzədəs] *adj.* 危险的(noxious)

effluent ['efluənt] *n.* 流出物；排水道，排水渠；污水

【例】Dangerous *effluent* from some chemical plants is being poured into the river through the town.

emission [i'miʃən] *n.* (光、热等的)散发、发射，喷射(release, discharge)

inorganic [ˌinɔː'gænik] *adj.* 无生物的，无机的

【记】in(否定，与…相反)+organic(有机的)→无机的

litter [ˈlitə] *n.* 垃圾

nuisance [ˈnjuːsns] *n.* 令人讨厌的东西(pest)

radioactive [ˌreidiəuˈæktiv] *adj.* 放射性的，有辐射能的

sewage [ˈsju(ː)idʒ] *n.* 下水道；污水

conservation [ˌkɔnsə(ː)ˈveiʃən] *n.* 保护

【例】There is a need for the *conservation* of trees, or there will soon be no forests.

renewable [riˈnju(ː)əbl] *adj.* 能再生的

【记】re(又，再)+new(新的)+able→能再生的

【例】We could better protect our environment through discovering and using *renewable* energy.

atmosphere [ˈætməsfiə] *n.* 大气，空气

forestation [ˌfɔrisˈteiʃən] *n.* 造林

desertification [ˌdezətifiˈkeiʃən] *n.* 沙漠化

preservation [ˌprezə(ː)ˈveiʃən] *n.* 保存

【例】The old building is in good *preservation*.

reservoir [ˈrezəvwaː] *n.* 水库，蓄水池

【例】This *reservoir* gives water to the whole city.

oasis [əuˈeisis] *n.* (沙漠中)绿洲；舒适的地方

All that you do, do with your might; things done by halves are never done right. — *R. H. Stoddard*

做一切事情都应尽力而为，不可半途而废。

——斯托达德

Word List 10

音频

数　学

error [ˈerə] *n.* 错误，过失，误差(mistake)

accuracy [ˈækjurəsi] *n.* 精确性，正确度

【记】ac+cura(注意)+cy→只有细心"注意"，才能做到准确→精确性

angle [ˈæŋgl] *n.* 角；角落

formula [ˈfɔːmjulə] *n.* 公式；规则

【例】*Formula* refers to a statement, especially an equation, of a fact, rule, principle, or other logical relation.

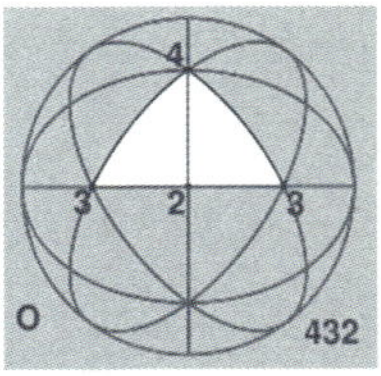

function [ˈfʌŋkʃən] *n.* 函数

【例】In x=5y，x is a *function* of y.

addition [əˈdiʃən] *n.* 加法

divide [diˈvaid] *vt.* 分割；除

【例】The woman's estate was *divided* among her children.

multiply [ˈmʌltiplai] *v.* 乘；增加

subtract [səbˈtrækt] *vt.* 减去(deduct)

【例】If you *subtract* 2 from 6，you get 4.

adjacent [əˈdʒeisənt] *adj.* 邻近的(neighboring)；接近的

algebra [ˈældʒibrə] *n.* 代数学

arithmetic [əˈriθmətik] *n.* 算术

【记】arithm(数学)＋etic→算术

【例】*Arithmetic* as a basic school subject should be fun for starters.

equation [iˈkweiʃən] *n.* 等式；平衡

【例】1＋2=3 is a simple *equation*.

altitude [ˈæltitjuːd] *n.* 高度

【例】At high *altitudes* of Tibet it is difficult to breathe.

geometry [dʒiˈɔmitri] *n.* 几何学

【记】geo(地)＋metry→测量地面→几何学

circumference [səˈkʌmfərəns] *n.* 圆周

【记】circum(绕圈)＋ference→绕圈→周围

【例】The formulas for calculating the *circumference* of circle and triangle are different.

slope [sləup] *n.* 斜坡；斜面；斜率

summation [sʌˈmeiʃən] *n.* 总和，和；合计

symmetry [ˈsimitri] *n.* 对称(性)；匀称(balance，harmony)

【记】sym(共同)＋metry(测量)→两边测量一样→对称

【例】The idea of *symmetry* is wildly used in architecture and designing.

approximate [ə'prɔksimeit] *adj.* 近似的，大约的(roughly)

【例】The *approximate* number of demonstrators in front of the municipal office building was 900.

sequence ['siːkwəns] *n.* 序列(procession, progression)

【记】sequ(跟随)＋ence→跟随着→序列

progression [prə'greʃən] *n.* 行进；级数

ascending [ə'sendiŋ] *adj.* 上升的，向上的

【记】a(向着，至)+scending→上升的

assumption [ə'sʌmpʃən] *n.* 假定(supposition)

【记】比较conclusion(结论)

probability [ˌprɔbə'biliti] *n.* 概率；可能性

【例】*Probability* denotes a number expressing the likelihood that a specific event will occur, expressed as the ratio of the number of actual occurrences to the number of possible occurrences.

calculation [ˌkælkju'leiʃən] *n.* 计算；考虑

classification [ˌklæsifi'keiʃən] *n.* 分类，分级

combination [ˌkɔmbi'neiʃən] *n.* 组合

【例】In mathematical terms, *combination* means one or more elements selected from a set without regard to the order of selection.

logarithm ['lɔgəriθm] *n.* 对数

complementary [kɔmplə'mentəri] *adj.* 补充的，补足的

【例】The two angles are *complementary* angles.

square [skwεə] *n.* 正方形；平方

congruent ['kɔŋgruənt] *adj.* 全等的

【例】They are *congruent* triangles.

constant ['kɔnstənt] *n.* 常数，恒量

【记】con(一直)+ stant(=stand 站着的)→恒量

【例】*Constant* refers to a quantity assumed to have a fixed value in a specified mathematical context.

coordinate [kəu'ɔːdineit] *n.* 同等者；同等物；坐标(用复数)

【例】These *coordinates* should show you your position.

cylinder ['silində] *n.* 圆柱体(column)；柱面

denominator [di'nɔmineitə] *n.* 分母

deviation [ˌdiːvi'eiʃən] *n.* 离差

dimension [di'menʃən] *n.* 尺寸，尺度；维(数)，度(数)；元(measurement)

【例】A line has one *dimension* and a square has two.

evaluate [i'væljueit] *vt.* 评价，估计(estimate, assess)；求…的值

hemisphere ['hemisfiə] *n.* 半球

【记】hemi(一半)+sphere(球)→半球

horizontal [ˌhɔri'zɔntl] *adj.* 地平线的，水平的

【记】horizon(地平线)+tal→水平的

hyperbola [hai'pəːbələ] *n.* 双曲线

intersect [ˌintə'sekt] *vi.* 相交(cross, meet)

【记】inter(中间)+sect(切，割)→从中间相切→相交

【例】These two lines *intersect* at the original point.

invariance [in'vɛəriəns] *n.* 不变性，恒定性

【记】in(否定，与…相反)+vari(变化)+ance→恒定性

increment ['inkrimənt] *n.* 增加；增量

maximize ['mæksəmaiz] *vt.* 取…最大值；最佳化

negative ['negətiv] *n.* 否定；负数(minus)

numerator ['njuːməreitə] *n.* 分子(dividend)

pentagon ['pentəgən] *n.* 五角形，五边形

【记】penta(表示五)+gon→五角形

perimeter [pə'rimitə] *n.* 周长，周界(circumference)

【记】peri(周围)+meter(测量)→周长

permutation [ˌpəːmju(ː)'teiʃən] *n.* 排列；置换

【例】*Permutation* is an ordered arrangement of the elements of a set.

quadrant ['kwɔdrənt] *n.* 象限；四分仪

【记】quad(表示四)+rant→四分仪

quotient ['kwəuʃənt] *n.* 商

【例】A *quotient* is the number obtained by dividing one quantity by another.

fraction ['frækʃən] *n.* 分数

【记】fract(碎裂)+ion→分数

decimal ['desiməl] *adj.* 十进制的 *n.* 小数

【记】decim(十分之一)+al→小数

【例】The metric system is a *decimal* system.

diameter [dai'æmitə] *n.* 直径

【记】dia(对)+meter(量)→量到对面的线→直径

ellipse [iˈlips] *n.* 椭圆，椭圆形

radius [ˈreidiəs] *n.* 半径

【记】A line segment that joins the center of a circle with any point on its circumference is a *radius*.

vertical [ˈvəːtikəl] *adj.* 垂直的(perpendicular, upright)

【例】*Vertical* communication happens between subordinates and superiors.

deduction [diˈdʌkʃən] *n.* 减

statistics [stəˈtistiks] *n.* 统计学；统计表

even [ˈiːvən] *adj.* 偶数的

【例】2, 4, 6, 8 etc. are *even* numbers.

odd [ɔd] *adj.* 奇数的，单数的

【例】1, 3, 5, 7 etc. are *odd* numbers.

enumerate [iˈnjuːməreit] *vt.* 枚举；计数(count, numerate)

【记】e(出)+numer(数字)+ate→按数列出→列举

【例】Sam can *enumerate* all the Presidents of the United States.

calculate [ˈkælkjuleit] *vt.* 计算(count)，估计；计划

【例】Children *calculate* with the help of their fingers when they are learning counting.

calculus [ˈkælkjuləs] *n.* 微积分学

percentage [pəˈsentidʒ] *n.* 百分数，百分率，百分比

【例】The *percentage* of unskilled workers is small.

proportion [prəˈpɔːʃən] *n.* 比例；均衡；面积；部分

【例】We do not always find visible happiness in *proportion* to visible virtue.

exponent [eksˈpəunənt] *n.* 指数(index)

derivative [diˈrivətiv] *n.* 导数

【例】The limiting value of the ratio of the change in a function to the corresponding change in its independent variable is called *derivative*.

power [ˈpauə] *n.* 乘方；幂

arc [ɑːk] *n.* 弧，弓形，拱

infinity [inˈfiniti] *n.* 无限，无穷大

【记】in(无)+finity(有限)→无限

Word List 11

音频

音　乐

composer [kəmˈpəuzə] *n.* 作家；作曲家；设计者

【例】Mozart is a great *composer* at his time and beyond.

alto [ˈæltəu] *n.* 女低音，次高音；次高音歌手

tenor [ˈtenə] *n./adj.* 男高音(的)

baritone [ˈbæritəun] *n.* 男中音

【记】bari(重的)+tone(音调)→男中音

soprano [səˈprɑːnəu] *n.* 女高音

rest [rest] *n.* 休止符

rhythm [ˈriðəm] *n.* 节奏，韵律

【例】*Rhythm* was described by Schopenhauer as melody deprived of its pitch.

tone [təun] *n.* 音调，音质(pitch)

pitch [pitʃ] *v.* 为…定音

scale [skeil] *n.* 音阶

chord [kɔːd] *n.* 弦，和音；情绪

orchestra [ˈɔːkistrə] *n.* 管弦乐队(ensemble)；乐队演奏处

band [bænd] *n.* 乐队

solo [ˈsəuləu] *n.* 独奏曲

duet [djuːˈet] *n.* 二重奏

choir [ˈkwaiə] *n.* 一组同类的乐器；唱诗班

【例】a string *choir* 一组弦乐器

plainsong [ˈpleinsɔŋ] *n.* 单声圣歌

cantata [kænˈtɑːtə] *n.* 清唱剧；大合唱

sonata [səˈnɑːtə] *n.* 奏鸣曲

symphony [ˈsimfəni] *n.* 交响乐，交响曲(concert)

【记】sym(和谐的)+phony(声音)→交响乐

concerto [kənˈtʃəːtəu] *n.* 协奏曲

prelude [ˈpreljuːd] *n.* 前奏；序幕

【记】pre(在前)+lude(演)→前奏

overture [ˈəuvətjuə] *n.* 前奏曲，序曲，序乐(prelude)

opera [ˈɔpərə] *n.* 歌剧

melody [ˈmelədi] *n.* 悦耳的音调，旋律

lullaby [ˈlʌləbai] *n.* 催眠曲，摇篮曲

euphonious [juːˈfəuniəs] *adj.* 悦耳的(sweet)

【记】eu(好)+phon(声音)+ious→悦耳的

【例】Her praise is surely a *euphonious* song to me.

movement [ˈmuːvmənt] *n.* 乐章

instrument [ˈinstrumənt] *n.* 工具，器械，器具；手段

episode [ˈepisəud] *n.* 插曲(interlude)

【例】The long lecture I got from my boss was one *episode* that I did not want to undergo a second time.

percussion [pəːˈkʌʃən] *n.* 打击乐器

wind [wind] *n.* 管乐器

string [striŋ] *n.* 弦乐器

Our greatest glory consists not in never falling but in rising every time we fall. —*Goldsmith*

我们最值得自豪的不在于从不跌倒，而在于每次跌倒之后都爬起来。——戈德史密斯

Word List 12

音频

法　律

draft [drɑːft] *vt.* 起草

bill [bil] *n.* 法案

【例】The *bill* was carried by the Senate.

enact [iˈnækt] *vt.* 制定法律，颁布

【例】Congress *enacted* a tax reform bill.

ratification [ˌrætifiˈkeiʃən] *n.* 批准(approval)

confirmation [ˌkɔnfəˈmeiʃən] *n.* 证实，确认(verification)；批准

enforcement [inˈfɔːsmənt] *n.* 执行，强制

decree [diˈkriː] *n.* 法令，政令，教令；判决 *v.* 颁布

clause [klɔːz] *n.* 条款

【例】The *clauses* on the contract were unclear.

provision [prəˈviʒən] *n.* 规定

【例】Both sides have to act according to the *provisions* of the agreement.

prescribe [prisˈkraib] *v.* 指示，规定

【记】pre(预先)+ scribe(写着)→规定

【例】The law *prescribes* what should be done.

codification [ˌkɔdifiˈkeiʃən] *n.* 法典编纂，法律成文化

legislation [ˌledʒisˈleiʃən] *n.* 立法，法律的制定(或通过)(decree, lawmaking)

legitimate [liˈdʒitimit] *adj.* 合法的，合理的，正统的(admissible, lawful)

【例】He runs a *legitimate* business.

legal [ˈliːgəl] *adj.* 法律的，法定的，合法的

【例】Their practices are *legal* according to the laws and regulations in this country.

jurisprudence [ˌdʒuərisˈpruːdəns] *n.* 法学

【例】His *jurisprudence*—his vision of what the rule of law requires—is superficial and inadequate.

legality [li(ː)ˈgæliti] *n.* 合法；法律上的义务

【记】legal(法律的)+ ity→合法

【例】The *legality* of the case is unquestionable.

contravene [ˌkɔntrəˈviːn] *v.* 违反(break, breach)

【例】Don't do whatever may *contravene* the law of the country.

infringe [inˈfrindʒ] *v.* 破坏，侵犯，违反(violate)

【例】Pirate products *infringe* patent law.

offend [əˈfend] *v.* 犯罪，冒犯，违反(transgress)

【例】Invasion *offends* all laws of humanity.

abolish [ə'bɔliʃ] *vt.* 废止，废除(法律、制度、习俗等)(exterminate)

【例】The legislature passed a law to *abolish* the surtax.

annulment [ə'nʌlmənt] *n.* 废除，取消，(法院对婚姻等)判决无效(abolish)

cancellation [kænsə'leiʃən] *n.* 取消(termination)

revocation [ˌrevə'keiʃən] *n.* 撤回

immunity [i'mjuːniti] *n.* 豁免权

constitution [ˌkɔnsti'tjuːʃən] *n.* 宪法

【记】con(一起)+stitut(放，设立)+ion→宪法

【例】According to the American *Constitution*, Presidential elections are held every four years.

copyright ['kɔpirait] *n.* 版权，著作权

patent ['peitənt] *n.* 专利权，执照；专利品

penalty ['penlti] *n.* 处罚，罚款

【例】What is the *penalty* for dangerous driving?

royalties ['rɔiəltis] *n.* 版税

tariff ['tærif] *n.* 关税；关税表；税则(duty, levy)

【例】The *tariff* has been decreasing since the opening of the economy.

taxation [tæk'seiʃən] *n.* 征税，抽税；税款，估定的税额

【例】*Taxation* and death are inevitable.

court [kɔːt] *n.* 法院(tribunal)

【例】The prisoner was brought to *court* for trial.

arbitration [ˌɑːbi'treiʃən] *n.* 调停，仲裁

【记】arbi(判断，裁决)+tration→仲裁

【例】The union finally agreed to go to *arbitration* as a way to tackle the strike.

delinquency [di'liŋkwənsi] *n.* 行为不良，违法行为

【例】Juvenile *delinquency* haunts the city government.

solicitor [sə'lisitə] *n.* 律师，法律顾问

attorney [ə'təːni] *n.* 律师(lawyer)

notary ['nəutəri] *n.* 公证人

defendant [di'fendənt] *n.* 被告

【记】defend(辩护)+ant→被告

proceeding [prə'siːdiŋ] *n.* 法律行动；诉讼

【例】He was advised to take *proceedings*.

hearing [ˈhiəriŋ] *n.* 听证会

【例】The city government decides to hold a *hearing* into water price cap mechanism.

interrogatory [ˌintəˈrɔgətəri] *adj.* 质问的，疑问的(questionable)

evidence [ˈevidəns] *n.* 证词，证据

【例】The old man submitted the photograph in *evidence*.

summons [ˈsʌmənz] *n.* 传唤，召集；传票

【例】*Summons* is a notice summoning a defendant to appear in court.

liability [ˌlaiəˈbiliti] *n.* 责任(responsibility)，义务，倾向；债务，负债

【例】The business failed because its assets were not so great as its *liabilities*.

eyewitness [ˈaiwitnis] *n.* 目击者，见证人

【例】Were there any *eyewitnesses* to the murder crime?

accusation [ækju(ː)ˈzeiʃən] *n.* 控告

【例】An *accusation* of corruption has been brought against him.

prosecute [ˈprɔsikjuːt] *v.* 起诉；检举(accuse, charge)

【例】He was *prosecuted* for exceeding the speed limit.

sue [sjuː] *n.* 诉讼(appeal)

【例】He is *suing* for divorce.

complaint [kəmˈpleint] *n.* 控诉；投诉，抱怨

【例】Many businesses or companies have the department to receive *complaints*.

lawsuit [ˈlɔːsjuːt] *n.* 诉讼

plea [pliː] *n.* 请愿；恳求(appeal)

deposition [ˌdepəˈziʃən] *n.* 革职；废王位

【记】de(离开)+pos(位置)+ition→革职

indictment [inˈdaitmənt] *n.* 控告(accusation)

plaintiff [ˈpleintif] *n.* 起诉人，原告

【记】plain(哀诉)+tiff→原告

culprit [ˈkʌlprit] *n.* 犯人(wrongdoer)

recidivist [riˈsidivist] *n.* 惯犯

accomplice [əˈkɔmplis] *n.* 同谋者，帮凶

【例】*Accomplices* under duress shall go unpunished.

harbour [ˈhɑːbə] *v.* 窝藏

convict [ˈkɔnvikt] *n.* 罪犯，囚犯，被长期监禁者 *v.* 证明有…罪；宣判有…罪

【例】He was *convicted* of murder.

acquittal [əˈkwit(ə)l] *n.* 宣判无罪

【记】比较conviction(宣告有罪)

nonsuit [ˈnɔnˈsjuːt] *n.* 诉讼驳回

verdict [ˈvəːdikt] *n.* 判决(decision, judgment)

nonobservance [ˈnɔnəbˈzəːvəns] *n.* (对法律，习俗等的)不遵守，违反

adultery [əˈdʌltəri] *n.* 通奸，通奸行为

perjury [ˈpəːdʒəri] *n.* 伪誓，伪证

assassination [əˌsæsiˈneiʃən] *n.* 暗杀(murder)

homicide [ˈhɔmisaid] *n.* 杀人，杀人者

【记】homi(人)+cide(杀)→杀人

larceny [ˈlɑːsni] *n.* 盗窃罪(robbery, theft)

swindle [ˈswindl] *v.* / *n.* 诈骗 (defraud)

【例】The accountant *swindled* money from the company.

abduction [æbˈdʌkʃən] *n.* 诱拐

smuggle [ˈsmʌgl] *n.* / *v.* 走私

【例】He was caught *smuggling* cameras into the country.

embezzlement [imˈbezlmənt] *n.* 盗用，侵占，挪用

【例】One of the major forms of corruption is *embezzlement* of public funds.

bribery [ˈbraibəri] *n.* 行贿，受贿，贿赂

【例】*Bribery* involves the act or practice of offering, giving, or taking a bribe.

breach [briːtʃ] *n.* 违背(violate)

【例】You will be punished if you *breach* the contract.

corruption [kəˈrʌpʃən] *n.* 腐败，贪污，堕落

【例】The minister said that there was *corruption* in high places in the government.

slander [ˈslɑːndə] *n.* / *v.* 诽谤(libel)

calumny [ˈkæləmni] *n.* 诽谤，中伤

imprisonment [imˈprizənmənt] *n.* 关押

【记】im(进入)+prison(监狱)+ment→关押

embargo [emˈbɑːgəu] *n.* 禁止出入港口，禁运

【例】The government enacted an *embargo* on the sale of computers to unfriendly nations.

indemnity [inˈdemniti] *n.* 赔款，补偿；保证(reparation)

indemnification [inˌdemnifiˈkeiʃən] *n.* 保护，保障；补偿，补偿物

compensation [kɔmpenˈseiʃən] *n.* 补偿，赔偿

extradition [ˌekstrəˈdiʃən] *n.* 引渡

【记】ex(…之外)+tradit(引渡)+ion→引渡

domineering [ˌdɔmiˈniəriŋ] *adj.* 专权的(tyrannical, dictatorial)

【记】domin(统治)＋eering→统治者的→专权的

【例】The *domineering* father made every decision in his children's lives.

heirship [ˈɛəʃip] *n.* 继承权

confiscate [ˈkɔnfiskeit] *vt.* 没收，充公(seize)

【记】con＋fisc(钱，财)＋ate→没收

【例】If you are caught smuggling goods into the country, the police will *confiscate* them.

invalidate [inˈvælideit] *vt.* 使作废(nullify)

【例】to *invalidate* a will 使遗嘱无效

captivity [kæpˈtiviti] *n.* 囚禁，拘留

【例】Wild animals do not breed well in *captivity*.

trial [ˈtraiəl] *n.* 审判(hearing, inquisition)

【例】The scandal put the President on *trial* and the trail lasted a week.

detain [diˈtein] *vt.* 拘留

【记】de＋tain(拿，抓)→拘留

【例】The boss was *detained* in the office by unexpected calls.

extenuate [iksˈtenjueit] *vt.* 使(罪过等)显得轻微(diminish, lessen)

【记】ex＋tenu(细薄)＋ate→使轻微

【例】Nothing can *extenuate* such appalling behavior.

empower [imˈpauə] *vt.* 授权；使能够

【记】em＋power(权力)→授权

【例】The new laws *empowered* the police to stop anybody in the street.

saddle [ˈsædl] *vt.* 使负担(burden, load)

【例】I have been *saddled* with the job of organizing the conference.

flee [fliː] *v.* 逃跑，逃离(escape)

【例】The customers *fled* when the alarm sounded.

abstinence [ˈæbstinəns] *n.* 禁戒，节制

【例】*Abstinence* from fatty foods and smoking can probably lengthen your life.

abstain [əbˈstein] *vi.* 戒绝

【记】abs(不)+tain(拿住)→不拿住→放弃→戒绝

【例】Because my cholesterol is high, my doctor told me to *abstain* from eating fat.

veto [ˈviːtəu] *n.* 否决，否决权(rejection) *vt.* 否决；禁止(negate)

【记】比较vote(投票)

【例】Permanent members of the United Nations Security Council have a *veto* over any proposal.

stipulate [ˈstipjuleit] *vt.* 约定，规定(set, specify)

【例】It was *stipulated* that goods should be shipped within two days.

testify [ˈtestifai] *v.* 证明，证实；作证(give evidence, verify)

【例】The teacher *testified* to the boy's honesty.

substantiate [sʌbsˈtænʃieit] *vt.* 证实(corroborate, verify)

【例】How can you *substantiate* that he was the murderer?

observance [əbˈzəːvəns] *n.* 遵守

impeach [imˈpiːtʃ] *vt.* 弹劾；控告(accuse)

【记】im(进入)+peach(告发)→控告

【例】The Congress has decided to *impeach* a President.

indictment [inˈdaitmənt] *n.* 起诉(charge, accusation)

【记】in+dict(言，说)+ment→说出缘由→起诉

【例】The rise in delinquency is an *indictment* of our society and its values.

incriminate [inˈkrimiˌneit] *vt.* 控告(accuse)；使负罪

【记】in(进入)+crimin(罪行)+ate→使负罪

【例】The witness's testimony against the rackteers *incriminates* some high public officials as well.

denounce [diˈnauns] *vt.* 告发

【记】de(坏)+nounce(讲话)→讲坏话→告发

【例】Union officials *denounce* the action as breach of agreement.

query [ˈkwiəri] *n.* 质问，问题 *v.* 询问(inquire)

【例】He could not bear his wife's daily *queries* about where he had been and he demanded a divorce.

exempt [ig'zempt] *vt.* 免除(prevent, immune) *adj.* 被免除的(excused)

【例】The teacher *exempted* the smartest students from taking the quiz. / Children under 16 are *exempted* from prescription charges.

condone [kən'dəun] *vt.* 宽恕，赦免(forgive, pardon)

【例】Not punishing them amounts to *condoning* their crime.

remit [ri'mit] *vt.* 赦免

【记】re(再)+mit(送)→再送出去→赦免

【例】His prison sentence has been *remitted*.

credential [kri'denʃəl] *n.* 凭证(reference, certificate)

【记】cred(相信)+ential→凭证

Our destiny offers not the cup of despair, but the chalice of opportunity. —*Richard Nixon*

命运给予我们的不是失望之杯，而是机会之杯。

——理查德·尼克松

Word List 13

音频

农 业

arable [ˈærəbl] *adj.* 可耕的，适于耕种的

【例】Most of the land in this country is *arable*.

fertile [ˈfəːtail] *adj.* 肥沃的，富饶的(productive)

【记】fert(=fer带来)+ile→能带来粮食→肥沃的

【例】A large area of desert was reformed to turn to *fertile* soil in the northwest region.

irrigate [ˈirigeit] *vt.* 灌溉；修水利

【例】They *irrigated* the land in order to increase the produce.

barren [ˈbærən] *n.* 荒地

wasteland [ˈweistˌlænd] *n.* 荒地，未开垦地；废墟

prairie [ˈprɛəri] *n.* 大草原，牧场(grassland)

pasture [ˈpɑːstʃə] *n.* 牧地，草原，牧场

fallow [ˈfæləu] *n.* 休耕地(uncultivated)

stubble [ˈstʌbl] *n.* 断株，茬

straw [strɔː] *n.* 稻草，麦秆

【例】The old woman makes her life by selling bags made of *straw*.

mechanization [ˌmekənaiˈzeiʃən] *n.* 机械化，机动化

【例】*Mechanization* brings efficiency and profits to farmers.

ranch [ræntʃ] *n.* 大农场(farmland)

hacienda [hæsiˈendə] *n.* 庄园

agronomist [əˈgrɔnəmist] *n.* 农艺学家，农学家

latifundium [ˌlætiˈfʌndiəm] *n.* 大农场主

landlord [ˈlændlɔːd] *n.* 房东，地主

tenant [ˈtenənt] *n.* 佃户

shepherd [ˈʃepəd] *n.* 牧羊人

【记】shep(看作sheep羊)+herd(牧人)→牧羊人

vinegrower [ˈvainˌgrəuə] *n.* 葡萄栽植者

horticulture [ˈhɔːtikʌltʃə] *n.* 园艺

【记】horti(花园)+culture(文化)→园艺

dairy [ˈdɛəri] *n.* 牛奶场，奶品场

【例】We bought milk at the *dairy*.

foodstuff [ˈfuːdstʌf] *n.* 食品，粮食

livestock [ˈlaivstɔk] *n.* 家畜，牲畜

haystack [ˈheistæk] *n.* 干草堆

granary [ˈgrænəri] *n.* 谷仓

windmill [ˈwindmil] *n.* 风车，风车房

cowshed [ˈkauʃed] *n.* 牛棚，牛舍

nursery [ˈnəːsəri] *n.* 苗圃

【记】nurse(保育员)+ ry(所)→苗圃

seedbed [ˈsiːdbed] *n.* 苗床

furrow [ˈfʌrəu] *n.* 犁沟；皱纹 *vt.* 犁，耕

terrace [ˈterəs] *n.* 梯田的一层，梯田

plantation [plænˈteiʃən] *n.* 种植园

orchard [ˈɔːtʃəd] *n.* 果园

vineyard [ˈvinjəd] *n.* 葡萄园

tenure [ˈtenjuə] *n.* (土地等的)占有

plough [plau] *n.* 犁 *v.* 耕，犁，犁耕

loosen [ˈluːsn] *v.* 松土

prune [pruːn] *v.* 剪除

graft [grɑːft] *n./v.* 嫁接

reclamation [ˌrekləˈmeiʃən] *n.* 开垦，改造(restoration)

manure [məˈnjuə] *vt.* 施肥(fertilize, dung)

【例】The farmers *manured* the fields in the spring.

fertilizer [ˈfəːtiˌlaizə] *n.* 肥料

【记】来自fertilize(施肥)

spray [sprei] *n.* 喷雾，飞沫 *vt.* 喷射，喷溅

insecticide [inˈsektisaid] *n.* 杀虫剂

pesticide [ˈpestisaid] *n.* 杀虫剂

herbicide [ˈhəːbisaid] *n.* 除草剂

parasite [ˈpærəsait] *n.* 寄生虫

【记】para(旁，侧)+site(粮食，食物)→在粮食旁当寄生虫

sickle [ˈsikl] *n.* 镰刀

combine [kəmˈbain] *n.* 联合收割机

cereal [ˈsiəriəl] *n.* 谷类食品，谷类

barley [ˈbɑːli] *n.* 大麦

sorghum [ˈsɔːgəm] *n.* 高粱属的植物

prolific [prəˈlifik] *adj.* 多产的，丰富的，大量繁殖的(productive)

【例】The *prolific* author published over 80 novels.

agriculture [ˈægrikʌltʃə] *n.* 农业，农艺，农学

aquaculture [ˈækwəˌkʌltʃə] *n.* 水产业

indigenous [inˈdidʒinəs] *adj.* 土产的

【记】indi(内部)+gen(产生)+ous→内部产生→土产的

【例】The *indigenous* people of the area know which plants are safe to eat and which are poisonous.

husbandry [ˈhʌzbəndri] *n.* 耕种(farming)；管理(management)

【记】husband(丈夫)+ry→丈夫负责→耕种

【例】He studied animal *husbandry* in college.

graze [greiz] *v.* 吃草(feed)

【例】This field will *graze* 30 head of cattle.

cultivate [ˈkʌltiveit] *vt.* 耕种(till)；培养(foster, train)

【记】cult(培养)+ivate→培养

【例】The botanist *cultivated* tropical flowers.

hydroponics [ˈhaidrəuˈpɔniks] *n.* 水耕法，水栽培

ridge [ridʒ] *v.* 起皱，成脊状延伸；翻土作垄

eggplant [ˈegplɑːnt] *n.* 茄子

poultry [ˈpəultri] *n.* 家禽

buffalo [ˈbʌfələu] *n.* (印度，非洲等的)水牛

conservatory [kənˈsəːvətəri] *n.* 温室(greenhouse)

【例】Farmers grow plants in *conservatory* so that they could sell a good price in winter times.

greenhouse [ˈgriːnhaus] *n.* 温室，花房

sheepfold [ʃiːpfəuld] *n.* 羊圈

pigpen [ˈpigpen] *n.* 猪舍

pigsty [ˈpigstai] *n.* 猪舍

trough [ˈtrɔːf] *n.* 槽，水槽，饲料槽

Not ignorance, but the ignorance of ignorance, is the death of knowledge. —*Whitehead*

不是无知本身，而是对无知的无知，才是知识的死亡。

——怀特海德

Word List 14

音频

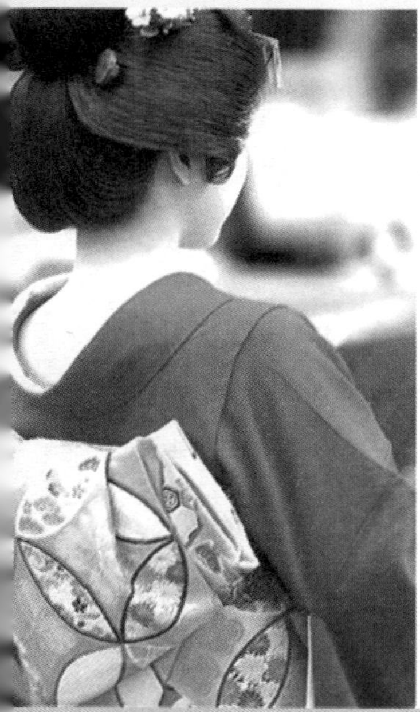

人类学

anthropology [ˌænθrəˈpɔlədʒi] *n.* 人类学

【例】*Anthropology* is study of the origin, the behavior, and the physical, social, and cultural development of human beings.

anthropoid [ˈænθrəpɔid] *n.* 类人猿 *adj.* 像人类的

perception [pəˈsepʃən] *n.* 感知，感觉

【例】Only human beings have *perception*.

ritual [ˈritjuəl] *n.* 典礼，(宗教)仪式；礼节

stereotype [ˈstiəriəutaip] *n.* 典型

【记】stereo(立体)+type(模式，形状)→典型

exotic [igˈzɔtik] *adj.* 异国情调的，外来的，奇异的

inexplicable [inˈeksplikəbl] *adj.* 无法说明的(mysterious)

【例】The *inexplicable* disappearance of some non-local seasonal women workers worried everyone.

taboo [təˈbuː] *n.* 禁忌，避讳

【例】Alcohol is (a) *taboo* in this tribe.

pathological [ˌpæθəˈlɔdʒikəl] *adj.* 习以为常的

stratification [ˌstrætifiˈkeiʃən] *n.* 层化，成层，阶层的形成

【例】Social *stratification* is a terminology used by anthropologists to describe different groups of people in the society.

tribe [traib] *n.* 部落，部族

clan [klæn] *n.* 部落；氏族，宗族；党派

ethnic [ˈeθnik] *adj.* 种族的(racial, national)

【记】ethn(种族)+ic→种族的

【例】The government launched a range of projects in *ethnic* minority regions.

ethnology [ˌeθˈnɔlədʒi] *n.* 人种学，人类文化学

minority [maiˈnɔriti] *n.* 少数；少数民族

【例】The *minority* nationality concert lasted two hours.

descent [diˈsent] *n.* 血统 (ancestry)

【记】de(向下)+scent(爬)→血统→代代向下传

hybrid [ˈhaibrid] *n.* 杂种；混血儿

aboriginal [ˌæbəˈridʒənəl] *n.* 土著 *adj.* 土著的(native)；原来的

【记】ab+original(原版的，原来的)→土著的

ancestor [ˈænsistə] *n.* 祖先，祖宗

forerunner [ˈfɔːˌrʌnə] *n.* 先驱，祖先(ancestor, predecessor)

【记】fore(前)+runner(奔跑者)→先驱

hominid [ˈhɔminid] *n.* 原始人类

precursor [pri(ː)ˈkəːsə] *n.* 先驱

【例】Zu Chongzhi is regarded as the *precursor* of mathematics in China.

predecessor [ˈpriːdisesə] *n.* 前辈，前任

antecedent [ˌæntiˈsiːdənt] *n.* 先辈

racial [ˈreiʃəl] *adj.* 人种的，种族的，种族间的

【例】*Racial* discrimination is unharmonious with our society.

Man cannot discover new oceans unless he has courage to lose sight of the shore. —*A. Gide*

人只有鼓起勇气告别海岸，才能发现新的海洋。

——纪德

Word List 15

音频

自　然

nature	[ˈneitʃə] *n.* 自然，自然界
avalanche	[ˈævəˌlɑːnʃ] *n.* /*v.* 雪崩
mirage	[ˈmirɑːʒ] *n.* 海市蜃楼
	【例】In a *mirage*, the desert will mimic a lake.
innate	[ˈineit] *adj.* 先天的，天生的
scenic	[ˈsiːnik] *adj.* 风景优美的（picturesque）
spectacle	[ˈspektəkl] *n.* 奇观，景象（sight，scene）
jungle	[ˈdʒʌŋgl] *n.* 丛林
shrub	[ʃrʌb] *n.* 灌木丛（bush）
gorge	[gɔːdʒ] *n.* 山峡，峡谷
canyon	[ˈkænjən] *n.* 峡谷，溪谷
plateau	[ˈplætəu] *n.* 高地，高原
scenery	[ˈsiːnəri] *n.* 景色
landscape	[ˈlændskeip] *n.* 风景，山水画；地形；前景
panorama	[ˌpænəˈrɑːmə] *n.* 全景（vista）
plain	[plein] *n.* 平原，草原
tundra	[ˈtʌndrə] *n.* 苔原，冻土地带
iceberg	[ˈaisbəg] *n.* 冰山；冷冰冰的人
mountain	[ˈmauntin] *n.* 山，山脉
glacier	[ˈglæsjə(r)] *n.* 冰河
deglaciation	[diːˌgleiʃiˈeiʃən] *n.* 冰川的消失
valley	[ˈvæli] *n.* （山）谷，流域
peak	[piːk] *n.* 山顶
range	[reindʒ] *n.* 山脉
coast	[kəust] *n.* 海岸；滑坡
altitude	[ˈæltitjuːd] *n.* 高度，海拔
watercourse	[ˈwɔːtəkɔːs] *n.* 水道，河道
estuary	[ˈestjuəri] *n.* 河口，江口，入海口

Word List 16

音频

物 理

matter [ˈmætə] *n.* 物质

【例】Everything we can see and touch is made up of *matter*.

vacuum [ˈvækjuəm] *n.* 真空

liquid [ˈlikwid] *n.* 液体，流体

【例】The three phases of matter are solid, *liquid* and gas.

solid [ˈsɔlid] *n.* 固体

【例】Gold is *solid*, but when you heat it, it becomes liquid.

evaporate [iˈvæpəreit] *v.* 蒸发(vaporize)

【记】e+vapor(蒸汽)+ate→蒸发

【例】The rubbing alcohol *evaporated* as soon as the nurse dabbed it on the patient's arm.

density [ˈdensiti] *n.* 密度

【例】The population *density* is very high in eastern coastal regions of Australia.

gravity [ˈgræviti] *n.* 引力

【记】grav(重)+ity→引力

【例】The failure of the experiment was due to exclusion of *gravity*.

velocity [viˈlɔsiti] *n.* 速度，速率(speed)

intensity [inˈtensiti] *n.* 强烈，剧烈；强度

friction [ˈfrikʃən] *n.* 摩擦

【例】*Friction* between two sticks can create a fire. / The wheel has been expired due to *friction*.

pressure [ˈpreʃə(r)] *n.* 压力

【记】press(压)+ure→压力

【例】He feels the *pressure* soon after he takes up the job.

vector [ˈvektə] *n.* 向量，矢量

temperature [ˈtempritʃə(r)] *n.* 温度

【例】In hot weather the *temperature* gets very high.

conduction [kənˈdʌkʃən] *n.* 传导

radiate [ˈreidieit] *vt.* 射出(emit, give off)

【例】Heat *radiated* from the stove./ His smile on the face *radiates* his confidence.

expansion [iksˈpænʃən] *n.* 扩充，开展，膨胀

【例】Heat causes the *expansion* of gases.

quantum [ˈkwɔntəm] *n.* 量子；量子论

dynamics [daiˈnæmiks] *n.* 动力学

【例】The *dynamics* of ocean waves are complex.

inertia [iˈnəːʃjə] *n.* 惯性，惯量

mechanics [miˈkæniks] *n.* (用作单数)机械学，力学；(用作复数)技巧，结构

electron [iˈlektrɔn] *n.* 电子

positive [ˈpɔzətiv] *adj.* [电]阳的

negative [ˈnegətiv] *adj.* 负电的

charge [tʃɑːdʒ] *n.* 电荷 *v.* 充电 (fill, replenish)

【例】Please remember to *charge* the battery or we might be in dark when there is no electricity.

magnetism [ˈmægnitizəm] *n.* 磁，磁力，吸引力；磁学

magnetics [mægˈnetiks] *n.* 磁学

accelerator [ækˈseləreitə] *n.* 加速者，加速器

reflection [riˈflekʃən] *n.* 反射；映象，倒影

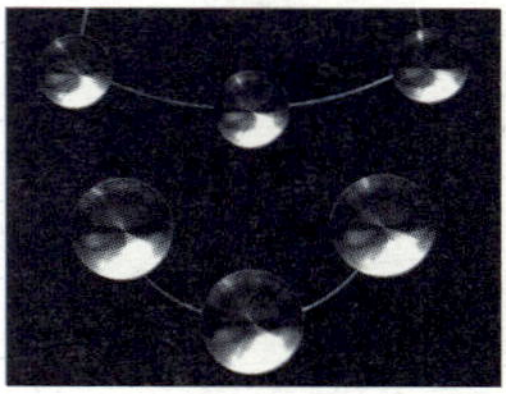

mirror [ˈmirə] *n.* 镜子

beam [biːm] *n.* 光柱，光束

image [ˈimidʒ] *n.* 图像

lens [lenz] *n.* 透镜，镜片

refraction [riˈfrækʃən] *n.* 折光，折射

focus [ˈfəukəs] *n.* 焦点，焦距 *v.* 定焦点，调焦

【例】This photograph looks funny; I think you forgot to *focus* the camera.

concave [ˈkɔnkeiv] *adj.* 凹的，凹入的 *n.* 凹，凹面

convex [ˈkɔnveks] *adj.* 凸出的，凸面的

【例】a *convex* mirror 凸镜

electricity [ilekˈtrisiti] *n.* 电流，电；电学

kinematics [ˌkainiˈmætiks] *n.* 运动学

statics [ˈstætiks] *n.* 静力学

magnifier [ˈmægnifaiə] *n.* 放大镜，放大器

wavelength [ˈweivleŋθ] *n.* 波长

spectrum [ˈspektrəm] *n.* 光；光谱，型谱，频谱

optics [ˈɔptiks] *n.* 光学

optical [ˈɔptikəl] *adj.* 眼的，视力的；光学的

translucent [trænzˈljuːsnt] *adj.* 半透明的，透明的

opaque [əu'peik] *adj.* 不透明的；愚钝的

transparent [træns'pεərənt] *adj.* 透明的(clear, limpid)

【例】*Transparent* glass was used in carrying out the experiment.

current ['kʌrənt] *n.* (液体、气体的)流

【例】A cold *current* of air came in when the door opened.

relativity [ˌrelə'tiviti] *n.* 相对性，相关性，[物]相对论

oscillation [ˌɔsi'leiʃən] *n.* 摆动，振动

microwave ['maikrəuweiv] *n.* 微波(波长为1毫米至30厘米的高频电磁波)

ultraviolet ['ʌltrə'vaiəlit] *adj.* 紫外线的，紫外的 *n.* 紫外线辐射

infrared ['infrə'red] *adj.* 红外线的

semiconductor ['semikən'dʌktə] *n.* 半导体

insulator ['insjuleitə] *n.* 绝缘体，绝热器

chip [tʃip] *n.* 芯片

battery ['bætəri] *n.* 电池

amplifier ['æmpliˌfaiə] *n.* [电工]扩音器，放大器

electromagnetism [ilektrəu'mægnitiz(ə)m] *n.* 电磁，电磁学

electromagnet [ilektrəu'mægnit] *n.* 电磁石

acoustic [ə'ku:stik] *adj.* 有关声音的，声学的，音响学的

sonar ['səunɑ:] *n.* 声纳

ultrasonics ['ʌltrə'sɔniks] *n.* 超音波学

supersonic ['sju:pə'sɔnik] *adj.* 超音波的

echo ['ekəu] *n.* 回声，回音，回波

resonance ['rezənəns] *n.* 回声，反响

【记】re(反复)+son(声音)+ance→回声

【例】The opera singer's voice has very good *resonance*.

chafe [tʃeif] *vt.* 擦热(rub, scrape)

【例】Coarse fabric will *chafe* your skin.

friction ['frikʃən] *n.* 摩擦

【例】*Friction* between two sticks can create a fire. / The wheel has been expired due to *friction*.

thermodynamics [ˌθə:məudai'næmiks] *n.* 热力学

ventilation [venti'leiʃən] *n.* 通风(airing, air circulation)

declivity [di'kliviti] *n.* 下倾的斜面

【记】de+cliv(倾斜)+ity→斜面

dehydrate [diː'haidreit] *v.* (使)脱水 (dry)

【记】de(去除) + hydrate (水合物)→(使)脱水

【例】Her body had *dehydrated* dangerously with the heat.

dilute [dai'ljuːt] *vt.* 稀释，冲淡(thin, weaken)

【记】di(分开)+lute(冲)→冲开→冲淡

【例】He *diluted* the wine with water.

clutter ['klʌtə] *n.* 混乱 *vt.* 使混乱(litter, disarray)

【例】My office is filled with useless *clutter*.

chaos ['keiɔs] *n.* 混乱(disorder)

【例】*Chaos* and order are two phenomena in nature.

distillation [ˌdisti'leiʃən] *n.* 蒸馏

【记】di+still(水滴)+ation→蒸馏

【例】*Distillation* is used to produce pure water.

centigrade ['sentigreid] *adj.* 摄氏的

【记】centi(百)+grade(级，度)→摄氏的

【例】*Centigrade* scale is used in most countries except the United States.

thermometer [θə'mɔmitə(r)] *n.* 温度计

【记】thermo(热)+meter→温度计

microscope ['maikrəskəup] *n.* 显微镜

【例】The light *microscope* magnifies the object 1,000 diameters.

telescope ['teliskəup] *n.* 望远镜

electron [i'lektrɔn] *n.* 电子

ion ['aiən] *n.* 离子

neutron ['njuːtrɔn] *n.* 中子

nucleus ['njuːkliəs] *n.* 核子

proton ['prəutɔn] *n.* 质子

atom ['ætəm] *n.* 原子

molecule ['mɔlikjuːl] *n.* 分子

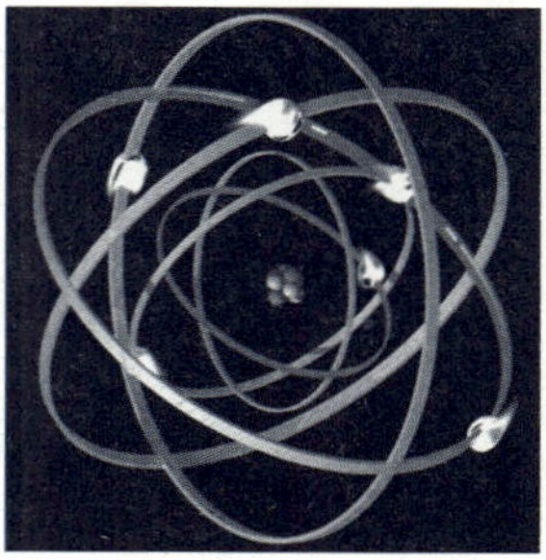

emit [i'mit] *vt.* 发出，放射 (discharge, give off)

【例】There is no effective measure to stop cars *emitting* poisonous gas.

diffuse [di'fjuːz] *vt.* 传播，扩散(scatter, spread)

【记】di(分开)+ffuse(流)→分流→散播

【例】A drop of milk *diffused* in the water, and it became cloudy. / The winds *diffused* the smoke throughout the neighborhood.

vibrate [vaiˈbreit] *v.* （使）振动，（使）摇摆

【例】The bus *vibrated* when the driver started the engine.

precipitate [priˈsipiteit] *v.* 降水

【记】pre(提前)＋cipit(落下)＋ate→降下

【例】It's supposed to *precipitate* today, so bring an umbrella.

decelerate [diːˈseləreit] *v.* （使）减速（decrease the speed of）

【记】反义词 accelerate（加速）

【例】Many countries are seeking measures to *decelerate* the arms buildup.

cohesion [kəuˈhiːʒən] *n.* 附着（力）；结合

【例】Since Bob's paper had no *cohesion* and merely listed facts, he received a failing grade.

elasticity [ilæsˈtisiti] *n.* 弹性

compatible [kəmˈpætəbl] *adj.* 兼容的（harmonious, congruous）

【例】Is this software *compatible* with my computer?

thaw [θɔː] *v.* （使）溶化，（使）融解（melt, defrost）

【例】Last week it was so warm that the frozen pond *thawed*.

The horizon of life is broadened chiefly by the enlargement of the heart.
—*H. Black*

生活的地平线是随着心灵的开阔而变得宽广的。
——布莱克

Word List 17

音频

社会学

sociology [ˌsəusiˈɔlədʒi] *n.* 社会学

【例】*Sociology* is the study of human social behavior, especially the study of the origins, organization, institutions, and development of human society.

hierarchy [ˈhaiərɑːki] *n.* 层次；等级体系

【例】The government is a *hierarchy*.

sociologist [ˌsəusiˈɔlədʒist] *n.* 社会学家

【记】socio(社会)+log(y)(学)+ ist(人)→社会学家

marriage [ˈmæridʒ] *n.* 结婚，婚姻(matrimony)

【例】My sister's *marriage* took place at ten o'clock today.

phenomenon [fiˈnɔminən] *n.* 现象

urban [ˈəːbən] *adj.* 城市的，市内的(metropolitan)

rural [ˈruər(ə)l] *adj.* 乡下的，田园的(rustic)

【例】Crops are grown in *rural* areas.

urbanization [ˌəːbənaiˈzeiʃən] *n.* 都市化

【例】*Urbanization* has taken place very rapidly in developing countries.

migration [maiˈgreiʃən] *n.* 移民(immigration)；移植；移往；移动

【例】Scientists have studied the *migration* of fish over long distances in the river.

immigration [ˌimiˈgreiʃən] *n.* 移居入境

【记】比较emigration(移民出境)

emigration [ˌemiˈgreiʃən] *n.* 移民出境，侨居

mobility [məuˈbiliti] *n.* 流动

【例】There's been restructuring of industry and downward *mobility* for Americans as a whole.

community [kəˈmjuːniti] *n.* 社区；社会；公社

【记】commun(e)(公共的)+ity→公共状态→社会，社区

【例】Government, business and *community* are the three pillars of our society.

metropolitan [metrəˈpɔlit(ə)n] *adj.* 首都的；主要都市的，大城市的

convention [kənˈvenʃən] *n.* 传统

【例】*Convention* dictates that a leader should resign in such a situation.

patriarchic [ˌpeitriˈɑːkik] *adj.* 家长的，族长的(patriarchal)

【例】Our boss is too *patriarchic*.

institutionalize [ˌinstiˈtjuːʃənəlaiz] *v.* 使制度化或习俗化；使送进专门机构

【例】To *institutionalize* our scholarship discipline is imperative for all international students.

taboo [təˈbuː] *n./vt.* 禁忌；禁止(ban, prohibition)

【例】There is a *taboo* on smoking in this office.

ethics [ˈeθiks] *n.* 伦理学

【记】eth(=ethn种族)+ics→种族规范→伦理学

marital [ˈmæritl] *adj.* 婚姻的(wedded, conjugal)

【记】比较marriage(结婚)

polygamous [pɔˈligəməs] *adj.* 一夫多妻的，一妻多夫的

tribe [traib] *n.* 部落，部族(clan)

clan [klæn] *n.* 部落；氏族；宗族；党派

connubial [kəˈnjuːbjəl] *adj.* 婚姻的，夫妇的，配偶的(marital)

matrimony [ˈmætriməni] *n.* 结婚

anathema [əˈnæθimə] *n.* 令人厌恶的事；受诅咒的事

【例】Those terrible ideas are *anathemas* to me.

It never will rain roses. When we want to have more roses we must plant trees.

—*G.Eliot*

天上永远不会掉下玫瑰来，如果想要更多的玫瑰，必须自己种植。

—— 艾略特

Word List 18

音频

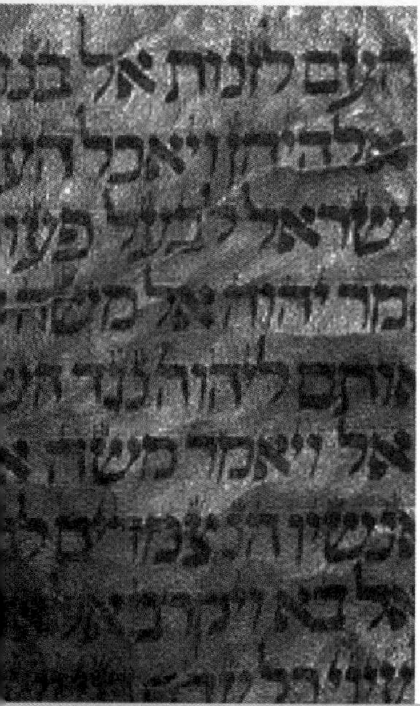

语言学

linguistics [liŋ'gwistiks] *n.* 语言学

【记】lingu(语言)+istics(学科后缀)→语言学

language ['læŋgwidʒ] *n.* 语言；语言文学；术语；语言表达能力

【例】People in different countries speak different *languages*.

sound [saund] *n.* 音

dialect ['daiəlekt] *n.* 方言，土语，地方话(vernacular, jargon)

【记】dia+lect(说)→方言

【例】John's Southern *dialect* is hard for me to understand.

parlance ['pɑːləns] *n.* 谈话；说法，用语

【例】In naval *parlance*, the left side of a ship is the port side.

intonation [ˌintə'neiʃən] *n.* 语调，声调

【例】It is a questioning *intonation*.

emphatic [im'fætik] *adj.* 语势强的；用力的；显著的；断然的

【例】He answered the question with an *emphatic* "No".

paraphrase ['pærəfreiz] *vt.* 意译；改写(rewrite)

【记】para(旁边)+phrase(词句)→在旁边用不同的词写→改写

【例】Would you please *paraphrase* the speech in colloquial English?

syntax ['sintæks] *n.* 句子构造，句法

symbol ['simbəl] *n.* 符号，记号；象征(emblem)

suffix ['sʌfiks] *n* 后缀；下标 *vt.* 添后缀

affix [ə'fiks] *n.* 词缀

prefix ['priːfiks] *n.* 前缀

root [ruːt] *n.* 词根

sentence ['sentəns] *n.* 句子

lexical ['leksikəl] *adj.* 词汇的

paraphasia [ˌpærə'feiziə] *n.* 语言错乱，错语症

lingual ['liŋgwəl] *adj.* 语言的

bilingual [bai'liŋgwəl] *adj.* 能说两种语言的

【记】bi(两)+lingual(语言)→双语的

【例】This is a *bilingual* dictionary.

philology [fi'lɔlədʒi] *n.* 语言学；文献学

semantics [si'mæntiks] *n.* 语义学

phonetic [fəu'netik] *adj.* 语音的，语音学的，表示语音的

syllable ['siləbl] *n.* 音节

parisyllabic [ˌpærisiˈlæbik] *adj.* 音节数目相同的；同等音节的

【记】pari(多)+syllabic(音节)→同等音节的

phonemics [fəuˈniːmiks] *n.* 音位学

coinage [ˈkɔinidʒ] *n.* 创造(create, fashion, invent)

【例】The government has the right of *coinage*.

abridge [əˈbridʒ] *vt.* 缩短，删节(shorten, condense, abbreviate)

【记】a+bridge(桥)→桥使路程变短→弄短→删节

excerpt [ˈeksəːpt] *n.* 摘录(selection, extract)

【例】The actor auditioned by performing an *excerpt* of the play.

adaptation [ˌædæpˈteiʃən] *n.* 改写

【例】The movie was an *adaptation* of a classic novel.

emend [i(ː)ˈmend] *vt.* 修订(amend, improve)

【记】e+mend(修补)→修订

【例】John had spent a whole day *emending* a faulty text.

synopsis [siˈnɔpsis] *n.* 大纲，梗概(outline, summary)

【例】The history professor gave a *synopsis* of the events leading to World War I.

tag [tæg] *n.* 附加语；标签(label, tab)

genre [ʒɑːŋr] *n.* 体裁(style)；风格(manner)

【记】通常指文学等类型

succinct [səkˈsiŋkt] *adj.* 简明的，简洁的(terse, concise)

grammar [ˈgræmə] *n.* 文法

【例】This is the best German *grammar* book I've seen.

Ideals are like the stars—we never reach them, but like mariners, we chart our course by them. —*C. Schur*

理想就像是星星——我们永远无法到达，但是我们像水手一样，用它们指引航程。 ——舒尔茨

Word List 19

音频

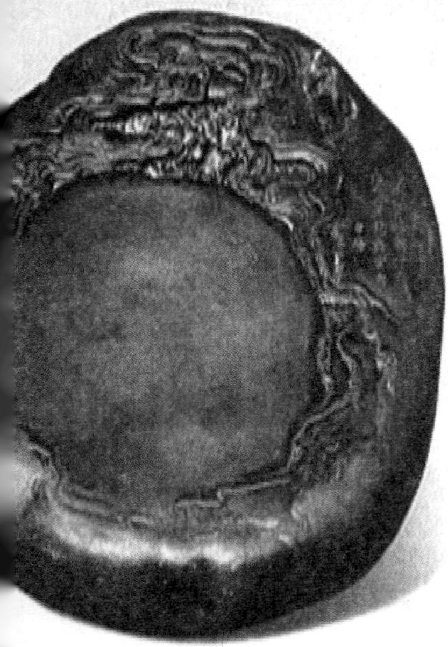

文　学

literature [ˈlitəritʃə] *n.* 文学(作品)，文艺，著作

【例】*Literature* must be an analysis of experience and a synthesis of the findings into a unit.

genre [ʒɑːŋr] *n.* 类型，流派

【例】His six String Quartets were regarded as the most important works in the *genre* since Beethoven's.

satire [ˈsætaiə] *n.* 讽刺文学

【例】The political *satire* was censored by the government.

fable [ˈfeibl] *n.* 寓言；传说(allegory fiction, legend)

【例】Many *fables* were first told by an old Greek story teller named Aesop.

byword [ˈbaiwəːd] *n.* 格言，谚语

【例】The general's name had become a *byword* for cruelty in war.

comedy [ˈkɔmidi] *n.* 喜剧

【例】The candidate's campaign turned out to be a political *comedy* of errors.

tragedy [ˈtrædʒidi] *n.* 悲剧

masterpiece [ˈmɑːstəpiːs] *n.* 杰作，名著

author [ˈɔːθə] *n.* 作家，创造者

【记】比较 reader(读者)

profound [prəˈfaund] *adj.* 深刻的，意义深远的，渊博的，造诣深的(deep)

【例】We had a *profound* lesson in ideological education yesterday.

contemporary [kənˈtempərəri] *adj.* 当前的；现代(派)的(contemporaneous)

【记】con(同)+ tempor(时代的)+ary→现在的

【例】The composer Salieri had the misfortune of being *contemporary* with Mozart.

classic [ˈklæsik] *n.* 杰作，名著

【例】Her daughter particularly likes reading the *classics* of English literature.

diction [ˈdikʃən] *n.* 措辞，用语(wording, phraseology)

【记】dic(语言)+tion→措辞

manuscript [ˈmænjuskript] *n.* 手稿，原稿(composition)

【记】manu(手)+script(书写)→手稿

analects [ˈænəlekts] *n.* 文选，论集

literatus [ˌlitəˈrɑːtəs] *n.* 文学界；学者

renaissance [riˈneisəns] *n.* 复兴；文艺复兴

criticism [ˈkritisiz(ə)m] *n.* 批评，批判

essay [ˈesei] *n.* 散文；小品文；随笔；短文；评论

【例】The other day I came across an interesting *essay* on the war with Napoleon.

preliterate [priˈlitərit] *adj.* 文字出现以前的

【例】It is difficult to study *preliterate* societies.

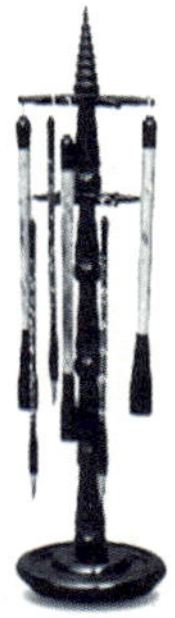

mainstream [ˈmeinstriːm] *n.* 主流

【例】You need not accept the nominee's ideology, only to be able to locate it in the American *mainstream*.

nostalgia [nɔˈstældʒiə] *n.* 思家病，乡愁

connoisseur [ˌkɔnəˈsəː] *n.* （艺术品的）鉴赏家，鉴定家，内行

【例】He is a *connoisseur* of fine wines.

editorial [ediˈtɔːriəl] *n.* 社论 *adj.* 编辑上的，主笔的，社论的

column [ˈkɔləm] *n.* 专栏

【例】He writes for the *column* of that newspaper.

circulation [ˌsəːkjuˈleiʃən] *n.* 发行量

【例】This magazine has a *circulation* of over a million.

feature [ˈfiːtʃə] *n.* 特写

【例】Did you read the frontpage *feature* on coal-mining?

drama [ˈdrɑːmə] *n.* 戏剧，戏剧艺术

【例】The old man is fond of the Elizabethan *drama*.

playwright [ˈpleirait] *n.* 剧作家

Have no fear of perfection—you'll never reach it.

—S. Dali

不要为十全十美担心——你永远也做不到十全十美。

——达里

Word List 20

音频

天　文

antenna [æn'tenə] *n.* 天线

universe ['juːnivəːs] *n.* 宇宙(galaxy)

astronomy [ə'strɔnəmi] *n.* 天文学

planet ['plænit] *n.* 行星

astronaut ['æstrənɔːt] *n.* 太空人，宇航员

launch [lɔːntʃ] *v.* 发射

multistage ['mʌltisteidʒ] *adj.* 多级的

【例】It is the most sophisticated *multistage* rocket.

cosmos ['kɔzmɔs] *n.* 宇宙

sphere [sfiə] *n.* 球，球体；天球

celestial [si'lestjəl] *adj.* 天上的(sky)

【例】Planets are *celestial* bodies.

galaxy ['gæləksi] *n.* 星系，银河(nebula)

polestar ['pəul'stɑː] *n.* 北极星

comet ['kɔmit] *n.* 彗星

asteroid ['æstərɔid] *n.* 小游星，小行星；海盘车

aerolite ['ɛərəlait] *n.* 陨石

satellite ['sætəlait] *n.* 人造卫星

constellation [kɔnstə'leiʃən] *n.* 星座

【记】con+stell(星星)+ation→星座

nebula ['nebjulə] *n.* 星云，云翳

equator [i'kweitə] *n.* 赤道

zenith ['zeniθ] *n.* 顶点，顶峰，天顶

【例】The sun reaches its *zenith* at midday.

apogee ['æpəudʒiː] *n.* 远地点

【记】apo(远离)+gee(地球)→远地点

perigee ['peridʒiː] *n.* 近地点

【记】peri(靠近)+gee(地球)→近地点

corona [kə'rəunə] *n.* 日冕

macula ['mækjulə] *n.* 黑点，太阳黑子

rainbow ['reinbəu] *n.* 彩虹

eclipse [i'klips] *n.* 日食；月食

nadir ['neidiə] *n.* [天]天底，最低点

cosmography [ˈkɔzˈmɔgrəfi] *n.* 宇宙志，宇宙(结构)学

【例】*Cosmography* is the study of the visible universe that includes geography and astronomy.

astrophysics [æstrəuˈfiziks] *n.* 天体物理学

orbit [ˈɔːbit] *n.* 轨道(track, path)

【例】How many satellites have been put into the earth's *orbit* round the sun? / Our planet is in *orbit* around the sun.

cluster [ˈklʌstə] *n.* 星团

dwarf [dwɔːf] *n.* 白矮星

quasar [ˈkweisɑː] *n.* 恒星状球体，类星体

chromosphere [ˈkrəuməsfiə] *n.* 色球

pseudoscience [ˌ(p)sjuːdəuˈsaiəns] *n.* 假科学，伪科学

Jupiter [ˈdʒuːpitə] *n.* 木星

lunar [ˈluːnə] *adj.* 月的，月亮的

Mercury [ˈməːkjuri] *n.* 水星

Uranus [ˈjuːərənəs] *n.* 天王星

Venus [ˈviːnəs] *n.* 金星

Neptune [ˈneptjuːn] *n.* 海王星

Saturn [ˈsætə(ː)n] *n.* 土星

interferometer [ˌintəfiəˈrɔmitə] *n.* 干涉仪

spaceship [ˈspeisʃip] *n.* 太空船(space shuttle)

revolve [riˈvɔlv] *v.* (使)旋转

【例】The earth *revolves* around the sun. / Their troubles *revolve* around money management.

Great men are rarely isolated mountain peaks; they are the summits of ranges. —*Higginson*

伟人很少是突兀的山，他们是众山中的最高峰。

——希金森

Word List 21

音频

植物学

pollen [ˈpɔlin] *n.* 花粉 *vt.* 传授花粉给

ovary [ˈəuvəri] *n.* (植物)子房

petal [ˈpetl] *n.* 花瓣

stamen [ˈsteimen] *n.* 雄蕊，雄性花蕊

pistil [ˈpistil] *n.* 雌蕊

hawthorn [ˈhɔːθɔːn] *n.* 山楂

daffodil [ˈdæfədil] *n.* 水仙花

tulip [ˈtjuːlip] *n.* 郁金香

jasmine [ˈdʒæsmin] *n.* 茉莉

sunflower [ˈsʌnflauə] *n.* 向日葵

vegetable [ˈvedʒitəbl] *n.* 蔬菜；植物

botanic [bəˈtænik] *adj.* 植物的，植物学的

geobotany [ˌdʒiːəuˈbɔtəni] *n.* 植物地理学

flora [ˈflɔːrə] *n.* 植物群

botanical [bəˈtænik(ə)l] *adj.* 植物学的 *n.* 植物性药材

botanist [ˈbɔtənist] *n.* 植物学家

vegetation [ˌvedʒiˈteiʃən] *n.* 植被

foliage [ˈfəuliidʒ] *n.* 树叶；植物

crossbreed [ˈkrɔsbriːd] *n.* 杂种 *v.* 异种交配，培育杂种，(使)杂交

photosynthesis [ˌfəutəuˈsinθəsis] *n.* 光合作用

peel [piːl] *v.* 剥，削，剥落

【例】Her sunburned skin began to *peel*.

pollinate [ˈpɔlineit] *vt.* 给…授粉

【例】Previous studies have shown that cultivated crops will cross-*pollinate*.

shell [ʃel] *vt.* 去壳，脱落

【例】The chef was *shelling* oysters.

shoot [ʃuːt] *vi.* 发出，发芽

【例】Rose bushes *shoot* again after being cut back.

starch [stɑːtʃ] *n.* 淀粉

vitamin [ˈvaitəmin] *n.* 维他命，维生素

cell [sel] *n.* 单元，细胞

tissue [ˈtisjuː; ˈtiʃjuː] *n.* 组织

【例】The *tissues* of the body constitute the organ.

bud [bʌd] *n.* 芽 *v.* 发芽

【例】The trees *budded* in early April.

trunk [trʌŋk] *n.* 干线；树干

bark [bɑːk] *n.* 树皮

branch [brɑːntʃ] *n.* 枝，分支

timber [ˈtimbə] *n.* 木材，木料(lumber，wood)

【记】比较timbre(音色)

sprout [spraut] *v.* 萌芽，长出(bud，burgeon，germinate)

【例】The plants *sprouted* from the ground a week after I planted.

shrub [ʃrʌb] *n.* 灌木，灌木丛

fern [fəːn] *n.* 蕨类植物

fructification [ˌfrʌktifiˈkeiʃən] *n.* 结果实；结实器官；果实

blossom [ˈblɔsəm] *vi.* 开花；兴旺，发展

pullulate [ˈpʌljuleit] *vi.* 发芽，抽芽；充满；成长，发展

tassel [ˈtæsl] *vi.* 抽穗

Carve your name on hearts and not on marbles.

— J. Addison

把你的姓名刻在人们的心上，而不是刻在大理石上。

—— 爱迪生

Word List 22

音频

动物学

zoology [zəu'ɔlədʒi; zuː'ɔlədʒi] *n.* 动物学

gregarious [gre'gɛəriəs] *adj.* 社交的，群居的

【记】greg(群体)+arious→群体的

【例】His *gregarious* personality makes him popular wherever he goes.

fauna ['fɔːnə] *n.* 动物群，动物区系，动物志

mammal ['mæməl] *n.* 哺乳动物

【记】mamma(乳)+l→哺乳动物

【例】Human beings are natural enemies to *mammals*.

carnivore ['kɑːnivɔː] *n.* 食肉动物

carnivorous [kɑː'nivərəs] *adj.* 食肉类的

herbivorous [(h)əː'bivərəs] *adj.* 食草的

omnivorous [ɔm'nivərəs] *adj.* 杂食的，什么都吃的

【记】omni(多，全部，总)+vorous→杂食的

predator ['predətə] *n.* 掠夺者，食肉动物

【例】*Predators* are either carnivores or omnivores.

predatory ['predətəri] *adj.* 掠夺的，食肉的

prey [prei] *n.* 被掠食者，牺牲者

【例】Mice and other small creatures are the owl's *prey*.

poikilotherm [pɔi'kiləuθəːm] *n.* 变温动物，冷血动物

homotherm ['həuməθəːm] *n.* 恒温动物

rodent ['rəudənt] *n.* 啮齿动物

scavenger ['skævindʒə] *n.* 清道夫，食腐动物

microbe ['maikrəub] *n.* 微生物，细菌

reptile ['reptail] *n.* 爬行动物

primate ['praimit] *n.* 灵长类的动物

mollusk ['mɔləsk] *n.* 软体动物

coelenterate [ˌkəu'lentəreit] *n.* 腔肠动物

vertebrate ['vəːtibrit] *n.* 脊椎动物

invertebrate [in'vəːtibrit] *n.* 无脊椎动物

finch [fintʃ] *n.* 鸣禽

【记】fin(尾翅)+ch→鸣禽

【例】This kind of birdseed is perfect for all kinds of *finches*.

fowl [faul] *n.* 家禽，禽；禽肉

monster ['mɔnstə] *n.* 怪物，巨兽(demon)

herd [hɜːd] *n.* 兽群；牧群

swarm [swɔːm] *n.*（蜜蜂、蚂蚁等）群（throng, crowd, horde）

flock [flɔk] *n.* 羊群，（禽、畜等的）群

horde [hɔːd] *n.* 昆虫群

insect [ˈinsekt] *n.* 昆虫

beast [biːst] *n.* 兽，畜牲

aquatic [əˈkwætik] *adj.* 水的，水上的，水生的

amphibian [æmˈfibiən] *adj.* 两栖类的，水陆两用的 *n.* 两栖动物

migrate [maiˈgreit] *v.* 随季节而移居，（鸟类的）迁徙

【例】These birds *migrate* to southern China in winter.

graze [greiz] *v.* 放牧

【记】比较pasture（放牧）

【例】Shepherds *graze* sheep where there are a lot of grass.

peck [pek] *v.* 啄，啄起（bite, nibble）

【例】The parrot *pecked* me on the finger.

woodpecker [ˈwudpekə] *n.* 啄木鸟

hibernation [ˌhaibəˈneiʃən] *n.* 冬眠

【例】Polar bear goes to *hibernation* in winter times.

estivation [ˌiːstiˈveiʃn] *n.* 夏眠

dormancy [ˈdɔːmənsi] *n.* 睡眠，冬眠

torpor [ˈtɔːpə] *n.* 迟钝，无感觉，不活泼

offspring [ˈɔfspriŋ] *n.* 子孙，后代（descendant）

【例】How many *offsprings* does a cat usually have?

spawn [spɔːn] *n./v.* 产卵（generate, produce）

pregnant [ˈpregnənt] *adj.* 怀孕的，孕育的

hatch [hætʃ] *v.* 孵出，孵（卵）（incubate, breed, emerge from the egg）

【例】Don't count your chickens before they are *hatched*.

domesticate [dəˈmestikeit] *vt.* 驯养，教化（tame）

【例】To *domesticate* animals like the African elephant requires patience and tactics.

fertilize [ˈfəːtilaiz] *vt.* 使受精

regeneration [riˌdʒenəˈreiʃən] *n.* 再生；重建

reproduce [ˌriːprəˈdjuːs] *v.* 繁殖，再生

【例】Ferns *reproduces* themselves by spores, differing from that of animals.

squeak [skwiːk] *vi.* (老鼠或物体)吱吱

【例】Can you hear the mice *squeaking* at night?

chirp [tʃəːp] *vi.* 喳喳(虫和鸟的叫声)

【例】Birds *chirped* away merrily in the trees.

camouflage [ˈkæmuflɑːʒ] *v.* 伪装 *n.* 伪装

【例】The soldiers *camouflaged* themselves with leaves and branches.

extinction [iksˈtiŋkʃən] *n.* 灭绝

nest [nest] *n.* 巢，窝

niche [nitʃ] *n.* 合适的环境

【例】We will outperform our competitors in the *niche* market.

habitat [ˈhæbitæt] *n.* （动植物的）生活环境；产地；栖息地；居留地；自生地；聚集处

【例】Environmentalists are concerned about the demage to the *habitats* of wild animals.

You are not in charge of the universe; you are in charge of yourself.

—*A. Bennett*

你并不掌管整个宇宙，但掌管着自己。

——贝内特

Word List 23

音频

人　物

president [ˈprezidənt] *n.* 总统；会长；校长；行长

【例】Many American *Presidents* served in Congress before they became *President*.

congressman [ˈkɔŋgresmən] *n.* 国会议员，众议院议员（女性为congresswoman）

【记】congress（国会）+man→国会议员

candidate [ˈkændideit；ˈkændidət] *n.* 候选人（nominee）

【例】He is the right *candidate* for presidency.

opponent [əˈpəunənt] *n.* 对手，反对者（rival）

【例】As an *opponent* to the Bush administration, he showed his strong aversion to the Iraq war.

advocator [ˈædvəkeitə] *n.* 辩护者

【记】ad＋voc（说）＋ator→辩护者

【例】Mary is an *advocator* for equal treatment of woman and man in workplace.

auditor [ˈɔːditə] *n.* 审计员；旁听者

【记】audit（听）＋or→旁听者

emperor [ˈempərə] *n.* 皇帝，君主（女皇帝为：empress）

monarch [ˈmɔnək] *n.* 君主（king, queen, ruler）

【记】mon（一个）＋arch（统治者）→君主

【例】Mountain Tai is the *monarch* of all mountains in China to some extent.

democrat [ˈdeməkræt] *n.* 民主党人

【记】比较 labor（工党）

republican [riˈpʌblikən] *n.* 共和党人

【例】To be a *republican* nominee, one must excel in all things concerning politics.

representative [ˌrepriˈzentətiv] *n.* 代表

【例】The *representatives* were all amazed by what had happened in the factory.

delegate [ˈdeligeit；ˈdeligət] *n.* 代表（representative） *vt.* 委派…为代表（appoint, assign）

【例】The general *delegated* his subordinate to perform a task.

dictator [dikˈteitə] *n.* 独裁者（dictatorship, tyrant）

【例】The emperor was described as a *dictator* by his people.

autocrat [ˈɔːtəukræt] *n.* 独裁者(ruler, tyrant)

【记】auto(自己)+crat(管理)→独裁者

aristocrat [ˈæristəkræt] *n.* 贵族(nobleman)

【记】aristo(最好的)+crat(管理)→最好的管理是贵族家的管理→贵族

【例】In ancient times, education was confined to *aristocrats*.

radical [ˈrædikəl] *adj.* 根本的，基本的；激进的(utmost)

【记】比较conservative(保守的，守旧的)

【例】His ideas seem to be *radical* even in the 21st century.

conservative [kənˈsəːvətiv] *adj.* 保守的，守旧的 *n.* 保守派

【例】The researchers made a *conservative* guess at the population of Tokyo.

minister [ˈministə] *n.* 部长，大臣

【例】Six *ministers* got together to tackle the issue of inadequate funding to students from poor families.

general [ˈdʒenərəl] *n.* 将军(commander)

【例】The *general* commanded his men to advance.

envoy [ˈenvɔi] *n.* 外交使节，特使(delegate)

【例】He was the most senior *envoy* in the diplomatic mission.

ambassador [æmˈbæsədə] *n.* 大使

【例】He was appointed *ambassador* to Australia.

consul [ˈkɔnsəl] *n.* 领事

【例】He is the *consul* for education in the Consulate-General in Shanghai.

professor [prəˈfesə] *n.* 教授

【记】pro(前，在公众之前)＋fess(声称，明言)＋or→教授

lecturer [ˈlektʃərə] *n.* 演讲者；讲师

dean [diːn] *n.* (大学)院长

director [diˈrektə] *n.* 主任

【例】He is one of the *directors* of the company.

chancellor [ˈtʃɑːnsələ] *n.* 大学校长；大臣；首席法官

【例】In Britain the *Chancellor* of the Exchequer deals with taxes and government spending.

alumnus [əˈlʌmnəs] *n.* 男毕业生，男校友

playwright [ˈpleirait] *n.* 剧作家
【记】play(戏剧)+wright(作家)→剧作家
【例】Shakespeare is a famous *playwright*.

mathematician [ˌmæθiməˈtiʃən] *n.* 数学家

astronomer [əˈstrɔnəmə(r)] *n.* 天文学家

botanist [ˈbɔtənist] *n.* 植物学家

geographer [dʒiˈɔgrəfə] *n.* 地理学者

geologist [dʒiˈɔlədʒist] *n.* 地质学者

meteorologist [ˌmiːtjəˈrɔlədʒist] *n.* 气象学者

archeologist [ˌɑːkiˈɔlədʒist] *n.* 考古学家

artist [ˈɑːtist] *n.* 艺术家，画家
【例】As an *artist*, one should be sensitive to colors.

artisan [ɑːtiˈzæn] *n.* 工匠，技工(craftsman)

inventor [inˈventə(r)] *n.* 发明家
【例】Edison is the greatest *inventor* in the human history.

biographer [baiˈɔgrəfə] *n.* 传记作者
【例】Boswell was the *biographer* of Dr. Johnson.

ecologist [iˈkɔlədʒist] *n.* 生态学者
【记】eco(环境、生态、生态学的)+logist(人)→生态学者

critic [ˈkritik] *n.* 批评家，评论家；吹毛求疵者
【例】He is a film *critic* and he writes reviews for books on film.

connoisseur [ˌkɔniˈsəː] *n.* (艺术品的)鉴赏家，鉴定家；内行
【例】He is a *connoisseur* of fine wines.

commentator [ˈkɔmenteitə] *n.* 评论员，讲解员(reviewer, analyst)

counsel [ˈkaunsəl] *n.* 辩护人，律师，法律顾问
【例】As a legal *counsel*, he provides legal advice to many companies.

lawyer [ˈlɔːjə] *n.* 律师 (solicitor, barrister)
【例】He is the *lawyer* of the company and has served as chief legal advisor to the company on merges and acquisitions.

jury [ˈdʒuəri] *n.* 陪审团，评判委员会；陪审员
【例】The *jury* were divided in opinion.

attorney [əˈtəːni] *n.* 律师(lawyer)

solicitor [səˈlisitə] *n.* 律师，法律顾问(attorney)

proxy [ˈprɔksi] *n.* 代理人(agent)
【例】A *proxy* refers to someone who acts on behalf of someone.

agent [ˈeidʒənt] *n.* 代理(商)

【例】He works as a house *agent*.

deputy [ˈdepjuti] *n.* 代理人，代表(delegate)

【例】When the headmaster was away, the *deputy* head did his job.

arbitrator [ˈɑːbitreitə] *n.* 仲裁者(mediator, arbiter)

【例】The disputing parties agreed to accept the decision of the *arbitrator*.

commander [kəˈmɑːndə] *n.* 司令官，指挥官

【例】The *commander* decided to attack the enemy troop from the rear.

principal [ˈprinsəp(ə)l] *n.* 负责人，首长，校长；主犯

【例】As a *principle* of the school, he devoted himself to his work.

clergy [ˈkləːdʒi] *n.* 牧师

crew [kruː] *n.* 全体人员，(工作)队(staff)

【例】The *crew* on the board worked together during the storm.

choreographer [ˌkɔriˈɔgrəfə(r)] *n.* 舞蹈指导

educator [ˈedjuːkeitə(r)] *n.* 教育家

faculty [ˈfækəlti] *n.* 全体教员

【例】The School of Economics in the University of Melbourne boasts a high profile of *faculty*.

aviator [ˈeivieitə] *n.* 飞行员，飞行家(pilot)

pilot [ˈpailət] *n.* 飞行员，领航员，引水员(driver)

entrepreneur [ˌɔntrəprəˈnəː] *n.* 企业家，主办人

【例】My ultimate career goal is to become a successful *entrepreneur*.

employee [ˌemplɔiˈiː] *n.* 职工，雇员，店员

【例】There are 30 *employees* in his firm.

attendant [əˈtendənt] *n.* 服务员(waiter)

【例】He worked as an *attendant* in the shop to earn part of his tuition fees.

staff [stɑːf] *n.* 全体职员(personnel)

【例】The boss is generous towards his *staff*.

proprietor [prəˈpraiətə] *n.* 所有者，经营者(女经营者为：proprietress)

apprentice [əˈprentis] *n.* 学徒(learner, novice) *v.* 当学徒

【例】He's *apprenticed* to a craftsman. / The new *apprentices* are doing quite well.

novice [ˈnɔvis] *n.* 新手，初学者(beginner)

donor [ˈdəunə] *n.* 捐赠人

benefactor [ˈbenifæktə] *n.* 恩人；捐助者，赠送者，赞助人 (sponsor, patron, supporter)

【例】My ancestor was *benefactor* to poor people at the Tang Dynasty.

beneficiary [beniˈfiʃəri] *n.* 受惠者，受益人

【例】I am the *beneficiary* of your generosity.

humanitarian [hju(ː)ˌmæniˈtɛəriən] *n.* 人道主义者(philanthropist)

【例】*Humanitarian* is one who is devoted to the promotion of human welfare and the advancement of social reforms.

spectator [spekˈteitə] *n.* 观众

【记】spectat (e) (出席观看)+ or(人)→观众

audience [ˈɔːdjəns] *n.* 听众，观众

【记】audi(听)+ence→听众

【例】The tenor expanded his *audience* by recording popular songs as well as opera.

resident [ˈrezidənt] *n.* 居民

【例】City *residents* complain that migrant workers have threatened to take already scarce urban jobs.

mortal [ˈmɔːtl] *n.* 凡人，人类

believer [biˈliːvə] *n.* 信徒

fanatic [fəˈnætik] *n.* 狂热者，盲信者，入迷者

【例】A *fanatic* is one who can't change his mind and won't change the subject.

atheist [ˈeiθiist] *n.* 无神论者

【记】a(无，没有)+the(神)+ist→无神论者

adherent [ədˈhiərənt] *n.* 信徒；追随者，拥护者

disciple [diˈsaipl] *n.* 信徒，弟子，门徒

【例】The twelve *disciple* apostles is place of interest in Melbourne, Australia.

zealot [ˈzelət] *n.* 狂热者(fanatic)

assassin [əˈsæsin] *n.* 暗杀者，刺客

【例】He is the *assassin* of President Kennedy.

burglar [ˈbəːglə] *n.* 窃贼，夜盗(robber)

bandit [ˈbændit] *n.* 强盗(brigand, gangster)

barbarian	[bɑːˈbɛəriən] *n.* 粗鲁无礼的人，野蛮人
exile	[ˈeksail] *n.* 放逐，充军，流放；流犯，被放逐者 *vt.* 放逐，流放，使背井离乡（deport, banish） 【例】He had been five years in *exile*.
rebel	[ˈrebl] *n.* 造反者，叛逆者，反抗者 [riˈbel] *v.* 造反，反叛 【例】The students *rebelled* against their government.
foe	[fəu] *n.* 反对者；敌人（enemy, opponent）；危害物
figurehead	[ˈfigəhed] *n.* 傀儡 【例】King is just a *figurehead*; it's the President who has the real power.
malcontent	[ˈmælkənˌtent] *adj.* 不满的 *n.* 不满者
skeptic	[ˈskeptik] *n.* 怀疑论者；无神论者，怀疑宗教的人（doubter） 【例】He is a *skeptic* of Marxism.
feminist	[ˈfeminist] *n.* 男女平等主义者；女权扩张论者
superior	[sjuːˈpiəriə] *n.* 长者；高手；上级 【例】The *superior* mentors his subordinates in his own way.
inferior	[inˈfiəriə] *adj.*下级的，下属的（junior）
subordinate	[səˈbɔːdinit] *n.* 下属（dependant）
assistant	[əˈsistənt] *n.* 助手，助教 【记】assist(帮助)+ant(名词后缀，表示人)→助手
co-worker	[ˈkəuˈwəːkə] *n.* 共同工作者，合作者，同事，帮手

Better to light one candle than to curse the darkness.

—Anna Louise Strong

与其诅咒黑暗，不如燃起蜡烛。

——安娜·路易丝·斯特朗

Word List 24

音频

考古学

archeology [ɑːkiˈɔlədʒi] *n.* 考古学

artifact [ˈɑːtifækt] *n.* 人造物品

【例】We could infer from the *artifacts* that it was once a prosperous village.

relic [ˈrelik] *n.* 遗物，遗迹(remnant)；废墟；纪念物

skull [skʌl] *n.* 头脑；头骨

antique [ænˈtiːk] *n.* 古物，古董

antiquity [ænˈtikwiti] *n.* 古代，古老，古代的遗物

remains [riˈmeins] *n.* 残余；遗迹

【例】We found the *remains* of a meal on the table.

remnant [ˈremnənt] *n.* 残余(leftover)；遗迹(remains，vestige)

【例】The *remnants* of his past glory were found by the next group of archaeologists.

remainder [riˈmeində] *n.* 残余，剩余物

【例】I will go ahead with three of you，and the *remainder* can wait here.

residue [ˈrezidjuː] *n.* 残余(remainder)

vestige [ˈvestidʒ] *n.* 遗迹；痕迹(trace)

【例】A *vestige* is a visible trace，evidence，or sign of something that once existed but exists or appears no more.

trace [treis] *n.* 痕迹，踪迹(track)

【例】I immediately recognized the charred *traces* of a fire.

primitive [ˈprimitiv] *adj.* 原始的；最初的(crude，original，primordial)

【例】*Primitive* man made tools from sharp stones and animal bones.

prehistoric [ˌpriːhisˈtɔrik] *adj.* 史前的；陈旧的

【记】pre(在…前)+historic→史前的

archaic [ɑːˈkeiik] *adj.* 古老的(old)；陈旧的

【记】arch(古)＋aic→古老的

【例】The *archaic* ship was just like the ones used centuries earlier.

primordial [praiˈmɔːdjəl] *adj.* 原始的

medieval [ˌmediˈiːvəl] *adj.* 中世纪的，仿中世纪的；老式的(ancient)

primeval [praiˈmiːvəl] *adj.* 原始的

【例】The *primeval* forests are disappearing at an astonishing speed.

originate [əˈridʒineit] *vi.* 起源，发生

【例】The optic theory *originated* with Einstein.

chronological [ˌkrɔnəˈlɔdʒikəl] *adj.* 按年代顺序排列的

【记】chron(时间)+o+logical→按年代排序的

【例】We've found it less difficult to learn the *chronological* table of the Chinese dynasties in *chronological* order.

Paleolithic [ˌpæliəuˈliθik] *adj.* 旧石器时代的

Mesolithic [ˈmezəuˈliθik] *n.* 中石器时代(旧石器时代与新石器时代之间的时代)

Neolithic [niːəuˈliθik] *adj.* 新石器时代的

excavation [ˌekskəˈveiʃən] *n.* 挖掘,发掘;挖掘成的洞;出土文物

excavate [ˈekskəveit] *vt.* 挖掘(dig, delve)

【记】ex+cav(洞)+ate→挖出洞→挖掘

【例】They *excavated* a huge hole for the foundation of the building.

exhume [eksˈhjuːm] *vt.* 掘出(excavate, dig)

【记】ex(出)+hume(土)→出土→掘出

【例】The coroner *exhumed* the body in order to perform tests regarding the cause of death.

unearth [ˌʌnˈəːθ] *vt.* 发掘,发现(uncover, exhume)

【记】un+earth(土地)→弄开土→挖掘

【例】A recent excavation *unearthed* a pottery of Ming dynasty.

scoop [skuːp] *vt.* 汲取(pick);挖掘(dig)

【例】He used his bare hands to *scoop* up water from the river.

disclosure [disˈkləuʒə] *n.* 揭露

invaluable [inˈvæljuəbl] *adj.* 无价的,价值无法衡量的(costly)

【例】These paintings are *invaluable*.

precious [ˈpreʃəs] *adj.* 宝贵的,贵重的(valuable)

Word List 25

音频

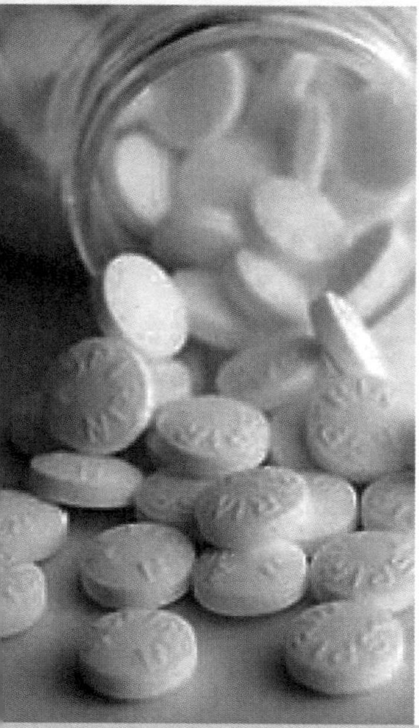

医　学

forensic [fəˈrensik] *adj.* 法庭的

【例】The poor peasant's son worked his way through difficulties and finally became a specialist in *forensic* medicine.

physician [fiˈziʃən] *n.* 医师，内科医师

【记】比较surgeon(外科医生)

pediatrician [ˌpiːdiəˈtriʃən] *n.* 儿科医师

gynecologist [gainiˈkɔlədʒist] *n.* 妇科医生

psychiatrist [saiˈkaiətrist] *n.* 精神病医师，精神病学家

neurologist [njuəˈrɔlədʒist] *n.* 神经学者，神经科专门医师

dentist [ˈdentist] *n.* 牙科医生

surgeon [ˈsəːdʒən] *n.* 外科医生

sanatorium [ˌsænəˈtɔːriəm] *n.* 疗养院，休养地

【例】A *sanatorium* is an institution for the treatment of chronic diseases or for medically supervised recuperation.

hygiene [ˈhaidʒiːn] *n.* 卫生(sanitation)

【例】The dentist instructed his patients on dental *hygiene*.

clinic [ˈklinik] *n.* 门诊所

ailment [ˈeilmənt] *n.* 疾病

indisposition [ˌindispəˈziʃən] *n.* 小病，不适宜(ailment)

affection [əˈfekʃən] *n.* 疾病

ulcer [ˈʌlsə] *n.* 溃疡

vaccinate [ˈvæksineit] *v.* 进行预防接种(immunize)

【例】Has your child been *vaccinated* against smallpox?

chilblain [ˈtʃilblein] *n.* 冻疮

fracture [ˈfræktʃə] *n.* 破裂，骨折

【例】He fell and *fractured* his upper arm.

diagnosis [ˌdaiəgˈnəusis] *n.* 诊断

【记】dia(穿过)+gnos(知道)+is→穿过(身体)知道→诊断

incubation [ˌinkjuˈbeiʃən] *n.* 潜伏

【例】*Incubation* means the development of an infection from the time the pathogen enters the body until signs or symptoms first appear.

symptom [ˈsimptəm] *n.* 症状，征候，征兆(sign, indication)

【例】One *symptom* of the disease is a high fever.

relapse [riˈlæps] *vi.* 复发(recur)；回复

【记】re(重新)+lapse(错误)→再犯错误→复发

【例】Her disease *relapsed* once she returned her home.

epidemic [ˌepiˈdemik] *adj.* 流行的，传染的 *n.* 时疫；（风尚等的）流行

【例】An *epidemic* outbreak of influenza threatens the health of babies.

contagion [kənˈteidʒən] *n.* 传染；传染病

coma [ˈkəumə] *n.* 昏迷

【例】The patient has been in a *coma* for a week and doesn't seem to have any hope of recovery.

treatment [ˈtriːtmənt] *n.* 治疗

【记】treat(对待，处理)+ment→治疗

【例】The doctor's *treatment* cured him.

anemia [əˈniːmiə] *n.* 贫血，贫血症

appendicitis [əˌpendiˈsaitis] *n.* 阑尾炎，盲肠炎

arthritis [ɑːˈθraitis] *n.* 关节炎

bronchitis [brɔŋˈkaitis] *n.* 支气管炎

diabetes [ˌdaiəˈbiːtiːz] *n.* 糖尿病

indigestion [ˌindiˈdʒestʃən] *n.* 消化不良

【记】in(表示否定)+digest(消化)+ion→消化不良

influenza [ˈinfluˈenzə] *n.* 流行性感冒

malnutrition [ˈmælnju(ː)ˈtriʃən] *n.* 营养失调，营养不良

pneumonia [nju(ː)ˈməunjə] *n.* 肺炎

rabies [ˈreibiːz] *n.* 狂犬病

smallpox [ˈsmɔːlpɔks] *n.* 天花

anesthesia [ˌænisˈθiːzjə] *n.* 麻醉

transplant [trænsˈplɑːnt] *v.* / *n.* 移植，移种

【例】He survived a heart *transplant*.

bandage [ˈbændidʒ] *n.* 绷带 *v.* 用绷带包扎

【例】The surgeon *bandaged* up his injured head.

acupuncture [ˈækjupʌŋktʃə(r)] *n.* 针刺疗法 *v.* 施行针刺疗法

contagious [kənˈteidʒəs] *adj.* 传染的(catching, infectious)

【记】con+tag(接触)+ious→传染的

【例】Cancer is not *contagious*, so you shouldn't be afraid to touch someone with cancer.

catching [ˈkætʃiŋ] *adj.* 传染的(contagious, infectious)

【记】catch(抓)+ing→被疾病抓住→传染的

infect [inˈfekt] *vt.* 传染，感染(spread, affect)

【记】in(进入)+fect(做)→做进去→传染进去

【例】The new disease will be sure to *infect* the population.

infectious [inˈfekʃəs] *adj.* 传染的，感染性的(contagious)

【记】infect(传染，感染)+ious→传染的

contract [ˈkɔntrækt] *vt.* 感染(infect)

【记】con+tract(拉)→拉到一起→感染

acute [əˈkjuːt] *adj.* 急性的(疾病)

【例】This is an *acute* disease.

chronical [ˈkrɔnikl] *adj.* 慢性的，延续很长的

morbid [ˈmɔːbid] *adj.* 病态的，不健康的(sick, diseased)

【记】morb(病)+id→疾病的

【例】The patient has a *morbid* imagination that made his illness worse.

unconscious [ʌnˈkɔnʃəs] *adj.* 失去知觉的；不察觉的

fragile [ˈfrædʒail] *adj.* 体质弱的

【记】frag(碎)+ile→易碎的→体质弱的

susceptible [səˈseptəbl] *adj.* 易受感染的(vulnerable, exposed)

【记】sus(下面)+cept(接受)+ible→接受的→受感染的

【例】Infants and the elderly are more *susceptible* to illness than other people.

malady [ˈmælədi] *n.* 疾病

【记】mal(坏)+ady→坏的东西→疾病

corpse [kɔːps] *n.* 尸体

tingle [ˈtiŋgl] *vi.* 刺痛

【例】The uncertainty of national events made his blood *tingle*.

bruise [bruːz] *vt.* 打伤 *n.* 淤伤

【例】Mary got a *bruise* when she bumped against the table.

fester [ˈfestə] *vt.* 使化脓(decay)

【例】It's lucky that the wound did not *fester*.

intoxicate [inˈtɔksikeit] *vt.* 使中毒

【记】in(进入)+toxic(毒)+ate→进入毒→使中毒

【例】He was *intoxicated* by many awards he received and ceased his step toward the peak of his career.

survive [səˈvaiv] *vt.* 幸免于 *vi.* 活下来(outlive, remain)

【例】Those who *survived* rebuilt the city.

inject [inˈdʒekt] *vt.* 注射，注入(infuse)

【记】in(进)+ject(扔)→扔进去→注射

【例】The dog fell on the ground after being *injected*.

remedy [ˈremidi] *n.* 治疗法；药物 *vt.* 治疗(cure, rectify)

【例】The doctor tried all means to *remedy* the beloved man.

prescription [priˈskripʃən] *n.* 药方；命令

【例】The general demanded that his men act strictly to his *prescription*.

dissect [diˈsekt] *vt.* 解剖

【记】dis＋sect(部分)→去除部分→解剖

【例】Bill *dissected* a small shark in anatomy class.

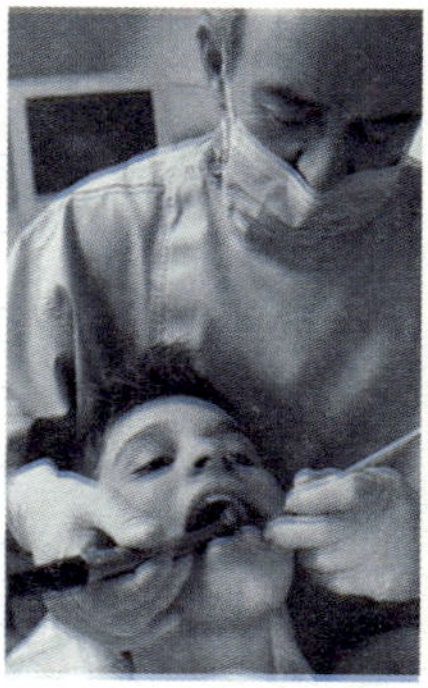

sterile [ˈsterail] *adj.* 消毒的(sanitary)

clinic [ˈklinik] *n.* 门诊所

anatomy [əˈnætəmi] *n.* 剖析；解剖学

sanitation [sæniˈteiʃən] *n.* 卫生，卫生设施

sustenance [ˈsʌstinəns] *n.* 营养物

nutrition [njuːˈtriʃən] *n.* 营养，营养学

malnourished [mælˈnʌriʃt] *adj.* 营养失调的，营养不良的

Anything one man can imagine, other men can make real.

—Jules Verne

但凡人能想像到的事物，必定有人能将它实现。

——儒勒·凡尔纳

Word List 26

音频

政　治

welfare [ˈwelfɛə] *n.* 福利，安宁；福利事业

【例】He is quite a figure in *welfare* economics.

vote [vəut] *n.* 投票，选票

veto [ˈviːtəu] *n.* 否决，禁止；否决权 *vt.* 否决，禁止

【例】The President *vetoed* against the bill.

rejection [riˈdʒekʃən] *n.* 拒绝

embargo [emˈbɑːgəu] *n./v.* 禁止出入港口，禁运

【例】The government issued an *embargo* on the sale of computers to unfriendly nations.

sanction [ˈsæŋkʃən] *n.* 制裁，处罚

scandal [ˈskændl] *n.* 丑闻(disgrace, defamation)

【例】The President's *scandal* was soon publicized and exaggerated.

strike [straik] *n.* 罢工 (work stoppage)

【例】In France, going on *strike* is frequently being utilised by the union in fighting for the workers' interest, which strikes the nation's economy heavily.

parade [pəˈreid] *n.* 游行(procession, march)

petition [piˈtiʃən] *n.* 请愿 *vt.* 向…请愿

【记】pet(寻求)+ition→请愿

procession [prəˈseʃən] *n.* 行列，队伍

【例】They watched the *procession* go past.

indignity [inˈdigniti] *n.* 轻蔑，侮辱，侮辱的行为

municipal [mju(ː)ˈnisipəl] *adj.* 市政的，市立的；地方性的，地方自治的

ignominy [ˈignəmini] *n.* 耻辱

domain [dəuˈmein] *n.* 领土，领地(realm, sphere)

territory [ˈteritəri] *n.* 领土，版图，地域

【例】This island is our *territory*.

kingdom [ˈkiŋdəm] *n.* 王国(realm)

【记】king(国王)+dom(地域)→国王统治的地域→王国

realm [relm] *n.* 王国，领域(field, domain)

sovereign [ˈsɔvrin] *n.* 君主；统治

autonomy [ɔːˈtɔnəmi] *n.* 自治

【记】auto(自己)+nomy(统治)→自治

【例】*Autonomy* should be adopted in governing social affairs.

self-government [ˌselfˈgʌvənmənt] *n.* 自治

commission [kəˈmiʃən] *n./ vt.* 委任，任命

committee [kəˈmiti] *n.* 委员会

【例】The *committee* comprises seven people.

regimen [ˈredʒimen] *n.* 政权

【记】regi(统治)＋men(人)→政权

regime [reiˈʒiːm] *n.* 政体，政权，政权制度

election [iˈlekʃ(ə)n] *n.* 选举

【记】She fights the *election* under the banner of equal rights.

ballot [ˈbælət] *n.* 投票(vote，poll)

【例】The club members held a secret *ballot* to choose the chairperson.

ideology [ˌaidiˈɔlədʒi] *n.* 意识形态

【记】ideo(意，观念)+logy(学)→意识形态

privilege [ˈprivilidʒ] *n.* 特权(prerogative)

【记】privi(个人)＋lege(法律)→个人的法律→特权

【例】It is my *privilege* to participate in this event to witness the 35th anniversary of the establishment of China-Australian diplomatic relations.

dispensation [ˌdispenˈseiʃən] *n.* 特许，赦免

authority [ɔːˈθɔriti] *n.* 权威

【例】The teacher gave her assistant the *authority* to grade papers.

authoritative [ɔːˈθɔritətiv] *adj.* 权威性的；官方的

【例】Make sure you ask an *authoritative* source for directions.

senate [ˈsenit] *n.* 参议院，上院

congress [ˈkɔŋgres] *n.* (代表)大会；(美国等国的)国会，议会

factious [ˈfækʃəs] *adj.* 党派的

partisan [pɑːtiˈzæn] *adj.* 党派的，派系感强的

【例】Her *partisan* speech angered the opposing party.

diplomatic [ˌdipləˈmætik] *adj.* 外交的；有策略的(tactful)

【例】She is always *diplomatic* when she deals with angry students.

diplomacy [diˈpləuməsi] *n.* 外交；策略(tact)

【例】The clerk spoke with *diplomacy* to the angry customer.

confederate [kənˈfedərit] *n.* 同盟(partner，company)

【例】The gangster and his *confederates* were arrested.

confederacy [kənˈfedərəsi] *n.* 联盟，邦联

【例】Southern states formed the *confederacy* in the United States in 1860 and 1861.

league [liːg] *n.* 同盟，联盟；联合会

affiliate [əˈfilieit] *v.* 接纳，隶属；联合

【例】The two unions voted to *affiliate*.

unconventional [ˈʌnkənˈvenʃənəl] *adj.* 自由的；反传统的

dictatorial [ˌdiktəˈtɔːriəl] *adj.* 独裁的，专断的(tyrannical)

【记】dictat(说，命令)+orial→独裁的

dictatorship [dikˈteitəʃip] *n.* 专政

domestic [dəˈmestik] *adj.* 家庭的；国内的

【例】*Domestic* demand drives prices of factors of production up.

centralize [ˈsentrəlaiz] *v.* 集中于中央(或中心)

federal [ˈfedərəl] *adj.* 联邦的，联合的，联邦制的，同盟的

【例】The senator's *federal* leanings were well known.

democracy [diˈmɔkrəsi] *n.* 民主政治，民主主义

【记】比较 tyrannical(专制的)

confer [kənˈfəː] *v.* 协商(discuss)

【记】con(共同)+fer→共同带来观点→协商

【例】I *conferred* with my friends about what we should eat for dinner.

consult [kənˈsʌlt] *v.* 商量，商议；请教；参考

【例】I must *consult* my principal on this matter.

entitle [inˈtaitl] *vt.* 给…权利；给…称号

【记】en+title(名称)→给…称号

warrant [ˈwɔrənt] *n.* 授权，正当理由 *vt.* 保证；辩解

empower [imˈpauə] *v.* 授权给…，使能够

【例】The new law *empowered* the police to search private houses in an emergency.

authorize [ˈɔːθəraiz] *v.* 批准(approve)

【例】We are *authorized* to sign the contract with our counterparts.

exploit [iksˈplɔit] *vt.* 剥削；开发(explore)

【记】ex+ploit(重叠)→从重叠中拿出→开发

【例】The company *exploited* the workers by falsely promising them pay raises.

manipulate [məˈnipjuleit] *v.* 操纵

【例】He *manipulated* public opinion in his favor.

maneuver [məˈnuːvə] *vt.* 调遣 *n.* 策略(move, step, tactic)

【记】man(手)+euver(劳动)→用手劳动→操纵

【例】At the last moment, the basketball player made a clever *maneuver* that allowed a goal to be made.

contrive [kən'traiv] *v.* 计划，图谋(conspire)

【例】He *contrived* to escape.

inspect [in'spekt] *vt.* 检查，视察

【记】in(内)+spect(看)→看里面→检查

【例】The government sent an official to *inspect* our school.

scrutinize ['skrutinaiz] *v.* 细察，细阅，仔细审查

【例】All the business transactions of trading companies will be highly and closely *scrutinized*.

exile ['eksail] *vt.* 流放(banish, deport) *n.* 放逐

【例】The king was *exiled* when his expire was taken over.

enslave [in'sleiv] *vt.* 奴役

【记】en+slave(奴隶)→奴役

【例】The addict was *enslaved* by drugs.

ostracism ['ɔstrəsizəm] *n.* 放逐，排斥

hustle ['hʌsl] *vt.* 驱赶，驱逐(impel)

【例】The policemen *hustled* the prisoner into a van.

impel [im'pel] *vt.* 驱使(compel, urge)

【记】im(进入)+pel(推动)→驱使

【例】He was *impelled* by a strong passion to save the diseased boy.

oust [aust] *vt.* 驱逐(dismiss, throw out)

【例】He was *ousted* from his position as chairman.

coerce [kəu'əːs] *vt.* 强制，强迫(force)

banish ['bæniʃ] *vt.* 驱逐出境(exile, expel)；禁止…出入

【例】The naughty child was *banished* to his room until dinner.

evict [i(ː)'vikt] *v.* 驱逐，逐出

【例】If you don't pay your rent you'll be *evicted*.

deport [di'pɔːt] *vt.* 驱逐出境，放逐

dominate ['dɔmineit] *vt.* 统治，支配，控制(control)

【记】domin(统治)+ate→支配

【例】The older brother *dominated* his younger siblings.

abdicate ['æbdikeit] *v.* 放弃权力(abandon)，退位

【记】ab+dic(说话，命令)+ate→退位，不再命令→放弃权力

【例】King Edward *abdicated* in 1936.

relinquish [riˈliŋkwiʃ] *v.* 放弃(resign, yield, abandon, cede, waive)

【例】The king was forced by the scandal to *relinquish* his throne to which he had been elected.

administer [ədˈministə] *vt.* 管理(govern, supervise)

【记】ad+minister(部长)→作部长→管理

【例】The personnel director *administers* the attendance policy.

administration [ədminisˈtreiʃən] *n.* 行政(management)

【记】administ(e)r(管理)+ation→行政

【例】Lisa is involved in *administration* at the company she works for.

institute [ˈinstitjuːt] *vt.* 建立(establish, set up, start)

【例】The village *instituted* a welfare system on their own.

inaugurate [iˈnɔːgjureit] *vt.* 举行就职典礼(initiate)

【例】The administer *inaugurated* a president and the president made an inauguration speech.

amendment [əˈmendmənt] *n.* 修正案

【例】The 19th *Amendment* to the Constitution gave women the right to vote.

alteration [ˌɔːltəˈreiʃən] *n.* 变更，改造(change)

colonize [ˈkɔlənaiz] *vt.* 拓殖，殖民

monarchy [ˈmɔnəki] *n.* 君主政体，君主政治；君主国

【例】Britain is a *monarchy*.

dominion [dəˈminjən] *n.* 主权，领土；统治权

【例】The government claims *dominion* over the resources of the marginal sea.

anarchism [ˈænəkiz(ə)m] *n.* 无政府主义

mayhem [ˈmeihem] *n.* 极端混乱状态(chaos)

doctrine [ˈdɔktrin] *n.* 主义(principle)

【例】How are the *doctrines* of the two churches different?

dogma [ˈdɔgmə] *n.* 教条(creed)

【例】The *dogmas* of the quiet past are inadequate to the stormy present.

Word List 27

音频

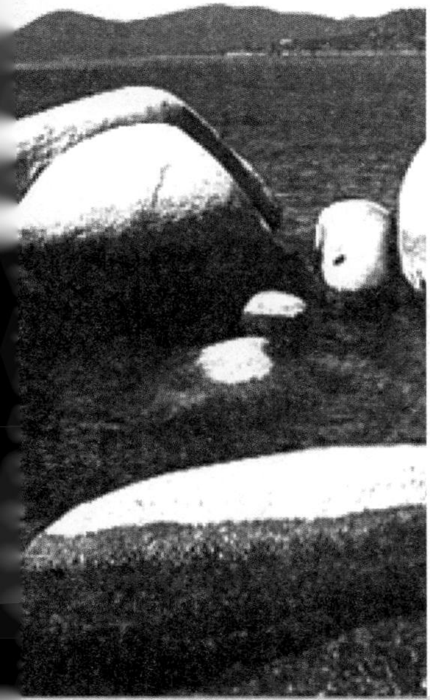

地　质

volcanic [vɔl'kænik] *adj.* 火山的，像火山的

eruption [i'rʌpʃən] *n.* 爆发(explosion)

【例】*Eruption* of volcanoes is destructive.

outburst ['autbəːst] *n.* (火山，感情等)爆发，喷出(surge, explosion)

squirt [skwəːt] *v.* 喷出(spurt)

magma ['mægmə] *n.* (有机物或矿物的)稀糊，岩浆

fault [fɔːlt] *n.* 产生断层；断裂

crust [krʌst] *n.* 地壳

layer ['leiə] *n.* 层；阶层

lithosphere ['liθəˌsfiə] *n.* 岩石圈

lithogenous [ˌliθəu'dʒenəs] *adj.* 岩成的

mantle ['mæntl] *n.* 地幔

stratum ['streitəm] *n.* 地层

cataclysm ['kætəklizəm] *n.* 地震

calamity [kə'læmiti] *n.* 灾难，不幸事件(danger)

【例】A hurricane would be a *calamity* for this low-lying coastal region.

debacle [dei'bɑːkl] *n.* 泛滥的洪水(flood)

deluge ['deluːdʒ] *n.* 洪水，大雨 *v.* 使泛滥；压倒

【例】He was *deluged* with questions.

magnitude ['mægnitjuːd] *n.* 震级

seismology [saiz'mɔlədʒi] *n.* 地震学

seismic ['saizmik] *adj.* 地震的

earthquake ['əːθkweik] *n.* 地震

tremor ['tremə] *n.* 震动，颤动(quake)

iceberg ['aisbəg] *n.* 冰山

【记】ice(冰)+berg(山)→冰山

glacier ['glæsjə] *n.* 冰河，冰川

diamond ['daiəmənd] *n.* 钻石；菱形

crater ['kreitə] *n.* 火山口；弹坑

core [kɔː] *n.* 果核；中心，核心

aluminum [ə'ljuːminəm] *n.* 铝

geology [dʒi'ɔlədʒi] *n.* 地质学，地质概况

petrify ['petriˌfai] *v.* 石化；吓呆

【记】petr(石头)+ify→石化

【例】The idea of robbery *petrified* her.

fossil [ˈfɔsl] *n.* 化石

【例】Coal is a *fossil* fuel.

sediment [ˈsedimənt] *n.* 沉淀物

【记】sed(=sid坐)＋ment→沉下去的东西→沉淀物

ore [ɔː(r)] *n.* 矿石

mineral [ˈminərəl] *n.* 矿物，矿石

bonanza [bəuˈnænzə] *n.* 富矿带

ruby [ˈruːbi] *n.* 红宝石

lava [ˈlɑːvə] *n.* 熔岩，火山岩

limestone [ˈlaimstəun] *n.* 石灰石

granite [ˈgrænit] *n.* 花岗岩

emerald [ˈemərəld] *n.* 绿宝石

fieldstone [ˈfiːldstəun] *n.* 散石，大卵石

gem [dʒem] *n.* 宝石(jewel)，珍宝，精华；被喜爱的人

marble [ˈmɑːbl] *n.* 大理石

pit [pit] *n.* 煤矿

borehole [ˈbɔːhəul] *n.* 钻孔

vein [vein] *n.* 矿脉

All human wisdom is summed up in two words—wait and hope.

—Alexandre Dumas Pére

人类所有的智慧可以归结为两个词——等待和希望。

——大仲马

Word List 28

音频

地　理

geography [dʒiˈɔgrəfi] *n.* 地理学，地理

ethnography [eθˈnɔgrəfi] *n.* 人种学

【记】ethno(种族)+graphy(文章)→人种学

cosmography [kɔzˈmɔgrəfi] *n.* 宇宙志

【记】cosmo(宇宙)+graphy(文章)→宇宙志

geology [dʒiˈɔlədʒi] *n.* 地质学，地质概况

【记】geo(地球)+ logy(学)→地质学

toponymy [tɔˈpɔnimi] *n.* 地形学

oceanography [ˌəuʃiəˈnɔgrəfi] *n.* 海洋学

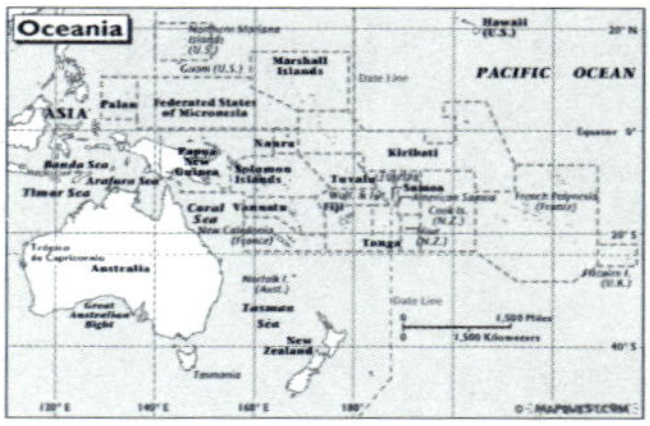

vegetation [ˌvedʒiˈteiʃən] *n.* 植被

relief [riˈliːf] *n.* 起伏

continent [ˈkɔntinənt] *n.* 大陆，陆地

【例】Africa is a *continent*.

archipelago [ˌɑːkiˈpeligəu] *n.* 群岛

peninsula [piˈninsjulə] *n.* 半岛

【记】比较insular(岛)

【例】Italy is a *peninsula*.

island [ˈailənd] *n.* 岛，岛屿；岛状物(孤立状态的物)

meadow [ˈmedəu] *n.* 草地，牧场

valley [ˈvæli] *n.* (山)谷，流域

swamp [swɔmp] *n.* 沼泽，湿地

lagoon [ləˈguːn] *n.* 泻湖，礁湖

moorland [ˈmuələnd] *n.* 沼泽地

desert [ˈdezət] *n.* 沙漠

【例】The Sahara *desert* is one of the largest deserts in the world.

dune [djuːn] *n.* 沙丘

oasis [əuˈeisis] *n.* (沙漠中的)绿洲

【例】The location of *oasis* has been of critical importance for trade and transportation routes in desert areas.

savanna [səˈvænə] *n.* 热带大草原

tundra [ˈtʌndrə] *n.* 苔原，冻土地带

topography [təˈpɔgrəfi] *n.* 地形学

【记】topo(地方的)+ graphy(学)→地形学

【例】In the *topography* of the economy, several depressed areas are revealed.

compass [ˈkʌmpəs] *n.* 罗盘，指南针

meridian [məˈridiən] *n.* 子午线；正午

【例】By international convention, the *meridian* passes through the original site of the Royal Observatory in Greenwich, England; for this reason, it is sometimes called the Greenwich *meridian*.

parallel [ˈpærəlel] *n.* 纬线

【例】Beijing is close to the fortieth *parallel* of north latitude.

longitude [ˈlɔndʒitjuːd] *n.* 经度，经线

【记】long(长)＋itude→经度

latitude [ˈlætitjuːd] *n.* 纬度

【记】lati(阔)＋tude→纬度

equator [iˈkweitə] *n.* 赤道

【例】The weather is very hot near the *equator*.

zenith [ˈzeniθ] *n.* 顶点，顶峰，天顶

inlet [ˈinlet] *n.* 小岛

gulf [gʌlf] *n.* 海湾

【例】The Persian *Gulf* is abundant in crude oil.

cliff [klif] *n.* 悬崖，绝壁

【例】The mountaineer broke a leg while climbing a *cliff* and was hospitalized for a month.

sandbank [ˈsændbæŋk] *n.* 沙洲，沙丘

tempest [ˈtempist] *n.* 暴风雨

seaquake [ˈsiːkweik] *n.* 海震，海啸

estuary [ˈestjuəri] *n.* 入海口

torrent [ˈtɔrənt] *n.* 急流，洪流(deluge, flood)

【例】The river was a *torrent* after the storm.

tributary [ˈtribjutəri] *n.* 支流 *adj.* 支流的

confluent [ˈkɔnfluənt] *adj.* 汇合的

canal [kəˈnæl] *n.* 运河(aqueduct)

【例】The *canals* take water to the rice fields.

range [reindʒ] *n.* 山脉

massif [mæˈsiːf; ˈmæsif] *n.* 群山，高地

crevice [ˈkrevis] *n.* 裂缝(cleft, rift)

plateau [ˈplætəu] *n.* 高原

【记】plat(=flat平)＋eau→高起的平原→高原

marine [mə'riːn] *adj.* 海的(marine, deanic)；海上的；近海的

【记】mari(海)+ne→海的

【例】Research in support of *marine* biotechnology is well underway due to enough funding and government support.

moist [mɔist] *adj.* 湿润的，多雨的(damp, humid)

【例】It is *moist* in summer in the southern part of the country.

ebb [eb] *n.* 退潮；衰落 *vi.* 潮退，衰退(decrease, retreat)

terrestrial [ti'restriəl] *adj.* 陆地

【记】比较celestial(天长的)

endemic [en'demik] *adj.* 地方性的

【记】比较exotic(外来的)

subterranean [ˌsʌbtə'reiniən] *adj.* 地下的

cavern ['kævən] *n.* 大山洞，大洞穴

【记】比较cave(洞)

【例】The largest individual *cavern* ever discovered is in Malaysia and inside the *cavern* were the remnants of an ancient time.

Antarctic [æn'tɑːktik; ænt'ɑktik] *adj.* 南极的，南极地带的

Antarctica [æn'tɑːktikə] *n.* 南极洲

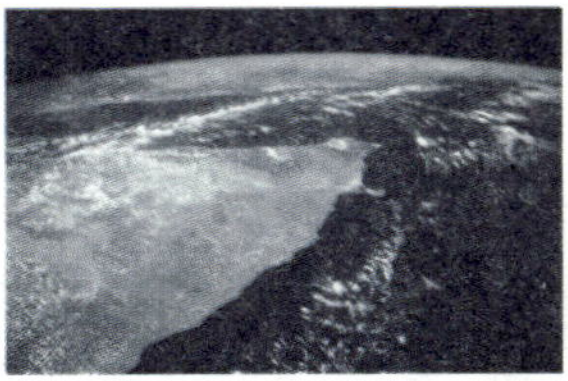

coastland ['kəustlænd] *n.* 沿海岸地区

hemisphere ['hemisfiə] *n.* 半球

【例】The Northern *Hemisphere* is the part of the world north of the equator, and the Southern *Hemisphere* is south of the equator.

contour ['kɔntuə] *n.* 轮廓，外形(outline, profile)；海岸线

【例】The *contour* of the Atlantic coast of America is very irregular.

lowland ['ləulənd] *n.* 低地，苏格兰低地 *adj.* 低地的

navigation [ˌnævi'geiʃən] *n.* 航海

salinity [sə'liniti] *n.* 盐分，盐度

elevation [ˌeli'veiʃən] *n.* 高地；正面图；海拔

formation [fɔː'meiʃən] *n.* 形成，构成

geothermic [ˌdʒi(ː)əu'θəːmik] *adj.* 地热的

tropic ['trɔpik] *n.* (天球的)回归线；热带

temperate ['tempərit] *adj.* 温和的(moderate)

连 线 题

左列单词在右列中有一个或多个同义词，请画线连接。

（一）

	moisture
arid	erode
discipline	required
confidential	devalue
repulse	prosperity
didactic	besiege
affluence	dismantle
humidity	infertile
encircle	shatter
compulsory	enclose
demolish	rebuff
corrode	instructive
depreciate	classified
	specialisation
	barren

（二）

	engraving
exterminate	circumference
hazardous	perpendicular
contaminate	supposition
adjacent	confirmation
assault	breach
perimeter	upright
ratification	neighboring
assumption	disobey
contravene	accuse
vertical	attack
prosecute	approval
sculpture	pollute
	noxious
	eradicate

（三）

	nullify
indemnity	predecessor
exempt	scatter
fertile	echo
substantiate	harmonious
forerunner	prevent
reclamation	marital
compatible	verify
resonance	restoration
diffuse	productive
invalidate	abbreviate
connubial	reparation
abridge	congruous
	corroborate
	shorten

（四）

	contemporaneous
succinct	germinate
satire	vestige
offspring	infectious
sprout	tactful
remnant	concise
contemporary	hustle
excavate	tyrannical
contagious	caricature
gregarious	compel
vaccinate	descendant
diplomatic	remains
dictatorial	immunize
impel	sociable
	exhume

连线题答案

（一）

arid	infertile
arid	barren
discipline	specialisation
confidential	classified
repulse	rebuff
didactic	instructive
affluence	prosperity
humidity	moisture
encircle	besiege
encircle	enclose
compulsory	required
demolish	dismantle
demolish	shatter
corrode	erode
depreciate	devalue

（二）

exterminate	eradicate
hazardous	noxious
contaminate	pollute
adjacent	neighboring
assault	attack
perimeter	circumference
ratification	confirmation
ratification	approval
assumption	supposition
contravene	disobey
contravene	breach
vertical	perpendicular
vertical	upright
prosecute	accuse
sculpture	engraving

（三）

indemnity	reparation
exempt	prevent
fertile	productive
substantiate	verify
substantiate	corroborate
forerunner	predecessor
reclamation	restoration
compatible	harmonious
compatible	congruous
resonance	echo
diffuse	scatter
invalidate	nullify
connubial	marital
abridge	abbreviate
abridge	shorten

（四）

succinct	concise
satire	caricature
offspring	descendant
sprout	germinate
remnant	remains
remnant	vestige
contemporary	contemporaneous
excavate	exhume
contagious	infectious
gregarious	sociable
vaccinate	immunize
diplomatic	tactful
dictatorial	tyrannical
impel	compel
impel	hustle

连 线 题

左列单词在右列中有一个或多个同义词，请画线连接。

（五）

	creed
abdicate	deluge
mayhem	explosion
tremor	abandon
institute	realm
dogma	moderate
dominion	quake
authorize	chaos
temperate	relinquish
confer	establishment
debacle	approve
privilege	consult
eruption	prerogative
	outburst
	discuss

连线题答案

（五）

abdicate	relinquish
abdicate	abandon
mayhem	chaos
tremor	quake
institute	establishment
dogma	creed
dominion	realm
authorize	approve
temperate	moderate
confer	consult
confer	discuss
debacle	deluge
privilege	prerogative
eruption	explosion
eruption	outburst

IELTS

按意群分类

Analogous

Word List 29

音频

事物属性

记忆小贴士:无意识记忆法

无意识记忆并不是无注意力记忆，而是时间分散记忆。首先准备一个袖珍笔记本，将要记忆的单词写在笔记本上。只要有时间就拿出来读读。每读记一遍,就在你的大脑中加深一层印象。

大

colossal [kəˈlɔsl] *a.* 巨大的(immense, huge)

【记】源自希腊神话中名为Colossus的大力神

【例】Bill made a *colossal* mistake when he bought that used car.

prodigious [prəˈdidʒəs] *adj.* 巨大的(colossal, enormous)

【记】prodig(巨大)+ious→巨大的

【例】I have a *prodigious* amount of work to do before I leave.

massive [ˈmæsiv] *adj.* 巨大的(huge, enormous)

【例】Doctors prescribe *massive* doses of penicillin for patients with pneumonia.

enormous [iˈnɔːməs] *adj.* 巨大的(huge, vast, immense, tremendous)

【记】e(出)+norm(正常)+ous→出了正常状态→巨大的

【例】We prepared an *enormous* dinner because we were very hungry.

mighty [ˈmaiti] *adj.* 巨大的(powerful, strong)

【记】might(权力)+y→巨大的

tremendous [triˈmendəs] *adj.* 巨大的，惊人的(huge, great)

immense [iˈmens] *adj.* 巨大的；无限的

【记】im(不)+mense(测量)→不能测量→无限的

titanic [taiˈtænik] *adj.* 巨大有力的(huge, immense)

【例】The politician tried to reduce the *titanic* deficit.

gigantic [dʒaiˈgæntik] *adj.* 巨人般的，巨大的(tremendous, colossal)

【例】The new airplane looked like a *gigantic* bird.

vast [vɑːst] *adj.* 巨大的

【例】The city is *vast* compared with our village.

magnitude [ˈmægnitjuːd] *n.* 大小，数量

【例】The *magnitude* of the epidemic was frightening.

mammoth [ˈmæməθ] *adj.* 巨大的(giant)

gargantuan [gɑːˈgæntjuən] *adj.* 巨大的，庞大的(enormous)

monstrous [ˈmɔnstrəs] *adj.* 巨大的(huge)

【例】They complain that the *monstrous* edifices interfere with television reception.

immeasurable [iˈmeʒərəbl] *adj.* 不可估量的

incalculable [inˈkælkjuləbl] *adj.* 不可计算的(inestimable, innumerable)

宽敞

spacious [ˈspeiʃəs] *adj.* 广大的，宽敞的(roomy, capacious)

【记】spac(地方)+ious→地方大的

【例】Working in a *spacious* room contributes to one's working efficiency.

expansive [iksˈpænsiv] *adj.* 庞大的，宏大的

commodious [kəˈməudiəs] *adj.* 宽敞的(spacious, capacious, roomy)

【记】com(共同)+mod(范围)+ious→大家都有范围→宽敞的

broad [brɔːd] *adj.* 宽的，阔的

loose [luːs] *adj.* 宽松的

capacious [kəˈpeiʃəs] *adj.* 容量大的；宽敞的(spacious)

roomy [ˈruːmi] *adj.* 宽敞的，宽大的

sizeable [ˈsaizəbl] *adj.* 相当大的，大的

voluminous [vəˈljuːminəs] *adj.* 卷数多的；容积大的，体积大的(bulky)

小

minute [maiˈnjuːt] *adj.* 微小的(insignificant, miniature)

diminutive [diˈminjutiv] *adj.* 小的，小型的(small)

miniature [ˈminitʃə(r); ˈ-tʃuər] *n.* 缩小的模型，缩图，缩影 *adj.* 微型的，缩小的(tiny)

petite [pəˈtit] *adj.* 小的，细的(slight)

trivial [ˈtriviəl] *adj.* 琐细的，价值不高的，微不足道的(trifling, paltry)

insignificant [ˌinsigˈnifikənt] *adj.* 无关紧要的，可忽略的，无意义的(negligible)

infinitesimal [inˌfinəˈtesiməl] *adj.* 极小的，无限小的 *n.* 极小量，极微量

minuscule [miˈnʌskjuːl] *adj.* 极小的 (tiny)

trifling [ˈtraifliŋ] *adj.* 微小的(insignificant, trivial)

negligible [ˈneglidʒəbl] *adj.* 可以忽略的，不予重视的 (insignificant, minimal)

多

excessive [ikˈsesiv] *adj.* 过多的，极度的(overabundant, inordinate)

【例】You must curb your *excessive* spending, or you will become penniless.

miscellaneous [ˌmisəˈleiniəs] *adj.* 混杂的；多才多艺的

【例】The shop carries suits, coats, shirts, and *miscellaneous* accessories.

multitude [ˈmʌltitjuːd] *n.* 众多(host, mass)

【记】multi(多)+tude→众多

numerous [ˈnjuːmərəs] *adj.* 众多的

【记】numer(数字)+ous→众多的

rimption [ˈrimpʃən] *n.* 多数，大量

massive [ˈmæsiv] *adj.* 大量的

【记】mass(大量)+ive(…的)→大量的

plentiful [ˈplentiful] *adj.* 许多的，大量的，丰富的 (abundant, plenteous, copious)

【例】There was *plentiful* rain last year.

abundant [əˈbʌndənt] *adj.* 充裕的(sufficient)

【记】a+bun(小圆面包)+d+ant(蚂蚁)→小圆面包对于蚂蚁来说是充裕的食物

【例】The *abundant* crops would feed the village throughout the winter.

copious [ˈkəupjəs] *adj.* 很多的；广识的

【例】She was a *copious* writer.

plenteous [ˈplentjəs] *adj.* 许多的，丰饶的(plenty)

ample [ˈæmpl] *adj.* 充足的，丰富的

【例】We have *ample* money for the journey.

lavish [ˈlæviʃ] *adj.* 非常大方的，过分丰富的；浪费的

【例】Skyscrapers become *lavish* consumers, and wasters, of electric power.

profuse [prəˈfjuːs] *adj.* 极其丰富的

【例】Her head was covered with a *profuse* mass of curls.

teeming [ˈtiːmiŋ] *adj.* 丰富的

prolific [prəˈlifik] *adj.* 多产的，丰富的；大量繁殖的(plentiful)

【例】The old man was a *prolific* writer.

swarm [swɔːm] *n.* 蜂群；一大群

【例】A *swarm* of friends congratulated him.

plethora [ˈpleθərə] *n.* 过剩，过多(superabundance)

少

scarce [skɛəs] *adj.* 缺乏的，不足的（sparse）

【例】That bird has become *scarce* in this country.

paucity [ˈpɔːsiti] *n.* 极小量

【例】They closed the restaurant because the *paucity* of customers made it uneconomical to operate.

tiny [ˈtaini] *adj.* 很少的，微小的(puny)

【例】In towns that are near the sea, the *tiny* lanterns are placed into the water when the festival is over.

scant [skænt] *adj.* 缺乏的，不足的

【例】We were *scant* of breath after the lengthy climb.

sparse [spɑːs] *adj.* 稀少的，稀疏的(scanty)

inadequate [inˈædikwit] *adj.* 不充分的(deficient, insufficient)

【例】The amount of investment in the project was somewhat *inadequate*.

scarcity [ˈskɛəsiti] *n.* 缺乏，不足

【例】The *scarcity* of natural resources is detrimental to economic development in the country.

rareness [ˈrɛənis] *n.* 稀薄

dearth [dəːθ] *n.* 缺少，缺乏(scarcity, shortage)

slight [slait] *adj.* 轻微的，微小的

deficient [diˈfiʃənt] *adj.* 缺乏的，不足的，不完善的

【例】Supply of skilled workers is *deficient*.

undersupplied [ˈʌndəsəˈplaid] *adj.* 对…供应不足的

【记】under(不够，不足)+suppli(供应)+ed→供应不足的

lacking [ˈlækiŋ] *adj.* 缺乏的，不足的

【例】There is something *lacking* in his character.

静

sedate [siˈdeit] *adj.* 安静的(calm, composed)

【记】sed(=sid坐)＋ate→安静地坐着

tranquil [ˈtræŋkwil] *adj.* 安静的(serene, quiet, peaceful)

【例】It is not easy to remain *tranquil* when events suddenly change your life.

placid [ˈplæsid] *adj.* 安静的(tranquil, serene)

【例】The baby looks so *placid* and content after she has been fed.

static [ˈstætik] *adj.* 静的，静态的(changeless, stagnant)

【例】*Static* air pressure indicates that the weather will not change soon.

serene [siˈriːn] *adj.* 平静的(tranquil)

pacify [ˈpæsifai] *vt.* 使平静，安慰，抚慰

【例】An army was required in order to *pacify* the islands.

serenity [siˈreniti] *n.* 安静；从容(calmness, tranquility)

still [stil] *adj.* 依然(nevertheless)；静止的(motionless, stationary, fixed)

【例】The old man sat *still*, waiting for the death of his physical life.

lull [lʌl] *vt.* 使平静(calm down, soothe)

【例】The mother *lulled* her baby to sleep.

restful [ˈrestful] *adj.* 宁静的

quietude [ˈkwaiətjuːd] *n.* 平静，寂静(tranquility)

肮脏

squalidity [ˌskwɔˈliditi] *n.* 污秽，脏污，肮脏(filth)

squalor [ˈskwɔlə] *n.* 肮脏，污秽

dinginess [ˈdindʒinis] *n.* 暗淡；肮脏

filthy [ˈfilθi] *adj.* 不洁的，污秽的

defile [diˈfail] *vt.* 染污

【例】The river was *defiled* with sewage.

filth [filθ] *n.* 污秽，污物(dirt)；猥亵

nastiness [ˈnæstinis] *n.* 污秽，不洁

soilage [ˈsɔilidʒ] *n.* 弄脏，污秽

dingy [ˈdindʒi] *adj.* 肮脏的(dirty, shabby)

messy [ˈmesi] *adj.* 肮脏的(untidy, dirty)；凌乱的

【记】mess(凌乱)+y→凌乱的

slovenly [ˈslʌvənli] *adj.* 不洁的(untidy)

frowzy [ˈfrauzi] *adj.* 不整洁的(filthy)；臭的

obscene [ɔbˈsiːn] *adj.* 猥亵的(indecent, filthy)

【记】ob(不)+scene(场景)→场景不堪入目的→猥亵的

indecent [inˈdiːsnt] *adj.* 淫猥的(improper, unacceptable)

【记】in(不)+decent(正派的)→淫猥的

impure [imˈpjuə] *adj.* 脏的，不纯洁的(adulterated, unrefined)

【记】im(不)+pure(纯洁的)→脏的

blemish [ˈblemiʃ] *n./vt.* 玷污(defect, flaw)

【记】blem(弄伤)+ish→玷污

【例】One illness will *blemish* your perfect attendance record.

smear [smiə] *vt.* 弄脏(smudge, stain)

【例】The politician was *smeared* by his opponent's accusations.

spot [spɔt] *n.* 污点(stain) *vt.* 弄脏

【例】His record is without a *spot*.

smirch [sməːtʃ] *v.* 弄脏 *n.* 污迹

attaint [əˈteint] *n.* 污点，耻辱 *vt.* 损坏，玷污

【例】No breath of calumny ever *attainted* the personal purity of the candidate.

taint [teint] *n.* 污点(spot)

stain [stein] *n.* 污点，瑕疵 *vt.* 染污，玷污

【例】The coffee *stained* his shirt brown.

grimy [ˈgraimi] *adj.* 污秽的，肮脏的

begrimed [biˈgraimd] *adj.* 污秽的

blotch [blɔtʃ] *n.* 大斑点

smudge [smʌdʒ] *n.* 污迹 *vt.* 弄脏(smear)；用浓烟熏

splotch [splɔtʃ] *n.* 斑点

【例】Spectacular *splotches* of color and beauty in the blossoms aroused the little boy's curiosity.

距离

remote [riˈməut] *adj.* 遥远的，远程的(distant, inaccessible)

【记】re(回)+mote(动)→动回去→远程的

distant [ˈdistənt] *adj.* 远的(remote)

【例】My parents live in a *distant* state, and I rarely see them.

proximity [prɔkˈsimiti] *n.* 临近(nearness)

【记】proxim(接近)+ity→临近

【例】He looked around the *proximity* for his lost dog.

adjacent [əˈdʒeisənt] *adj.* 邻近的(adjoining, neighboring)

【例】Tom's house is *adjacent* to the park.

adjoin [əˈdʒɔin] *vt.* 贴近，毗连，靠近(abut)

【记】ad(一再)+join(连)→一再连上→毗连

【例】The living room *adjoins* the dining room.

adjoining [əˈdʒɔiniŋ] *adj.* 接近的，邻接的(adjacent, neighboring)

【记】adjoin(贴近)+ing→接近的

【例】We requested *adjoining* rooms at the hotel.

propinquity [prəˈpiŋkwiti] *n.* 接近

neighboring [ˈneibəriŋ] *adj.* 邻近的，附近的(adjacent, adjoining)

bordering [ˈbɔːdəriŋ] *adj.* 邻近的，接壤的

abut [əˈbʌt] *v.* 邻接，毗邻

【例】Our house *abuts* on the church.

circumjacent [ˌsəkəmˈdʒeisnt] *adj.* 周围的

【记】circum(一周，周围)+jacent(附近)→周围的

contiguous [kənˈtigjuəs] *adj.* 邻近的，接近的

【例】England is *contiguous* with Wales.

border [ˈbɔːdə] *vt.* 接壤，接近

【例】China *borders* Russia in the north.

味道

acid [ˈæsid] *adj.* 酸的(sour, tart)

savor [ˈseivə] *vt.* 尝味(taste, relish)

【例】I want to *savor* this great moment of accomplishment.

aura [ˈɔːrə] *n.* 气味

aroma [əˈrəumə] *n.* 香气，芬芳，芳香(fragrance, scent, perfume)

【例】The roses gave the room a pleasant *aroma*.

smell [smel] *v.* 发出气味

【例】The fish *smells* bad in three days.

flavor [ˈfleivə] *n.* 味，风味

【例】This yogurt has the *flavor* of strawberries.

pungent [ˈpʌndʒənt] *adj.* 辛辣的(acrid, penetrating)

【记】pung(刺)+ent→刺激的→辛辣的

【例】The aged cheese had a *pungent* taste.

fragrant [ˈfreigrənt] *adj.* 香的，芬芳的(aromatic)

palatable [ˈpælətəbl] *adj.* 味美的(savory, flavorous)

【记】palat(e)(上颚)+able→上颚是感觉美味的器官→味美的

balmy [ˈbɑːmi] *adj.* 芳香的

【记】balm（香气）+y→芳香的

【例】A *balmy* breeze refreshed us after the sultry blast.

delicious [diˈliʃəs] *adj.* 美味的；怡人的

sour [ˈsauə] *adj.* 酸的；酸腐的

【例】The fruit was too *sour* to eat.

perfume [ˈpəːfjuːm] *n.* 香味，芳香；香水

【例】She was wearing a strong *perfume*.

bitter [ˈbitə] *adj.* 苦的

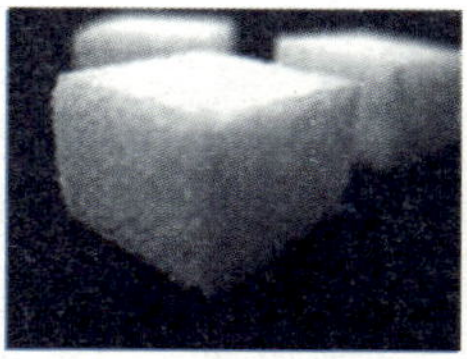

odorous [ˈəudərəs] *adj.* 有气味的

vinegary [ˈvinigəri] *adj.* 有酸味的

peppery [ˈpepəri] *adj.* 胡椒的；辛辣的

fishy [ˈfiʃi] *adj.* 鱼腥味的

壮丽

glorious [ˈglɔːriəs] *adj.* 壮丽的

gorgeous [ˈgɔːdʒəs] *adj.* 绚丽的(beautiful, admirable, very colorful)

【记】参考gorge(峡谷)

【例】The flower appears a *gorgeous* shape under the sun.

grand [grænd] *adj.* 盛大的，壮丽的(splendid, magnificent)

【例】We held a *grand* celebration party for her success.

magnificent [mægˈnifisnt] *n.* 壮丽的，华丽的(gallant, splendid)

【记】magni(大)+ficent→壮丽的

radiant [ˈreidiənt] *adj.* 绚丽的；容光焕发的(joyous, beaming)

【记】radi(光，线)+ant→绚丽的

【例】Dozens of *radiant* candle flames lit the room.

solemn [ˈsɔləm] *adj.* 庄严的，隆重的(grave, somber)

spectacular [spekˈtækjulə] *adj.* 引人入胜的，壮观的（breathtaking, impressive, striking）

【例】The most *spectacular* thing ever happened this century would be the introduction of computer.

splendid [ˈsplendid] *adj.* 灿烂的，辉煌的(magnificent)

【记】splend(明亮)+id→灿烂的

splendor [ˈsplendə] *n.* 光彩，壮丽(grandeur，magnificence)

superb [sjuːˈpəːb] *adj.* 壮丽的(excellent，first-rate)

重要

cardinal [ˈkɑːdinəl] *adj.* 首要的，基本的(essential)

【记】cardi(铰链；要点)+nal→首要的

【例】To study hard is our *cardinal* thing to do.

chiefly [ˈtʃiːfli] *adv.* 主要地，多半地(mainly，principally)

【记】chief(主要的)+ly→主要的

crucial [ˈkruːʃəl] *adj.* 严重的；极重要的(decisive，critical)

【例】Knowing first aid is *crucial* for saving lives.

dominant [ˈdɔminənt] *adj.* 占优势的，主导的(predominant，prevalent)

【例】The *dominant* color in the design is red.

elementary [ˌeliˈmentəri] *adj.* 基本的，初级的

【例】I took a course in *elementary* chemistry.

elite [eiˈliːt] *n.* 精华，中坚(best)

【记】e(出)+lite(=lig选)→选出的(人物)→精英人物

【例】The movie star felt like one of the *elites*.

essential [iˈsenʃəl] *adj.* 重要的(crucial, vital)；基本的(fundamental)；必需的(necessary)

【例】Cells are an *essential* structure in living organisms.

fateful [ˈfeitful] *adj.* 对未来有重大(负面)影响的；决定命运的

foremost [ˈfɔːməust] *adj.* 第一流的(prime)

【记】fore(前)+most(最)→最先的

【例】He is one of the *foremost* atom scientists in China.

forte [ˈfɔːtei] *n.* 长处(strong point)

【记】fort(强)+e→强大→长处

fundamental [ˌfʌndəˈmentl] *adj.* 基础的，基本的(essential，elementary)

【例】The refugees were too poor to meet their *fundamental* needs of life.

gist [dʒist] *n.* 要旨(theme)

key [kiː] *adj.* 主要的，关键的(dorminant，primary)

largely [ˈlɑːdʒli] *adv.*主要地，很大程度上(mainly，for the most part)

leading [ˈliːdiŋ] *adj.* 最主要的(principal，chief)

major [ˈmeidʒə] *adj.* 主要的

merit [ˈmerit] *n.* 优点(advantage)

【记】比较demerit(缺点)

momentous [məuˈmentəs] *adj.* 极重要的(important, critical)

【记】moment(时刻)+ous→刻不容缓的→重要的

motif [məuˈtiːf] *n.* 主题(theme, subject); 主旨

【例】The composer's symphony had an obvious waltz *motif*.

optimum [ˈɔptiməm] *adj.* 最优的(best)

【记】optim(最好)+um→最优的

【例】Under *optimum* conditions, these cultivated grass grows best.

pivotal [ˈpivətəl] *adj.* 关键的

【例】Chairman is the *pivotal* figure among the managing board.

predominantly [priˈdɔminəntli] *adv.* 占主导地位地，显著地 (primarily, chiefly, principally)

【例】In this company, employees are *predominantly* white, which is a sign of racial discrimination against the colored people.

predominate [priˈdɔmineit] *vt.* 占优势，支配(prevail)

【记】pre+domin(统治)+ate→支配

【例】Cheap and inferior commodities often *predominate* the morning market.

preference [ˈprefərəns] *n.* 优先；优先权(inclination, privilege)

【记】prefer(喜欢)+ence→因为喜欢所以优先选择

【例】The king showed *preference* to his eldest son.

primarily [ˈpraimərili] *adv.* 首先，主要地 (chiefly, mainly, principally)

principal [ˈprinsəp(ə)l] *adj.* 重要的(main, chief, central)

significant [sigˈnifikənt] *adj.* 有意义的；重要的(important)

sole [səul] *adj.* 唯一的(only, mere, exclusive)

sum [sʌm] *n.* 要点

superb [sjuːˈpəːb] *adj.* 极佳的；卓越的

tenor [ˈtenə] *n.* 要旨，要义 (nature)

【例】The *tenor* of this speech is to pursue a noble life.

vital [ˈvaitl] *adj.* 极重要的(important, crucial, essential)

【例】It is absolutely *vital* that food supplies should be maintained at any cost.

真实

actual [ˈæktjuəl] *adj.* 实际的；现行的(practical, real)

【例】Is this vase an *actual* antique or a copy?

authentic [ɔːˈθentik] *adj.* 可靠的；有根据的；真实的(genuine, real)

【记】aut（自己）+hent（得到）+ic→亲自得到→真实的

【例】Is your diamond ring *authentic*?

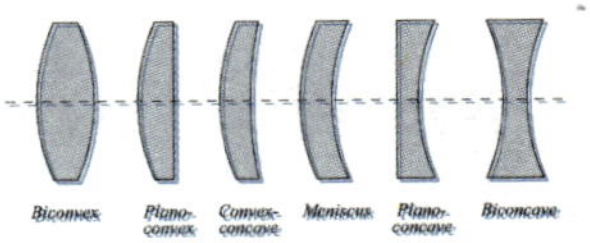

genuine [ˈdʒenjuin] *adj.* 真正的；真实的

【记】genu(产生)+ine→来源清楚→真正的

【例】My necklace is made with *genuine* pearls.

tangible [ˈtændʒəbl] *adj.* 可见的；确实的(touchable, substantial)

【记】tang(接触)+ible→确实(存在)的

【例】One *tangible* benefit of my new job is a company car.

truly [ˈtruːli] *adv.* 真实地(genuinely, actually)

unfeigned [ʌnˈfeind] *adj.* 非假装的，真诚的(sincere)

veracious [vəˈreiʃəs] *adj.* 诚实的，说实话的

【记】比较 mendacious(不真实的，说谎的)

veridical [vəˈridikəl] *adj.* 说真话的，诚实的

虚幻

conceive [kənˈsiːv] *v.* 想像(devise, visualize)

【例】The inventor *conceived* a new gadget.

fantasy [ˈfæntəsi] *n.* 幻想，空想(dream)；怪念头(fancy)

fictitious [fikˈtiʃəs] *adj.* 虚构的(invented, imaginary)

【记】fict(做，造)+itious→虚构的

figment [ˈfigmənt] *n.* 虚构之事

【记】fig(做)+ment→做出的东西→虚构之事

illusion [iˈluːʒən] *n.* 幻觉(hallucination)

imaginary [iˈmædʒinəri] *adj.* 虚构的

imaginative [iˈmædʒinətiv] *adj.* 富于想像的

mythical [ˈmiθikəl] *adj.* 神话的，虚构的(legendary, fictious)

occult [ɔˈkʌlt] *adj.* 神秘的，不可思议的(supernatural)

superstition [ˌsjuːpəˈstiʃən] *n.* 迷信

【例】Fear of the number 13 is an old *superstition*.

visional [ˈviʒənəl] *adj.* 梦幻般的

legendary [ˈledʒəndəri] *adj.* 传说中的

【例】The success and fall of this business empire was *legendary*.

delusion [diˈluːʒən] *n.* 欺骗；被骗；迷惑

【例】He still lives under the *delusion* that country life is somehow superior to town life.

hallucination [həˌluːsiˈneiʃən] *n.* 幻觉，幻想

mysterious [misˈtiəriəs] *adj.* 神秘的(esoteric, arcane, occult, inscrutable)

【例】His research focuses on *mysterious* symbols in the ancient Greek time.

万能

panacea [ˌpænəˈsiə] *n.* 万灵药(cure-all)

【记】pan(全部)+acea(治疗)→万灵药

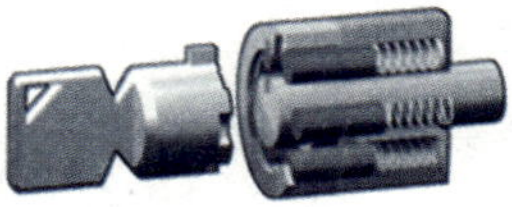

cure-all [ˈkjuəˌɔːl] *n.* 万应灵药，仙丹

omnipotent [ɔmˈnipətənt] *adj.* 无所不能的，全能的

【记】omni(全)+potent(能力)→全能的

【例】God is *omnipotent* to Christians.

almighty [ɔːlˈmaiti] *adj.* 全能的，有无限权力的(divine, powerful)

all-powerful [ˌɔːlˈpauəful] *adj.* 全能的

supreme [sjuːˈpriːm] *adj.* 最高位的，无上的(foremost, uppermost)

【例】The most important law court is called the *Supreme* Court.

elixir [iˈliksə] *n.* 万应灵药

【例】Taoists regard pursuit of *elixir* of life as their mission.

nostrum [ˈnɔstrəm] *n.* 秘方，秘药；万应灵药

物理属性

compact [ˈkɔmpækt] *adj.* 压缩的；密集的(packed)

【记】com+pact(打包，压紧)→压缩的

crisp [krisp] *adj.* 脆的(crunchy, brittle)；卷曲的

【例】The autumn leaves were dry and *crisp*.

crooked [ˈkrukid] *adj.* 扭曲的(bent, twisted)
【记】crook(弯曲)+ed→拐弯抹角的
【例】The electrician straightened the *crooked* wires.

dense [dens] *adj.* 密集的(thick, close)
【例】The airport was closed because of the *dense* fog.

depression [diˈpreʃən] *n.* 凹陷
【例】Rainwater collects in shallow *depressions* on the ground.

ethereal [iˈθiəriəl] *adj.* 轻的(light); 天上的; 优美的(delicate)

hectic [ˈhektik] *adj.* 发热的(feverish)
【记】hect(许多)+ic→许多事要做→紧张兴奋的

impervious [imˈpəːviəs] *adj.* 不能渗透的(impenetrable, impermeable)
【记】im(不)+pervious(渗透的)→不能渗透的
【例】Since my watch is *impervious* to water, I wear it while I swim.

lithe [laið] *adj.* 柔软的, 易弯的(flexible, supple)

lofty [ˈlɔ(ː)fti] *adj.* 高耸的(high, towering)
【记】loft(阁楼, 顶楼)+y→高耸的
【例】The *lofty* mountains towered over the village.

malleable [ˈmæliəbl] *adj.* 有延展性的(pliable), 可锻的
【记】malle(锤子)+able→可锻的

ponderous [ˈpɔndərəs] *adj.* 沉重的, 笨重的(heavy)

shallow [ˈʃæləu] *adj.* 浅的(superficial)
【例】It is possible to drown even in *shallow* water.

slim [slim] *adj.* 细长的, 苗条的(slender, thin)

slippery [ˈslipəri] *adj.* 滑的, 使人滑跤的(slick, smooth)

sloppy [ˈslɔpi] *adj.* 溅脏的
【记】slop(溅, 弄脏)+py→溅脏的

supple [ˈsʌpl] *adj.* 柔顺的

tenuous [ˈtenjuəs] *adj.* 细的; 稀薄的(thin, weak)
【记】ten(细, 薄)+uous→细的
【例】The precious jewel is hung only with a *tenuous* thread that appears very fragile.

危险

critical [ˈkritikəl] *adj.* 危急的; 临界的
【例】The movie review was *critical* of the director's casting choices.

deleterious [ˌdeliˈtiəriəs] *adj.* 有害的(harmful, detrimental)

detriment [ˈdetrimənt] *n.* 损害

【记】de+trim(修剪)+ent→剪坏→损害

【例】The *detriment* caused by your thoughtless remark will never be forgotten.

detrimental [ˌdetriˈmentl] *adj.* 有害的，有损的

【例】The *detrimental* newspaper article may lead to a lawsuit.

endanger [inˈdeindʒə] *vt.* 危害(harm)

【记】en+danger(危险)→危害

【例】The animals that lived in the marsh were *endangered* by the drought.

harmful [ˈhɑːmful] *adj.* 有害的(dangerous, detrimental)

hazard [ˈhæzəd] *n.* 危险(risk, danger)；公害

hazardous [ˈhæzədəs] *adj.* 危险的(dangerous, perilous)

【例】People hesitated whether to begin the *hazardous* journey to the unkown west or not.

impair [imˈpɛə] *vt.* 损害(harm, damage)

【记】im(进入)+pair(坏)→使…坏→损害

【例】His misdeeds greatly *impaired* our friendship.

jeopardy [ˈdʒepədi] *n.* 危险(danger, risk)

maim [meim] *vt.* 使残废(disable, mutilate)；损伤

【记】比较main(主要的)

【例】He was seriously *maimed* in a car accident.

peril [ˈperil] *n.* 危机；危险的事物

perilous [ˈperiləs] *adj.* 危险的(dangerous, hazardous)

threaten [ˈθretn] *vt.* 威胁(menace, terrify)

【例】They *threaten* to kill all the people without receiving the ransom.

crisis [ˈkraisis] *n.* （疾病的）转折点，决定性时刻(turning point)；危机(emergency)

【例】The 1997 Asian financial *crisis* had a negative impact on the economies in many Asian countries and worldwide at large.

grave [greiv] *adj.* 重大的；庄严的，庄重的(serious, significant)

【例】His face was *grave* as he told them about the bankcrutcy of his business.

ruinous [ˈruinəs] *adj.* 导致毁灭的(destructive)；使人破产的

【例】The attack on the enemy troop was *ruinous*.

imperil [imˈperil] *vt.* 使陷于危险，危及(endanger)

【例】Disafforestation is *imperiling* the environment in many African countries.

vulnerability [ˌvʌlnərəˈbiləti] *n.* 弱点

【例】Overconfidence and credulity are his *vulnerabilities*.

prejudice [ˈpredʒudis] *n.* 偏见，成见；损害，侵害 *vt.* 使抱偏见，使存成见；伤害，损害

【记】pre(预先)+judice(判断)→偏见

特质

character [ˈkæriktə] *n.* 性格

characteristic [ˌkæriktəˈristik] *n.* 特性，特征 *adj.* 特有的，典型的(distinctive, distinguishing)

extraordinary [iksˈtrɔːdinəri] *adj.* 非凡的，特别的(remarkable, outstanding)

given [ˈgivn] *adj.* 特定的(specified)

idiosyncrasy [ˌidiəˈsiŋkrəsi] *n.* 个人特性

【记】idio(个人)+syn(共同)+crasy→个人区别于共同特性的东西→个人特性

【例】Tom got an *idiosycracy* of playing football all by himself.

original [əˈridʒənəl] *adj.* 独创的

【记】origin(起源)+al→独创的

【例】His idea is not *original*; many pioneers had the same thought.

particularly [pəˈtikjuləli] *adv.* 独特地，显著地(especially)

quaint [kweint] *adj.* 奇异的，不凡的(queer, odd)

trait [treit] *n.* 特点，特性(characteristic, attribute)

attribute [ˈætribjuːt] *n.* 性质，属性(characteristic, feature)

feature [ˈfiːtʃə] *n.* 特征，特色

【例】Her eyes were her best *feature*.

unique [juːˈniːk] *adj.* 唯一的，独一无二的

古怪

abnormal [æbˈnɔːməl] *adj.* 异常的(exceptional)

【记】ab(离开)+normal(正常的)→异常的

bizarre [bi'zɑː] *adj.* 古怪的(odd, erratic, eccentric)

eccentric [ik'sentrik] *adj.* 古怪的(odd, erratic, bizarre)

【记】ec+centr(中心)+ic→非中心→异常的

【例】My neighbor's *eccentric* behavior is sometimes frightening.

erratic [i'rætik] *adj.* 古怪的(odd, eccentric)

【例】Bill's *erratic* moods upset everyone in our office.

queer [kwiə] *adj.* 奇怪的; 特殊的

【记】比较queen(皇后)

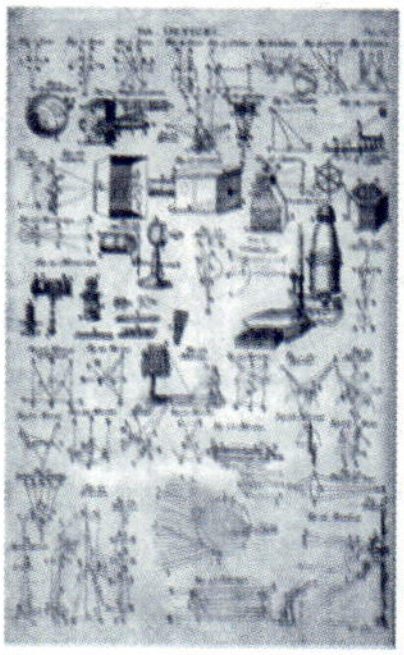

weird [wiəd] *adj.* 古怪的(eerie); 离奇的

【例】He is full of *weird* ideas.

oddity ['ɔditi] *n.* 奇怪, 古怪; 有怪癖的人; 古怪的事

whimsical ['(h)wimzikəl] *adj.* 古怪的; 异想天开的(arbitrary)

aberrant [æ'berənt] *adj.* 异常的(deviating)

【例】The rocket was on an *aberrant* course.

量

adequate ['ædikwit] *adj.* 足够的(sufficient)

【例】What you have given us is not *adequate*; you must find more.

block [blɔk] *n.* 一块(木或石等)

bulk [bʌlk] *n.* 大批(mass, volume, majority)

【例】Dave placed his great *bulk* on the tiny chair, and it broke.

countless ['kautlis] *adj.* 无数的(innumerable)

【记】count(数)+less→无数的

excess [ik'ses] *n.* / *adj.* 过度(的)(surplus)

【记】ex+cess(走)→走出格→过分

【例】Don't bring any *excess* baggage on this trip.

excessive [ik'sesiv] *adj.* 过多的, 极度的(overabundant, inordinate)

【例】You must curb your *excessive* spending, or you will become penniless.

fraught [frɔːt] *adj.* 充满的(full of)

【记】比较freight(装运的货物)

【例】It was clearly not a job *fraught* with hope, but I have to take it for a living.

further [ˈfəːðə] *adj.* 更多的(additional)

innumerable [iˈnjuːmərəbl] *adj.* 无数的(countless, numerous)

【记】in(不)＋numer(数)＋able→无数的

majority [məˈdʒɔriti] *n.* 多数，大多数

multitude [ˈmʌltitjuːd] *n.* 众多(host, mass)

【记】multi(多)＋tude→众多

numerous [ˈnjuːmərəs] *adj.* 众多的

【记】numer(数字)＋ous→众多的

pervade [pə(ː)ˈveid] *vt.* 遍布，弥漫(permeate)

【记】per(全部，遍)＋vade(走)→遍布

【例】The spicy smell *pervaded* the kitchen.

quantitative [ˈkwɔntitətiv] *adj.* 定量的

【记】quant(数量)＋itative→定量的

【例】A *quantitative* analysis showed that he has grown 10 pounds fatter.

quantity [ˈkwɔntiti] *n.* 量，数量(amount)

redundant [riˈdʌndənt] *adj.* 过多的，冗长的(unnecessary, superfluous)

skimpy [ˈskimpi] *adj.* 贫乏的，不足的(meager, scanty)

spare [spɛə] *adj.* 多余的，剩余的

【例】If you have a *spare* bed, may I stay tonight?

sporadic [spəˈrædik] *adj.* 零星的(irregular, intermittent)

【例】The gunfire was *sporadic* until midnight.

sufficient [səˈfiʃənt] *adj.* 足够的，充分的(enough, adequate)

【记】suffic(e)(足够)＋ient→足够的

suffuse [səˈfjuːz] *vt.* 充满(fill)

【记】suf(到处)＋fuse(流)→到处流→充满

【例】His eyes were *suffused* with tears.

teem [tiːm] *vi.* 充满(abound, be full of)

【例】The stream *teemed* with fish.

volume [ˈvɔljuːm] *n.* 大量

【例】If more and more cars run in the street, a large *volume* of poisonous gas will be given off, polluting the atmosphere.

合适

adapt [əˈdæpt] *v.* (使)适应(adjust, accommodate)

【例】Jane *adapted* quickly to the new procedures.

adaptable [əˈdæptəbl] *adj.* 能适应的

【例】If you are not *adaptable*, you will feel uncomfortable in college.

adaptation [ˌædæpˈteiʃən] *n.* 适应(accomodation)

advisable [ədˈvaizəbl] *adj.* 合理的(rational)

【例】It is *advisable* to save part of your paycheck each month.

available [əˈveiləbl] *adj.* 可用的(obtainable, accessible)

【例】The hotel is *available* for the wedding reception next week.

becoming [biˈkʌmiŋ] *adj.* 合适的，相称的(fitting, suitable)

【例】John's new haircut is very *becoming*.

coincide [ˌkəuinˈsaid] *vi.* 相符合，巧合

【记】co(共同)+in+cide(落下)→共同落下→巧合

【例】Our vacations *coincided*, so we traveled together.

competent [ˈkɔmpitənt] *adj.* 能胜任的(capable, qualified)

【例】Mike did a *competent* job, fixing my car.

conformity [kənˈfɔːmiti] *n.* 一致，符合

correspondence [ˌkɔrisˈpɔndəns] *n.* 对应，符合

【记】cor+respond(反应)+ence→对应

【例】There is close *correspondence* between my handwriting and yours.

entitled [inˈtaitld] *adj.* 有资格的(eligible, qualified)

expedient [iksˈpiːdiənt] *adj.* 权宜的；方便的(convenient)

【记】ex+ped(脚)+ient→把脚拔出去→权宜的

【例】*Expedient* solutions rarely solve long-term problems.

feasible [ˈfiːzəbl] *adj.* 切实可行的(practical, possible, viable)

【记】feas(做)+ible→能够做的→可行的

【例】Before you carry out the plan, make sure it is *feasible*.

fit [fit] *adj.* 适合的(suitable)

【例】This violent movie is not *fit* for children.

fitting [ˈfitiŋ] *adj.* 恰当的，得体的(proper, appropriate)

【记】fit(合适)+ting→恰当的

【例】It is a *fitting* gesture to offer a reward to someone who returns something you have lost.

methodical [miˈθɔdik(ə)l] *adj.* 有条理的(systematic)

【记】method(方法)+ical→有方法的→有条理的

pertinent [ˈpəːtinənt] *adj.* 适当的；切题的(relevant)

plausible [ˈplɔːzəbl] *adj.* 似合理的(reasonable)

【例】Susie's story about how she lost her books sounded *plausible*, but it wasn't actually true.

preferable [ˈprefərəbl] *adj.* 可取的(advisable)

【记】prefer(喜欢)+able→喜欢的才是可取的

【例】A *preferable* option is to store the food in a refrigerator rather than throw them away.

propriety [prəˈpraiəti] *n.* 适当(correctness)

qualified [ˈkwɔlifaid] *adj.* 合格的

rational [ˈræʃənl] *adj.* 合理的(reasonable)

reliable [riˈlaiəbl] *adj.* 可靠的，可信赖的(dependable)

【记】动词rely(依靠)

【例】The subway is the most *reliable* way of getting to the airport during rush hours.

sober [ˈsəubə] *adj.* 适度的；清醒的

【例】The drunk man is totally another one when *sober*.

suitable [ˈsjuːtəbl] *adj.* 适合的

suit [sjuːt] *vt.* 合适，适应(accommodate, fit, adapt)

【例】This candidate does not *suit* our qualifications.

tally [ˈtæli] *vi.* 符合(accord, agree)

【例】The witness's testimony *tallied* with the defendant's.

temperate [ˈtempərit] *adj.* 适度的，有节制的 (appropriate, reasonable, self-controlled)

【例】A *temperate* answer to a rude question is difficult to give.

普通

average [ˈævəridʒ] *adj.* 一般的 (normal)

commonplace [ˈkɔmənpleis] *n.* 平凡事，平凡话 *adj.* 平凡的(average, ordinary)

general [ˈdʒenərəl] *adj.* 普通的(ordinary)

【记】gener(产生)+al→出生(一般)→普通的

mediocre [ˌmiːdiˈəukə] *adj.* 平常的，普通的(ordinary, average)

【记】medi(中间)+ocre→平庸的

【例】I got *mediocre* grades last semester.

ordinary [ˈɔːdinəri] *adj.* 普通的，平常的(average, common)

【例】Tom Sawyer was an *ordinary* American boy who kept getting into troubles.

pedestrian [peˈdestriən] *adj.* 平凡的，缺乏想像的(dull)

【例】He was rather a *pedestrian* student.

mundane [mʌnˈdein] *adj.* 世界的；世俗的；平凡的(secular, ordinary)

普遍

universal [ˌjuːniˈvəːsəl] *adj.* 普遍的(general)

【例】Education shall be *universal*.

exhaustive [igˈzɔːstiv] *adj.* 无遗漏的，彻底的，广泛的(comprehensive, thorough)

extensive [iksˈtensiv] *adj.* 大量的；广泛的(comprehensive, thorough)

【例】The editor made *extensive* changes in the article.

catholic [ˈkæθəlik] *adj.* 普遍的，广泛的(universal)

【例】Her musical tastes were *catholic* and ranged from classics to jazz.

widespread [ˈwaidspred] *adj.* 流传甚广的，分布广的

【记】wide(广)+spread(散布，散开)→分布广的

unanimous [ju(ː)ˈnænimәs] *adj.* 全体一致的，无异议的

【例】He was elected with *unanimous* approval.

ubiquitous [juːˈbikwitəs] *adj.* 无所不在的，普遍存在的

prevalent [ˈprevələnt] *adj.* 普遍的；流行的，盛行的

【例】Travelling to places of revolutionary significance is becoming more *prevalent* each year.

pervasive [pəːˈveisiv] *adj.* 弥漫的；遍布的；普遍的(permeate, popular)

【例】The odour of chocolate was *pervasive* in the room.

diffusive [diˈfjuːsiv] *adj.* 散布性的；扩及的；普及的

显著

emphatic [imˈfætik] *adj.* 显著的；强调的；有力的(powerful)

【例】The supervisor's *emphatic* speech on worker productivity produced amazing results.

especially [isˈpeʃəli] *adv.* 尤其地 (notably, particularly)

imposing [imˈpəuziŋ] *adj.* 令人难忘的(impressive)

【例】The pyramids of Egypt are *imposing* structures.

impressive [imˈpresiv] *adj.* 给人深刻印象的

【例】His heroic deeds were so *impressive* that everyone in the village became to know him.

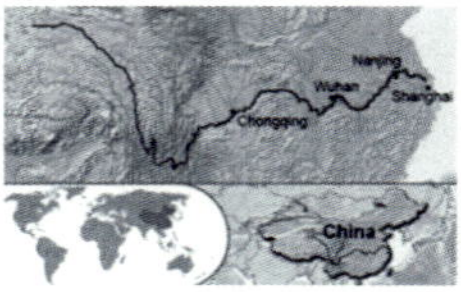

marked [mɑːkt] *adj.* 明显的，显著的(noticeable, apparent)

obvious [ˈɔbviəs] *adj.* 明显的(distinct, evident)

outstanding [autˈstændiŋ] *adj.* 显著的(notable, remarkable)

【记】来自stand out(醒目，突出)

pronounced [prəˈnaunst] *adj.* 明显的(notable, prominent)

【记】pronounce(发音)+ed→明显的

【例】The result will become *pronounced* after two weeks' medication.

remarkable [riˈmɑːkəbl] *adj.* 值得注意的(striking, considerable)

【例】The growth of the economy was *remarkable* last year, with 10 percent of GDP growth.

sharp [ʃɑːp] *adj.* 明显的，清晰的 (clear)

【例】High quality cameras deliver *sharp* images.

distinct [disˈtiŋkt] *adj.* 清楚的；明白的

【例】There was a *distinct* note of annoyance in her reply.

palpable [ˈpælpəbl] *adj.* 明显可知的，易觉察的(perceptible)

【例】There was a *palpable* sense of expectation in the court.

notable [ˈnəutəbl] *adj.* 值得注意的；显著的(noticeable, apparent)

【例】Sled dogs are *notable* for their stamina.

prominent [ˈprɔminənt] *adj.* 突起的；突出的；显著的(distinguished, eminent)

dramatic [drəˈmætik] *adj.* 激动的；戏剧性的；引人注目的(noted)

significant [sigˈnifikənt] *adj.* 重大的；效果显著的(remarkable)

【例】The government's taxation policy was *significant* in boosting industries' investment.

noteworthy [ˈnəutwəːði] *adj.* 值得注意的；显著的(noticeable)

【例】This is a *noteworthy* advance in nano-technology research.

空

bare [bεə] *adj.* 空的

empty [ˈempti] *adj.* 空的(vacant, void)

【例】The room is *empty*. All the furniture has been removed.

evacuate [iˈvækjueit] *vt.* 使…空(remove)

【记】e+vacu(空)+ate→使空→疏散

【例】The Civil Defense *evacuated* all inhabitants from the area where the storm was predicted to strike.

null [nʌl] *adj.* 空的

vacant [ˈveikənt] *adj.* 空的(empty)；未被占用的(unoccupied)

【记】vac(空)+ant→空的

vacuum [ˈvækjuəm] *n.* 真空(gap, void)

void [vɔid] *n.* 空间(space) *adj.* 空的(invalid, null)

【例】His wife's death left a painful void in his life.

cavity [ˈkæviti] *n.* 洞，空穴

vacuous [ˈvækjuəs] *adj.* 空洞的

hollow [ˈhɔləu] *adj.* 空洞的

【例】The square pillars in the hall look solid, but in fact they're *hollow*.

cavern [ˈkævən] *n.* 大洞穴，大山洞

精巧

crafty [ˈkrɑːfti] *adj.* 灵巧的，巧妙的(cunning, sneaky)

【例】The spy thought of a *crafty* plan to steal the documents.

delicate [ˈdelikit] *adj.* 精巧的(dainty, elegant)

【例】Roses have a *delicate* beauty.

dexterous [ˈdekstərəs] *adj.* 灵巧的(adroit, skillful)

【记】dexter(右边的)+ous→灵巧的

elaborate [iˈlæbərət] *vt.* 精心制作(或计划) *adj.* 精心构思的(careful)

【记】e(出)+labor(做)+ate→做出来的→精工细作

elegant [ˈeligənt] *adj.* (举止、服饰)雅致的(refined, exquisite, elaborate)
【记】e(出)+leg(=lig选)+ant→选出的→好的
【例】Bob has *elegant* taste in clothing.

exquisite [ˈekskwizit] *adj.* 精美的(delicate, fine, elaborate)
【记】ex+quisite(要求)→按要求做出来→精美的
【例】Tom was so absorbed by the *exquisite* vase at the museum.

refined [riˈfaind] *adj.* 精致的；文雅的(elegant, well-mannered)
【例】The reproduction of the masterpiece is less *refined* than the original one.

地点

destination [ˌdestiˈneiʃən] *n.* 目的地
【例】Our vacation *destination* is Phoenix.

entry [ˈentri] *n.* 入口
【例】There is a back *entry* into the house.

exit [ˈeksit] *n.* 退场；出口(outlet, way-out)
【记】ex(出)+it(走)→走出→出口
【例】The actress made her *exit* secretly from an unseen *exit*.

outlet [ˈautlet] *n.* 出口
【例】There is no *outlet* to the sea in Chongqing.

entrance [ˈentrəns] *n.* 入口，进口
【例】Visitors are asked to go into the museum by the front *entrance*.

纯洁

chaste [tʃeist] *adj.* 贞洁的；纯正的(pure, virtuous)
【例】The students were advised to remain *chaste* until marriage.

impeccable [imˈpekəbl] *adj.* 无瑕的(faultless, stainless)
【记】im(无)+pecc(斑点)+able→无瑕的

innocent [ˈinəsnt] *adj.* 清白的(guiltless, faultless)
【记】in(无)+noc(害)+ent→无害的
【例】Anne was found *innocent* of the crime.

perfect [ˈpəːfikt] *adj.* 无瑕的；完好无损的(intact, untouched)
【记】per(全部)+fect(做)→全部做完→完美的

【例】Thousands of years past, still we found those mummies staying *perfect* in their coffins.

pure [pjuə] *adj.* 纯的，纯洁的（clean, unadulterated）

sheer [ʃiə] *adj.* 纯粹的（pure）；全然的（total）

【例】Don't believe him; his words are *sheer* nonsense.

unblemished [ʌnˈblemiʃt] *adj.* 洁白的，无疵的（flawless, perfect）

virtuous [ˈvəːtjuəs] *adj.* 贞洁的（moral, chaste）

uncorrupted [ˌʌnkəˈrʌptid] *adj.* 未腐败的

unsullied [ˌʌnˈsʌlid] *adj.* 无污点的，清白的

spotless [ˈspɔtlis] *adj.* 没有污点的

immaculate [iˈmækjulit] *adj.* 纯洁的，无瑕的

【记】im（不）+maculate（斑污）→无瑕的

程度

absolute [ˈæbsəluːt] *adj.* 绝对的（sheer）

【记】比较solute（化学溶质）

【例】The prime minister had *absolute* control of his cabinet.

barely [ˈbɛəli] *adv.* 仅仅（merely）

【例】There was *barely* enough food to go around.

burning [ˈbəːniŋ] *adj.* 强烈的

categorical [ˌkætiˈgɔrikəl] *adj.* 绝对的，无条件的（definite, positive, absolute, unconditional）

【例】The Japanese made a *categorical* surrendering to China in 1945 after 8 years of invasion.

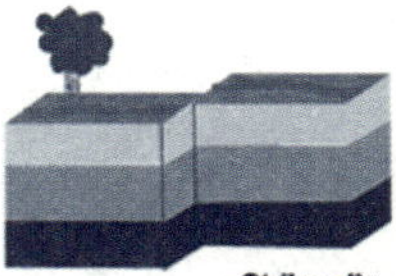

Strike-slip

Normal

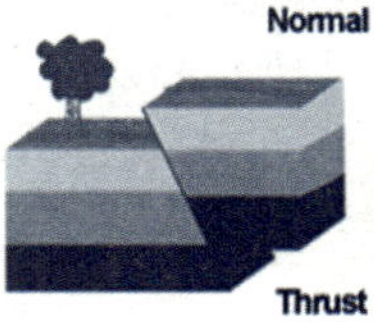

Thrust

clean [kliːn] *adv.* 完全地（totaly, completely）

【例】I *clean* forgot about it.

complete [kəmˈpliːt] *adj.* 完全的 *vt.* 完成

【例】Bill told us the *complete* story over coffee.

considerable [kənˈsidərəbl] *adj.* 相当的（a great deal, large, much, substantial）

dead [ded] *adv.* 完全地（completely）

【例】You are *dead* right on this point.

drastic [ˈdræstik] *adj.* 激烈的（violent）

【例】The principal felt that the cheater's punishment should be *drastic*./ The emergency called for *drastic* measures.

entirely [in'taiəli] *adv.* 完全地，全然地（totally, solely）

exorbitant [ig'zɔːbitənt] *adj.* 过分的，过度的（excessive, unreasonable）

【例】I will not pay such an *exorbitant* price for these shoes.

extremely [iks'triːmli] *adv.* 极端地，非常地（exceptionally, intensely）

fairly ['fεəli] *adv.*相当地（relatively）

fervent ['fəːvənt] *adj.* 白热的；强烈的（ardent）

【记】ferv（热）+ent→白热的

【例】Jenny is a *fervent* supportor of the feminist movement.

grossly ['grəusli] *adv.* 非常（greatly）

hardly ['haːdli] *adv.* 几乎不（scarcely, barely）

impetuous [im'petjuəs] *adj.* 猛烈的

inordinate [in'ɔːdinit] *adj.* 无节制的，过度的（excessive, immoderate）

【记】in（不）+ordin（正常）+ate→过度的

intense [in'tens] *adj.* 非常的（severe）

【例】Under years of *intense* pressure, he finally gave up hope and committed suicide.

intensive [in'tensiv] *adj.* 集中的（concentrated）

nearly ['niəli] *adv.* 几乎（almost）

probable ['prɔbəbl] *adj.* 很可能的，大概（likely）

profoundly [prə'faundli] *adv.* 深刻地，深度地（deeply, greatly）

【记】profound（深刻）+ly→深刻地

【例】Television programs with written subtitles help those *profoundly* deaf people to understand the world.

radical ['rædikəl] *adj.* 根本的

【例】The American Revolution is not a *radical* one, but a gradual evolution.

rough [rʌf] *adj.* 大致的（approximate, about）

【例】I got a *rough* idea that he is a tall man.

roughly ['rʌfli] *adv.* 概略地，粗糙地（approximately, nearly, more or less）

sharp [ʃaːp] *adj.* 急剧的（sudden）

somewhat ['sʌm(h)wɔt] *adv.* 有点（rather, to some degree）

substantial [səb'stænʃəl] *adj.* 相当的（plentiful, considerable）

【例】Mary has a *substantial* amount of money in the bank.

utterly [ˈʌtəli] *adv.* 完全地，彻底地 (completely, absolutely)

vehemence [ˈvəːiməns] *n.* 热切(passion)；激烈(ferocity)

vehement [ˈvəːimənt] *adj.* 猛烈的(passionate)，激烈的(ardent)

violent [ˈvaiələnt] *adj.* 激烈的(vehement, radical)

virtually [ˈvəːtjuəli] *adv.* 几乎(almost)

需要

gratuitous [grəˈtju(ː)itəs] *adj.* 不需要的(unwarranted)

【例】Her *gratuitous* performance is not expected by the producer.

imperative [imˈperətiv] *adj.* 急需的 (necessary, urgent)

【记】imper(命令)+ative→急需的

【例】The man is dying; an immediate operation is *imperative*.

indispensable [ˌindisˈpensəbl] *adj.* 不可缺少的，绝对必要的 (essential, vital)

requisite [ˈrekwizit] *adj.* 必需的(indispensable, essential, required) *n.* (常与 for 连用)必需品

【例】Please take all the *requisites* for travel with you.

crucial [ˈkruːʃəl] *adj.* 极重要的，有决定性的(decisive, critical)

【例】This is a *crucial* war against corruption among senior government officials.

essential [iˈsenʃəl] *adj.* 必需的，基本的(fundamental, vital)

【例】Food is *essential* to life.

fundamental [ˌfʌndəˈmentl] *adj.* 基础的，基本的，根本的 (basic, imperative) *n.* 原理；原则

【例】A *fundamental* of good behavior is consideration for others.

prerequisite [ˌpriːˈrekwizit] *n.* 先决条件 *adj.* 首要必备的

【例】Competence is *prerequisite* to promotion.

vital [ˈvaitl] *adj.* 极为重要的；关系重大的

【例】It is *vital* that education is given priority.

不适合

impropriety [ˌimprəˈpraiəti] *n.* 不适当

【记】im(不)+propriety(得体)→不适当

incompetent [in'kɔmpitənt] *adj.* 不称职的

【记】in(不)+competent(能干的)→不称职的

ineligible [in'elidʒəbl] *adj.* 无资格的(disqualified)；不适当的(unsuitable)

【记】in(无)+eligible(有资格的)→无资格的

inept [i'nept] *adj.* 不适宜的(incompetent, inefficient)

【记】in(不)+ept(熟练的)→不适宜的

unbecoming [ˌʌnbi'kʌmiŋ] *adj.* 不配的，不适当的

【例】The careless woman often wore *unbecoming* clothes to work.

unseemly [ˌʌn'siːmli] *adj.* 不适宜的(unsuited, incongruous)

【例】Jane was regretful for her *unseemly* behavior at the grand party.

unqualified [ˌʌn'kwɔlifaid] *adj.* 不够格的，没有资格的(incompetent)

【例】Tom is *unqualified* for the post.

incapable [in'keipəbl] *adj.* 无能力的，不能的(unable)

Everybody is ignorant, only on different subjects.

—W.Rogers

所有的人都是无知的，只是对不同的题材无知而已。

——罗杰斯

连 线 题

左列单词在右列中有一个或多个同义词,请画线连接。

(一)

colossal	gigantic
negligible	commodious
incalculable	insignificant
prolific	promising
tremendous	enormous
inadequate	overabundant
minute	immeasurable
auspicious	catastrophe
sumptuous	wreck
spacious	prodigious
cataclysm	luxurious
excessive	deficient
devastate	miniature
	profuse
	minuscule

(二)

tranquil	filth
lull	untidy
adjacent	smudge
proximity	placid
squalidity	fragrance
messy	savory
aroma	crude
palatable	serene
coarse	propinquity
obscene	brutal
vulgar	savage
atrocious	soothe
smear	uncouth
	adjoining
	indecent

(三)

magnificent	rudimentary
essential	leading
dominant	genuine
spectacular	crucial
authentic	elixir
occult	splendid
principal	eccentric
panacea	predominant
bizarre	impressive
elementary	mysterious

(四)

portable	universal
inevitable	unoccupied
mediocre	practical
exquisite	spiteful
catholic	movable
acrimonious	delicate
feasible	unavoidable
vacant	ordinary
competent	bitter
unblemished	capable
	flawless

连线题答案

（一）

colossal	prodigious
colossal	enormous/gigantic
negligible	minuscule
incalculable	immeasurable
prolific	profuse
tremendous	gigantic/enormous
inadequate	deficient
minute	insignificant
minute	miniature
auspicious	promising
sumptuous	luxurious
spacious	commodious
cataclysm	catastrophe
excessive	overabundant
devastate	wreck

（二）

tranquil	serene
tranquil	placid
lull	soothe
adjacent	adjoining
proximity	propinquity
squalidity	filth
messy	untidy
aroma	fragrance
palatable	savory
coarse	crude
obscene	indecent
vulgar	uncouth
atrocious	brutal
atrocious	savage
smear	smudge

（三）

magnificent	splendid
essential	crucial
dominant	predominant
spectacular	impressive
authentic	genuine
occult	mysterious
principal	leading
panacea	elixir
bizarre	eccentric
elementary	rudimentary

（四）

portable	movable
inevitable	unavoidable
mediocre	ordinary
exquisite	delicate
catholic	universal
acrimonious	bitter
acrimonious	spiteful
feasible	practical
vacant	unoccupied
competent	capable
unblemished	flawless

Word List 30

音频

人类生活

记忆小贴士:联想记忆法

“联想是钓钩,在茫茫的艺海中,它能准确地钩住你所识记的事物。”联想越丰富,越多彩,记忆的艺术也就越高超。

福

felicity [fiˈlisiti] *n.* 幸福；幸运；福气(blessing)

【例】His retired life is a lifetime of perfect *felicity*.

fortune [ˈfɔːtʃən] *n.* 财富；运气

【例】He decided to go home for the holidays, and his *fortune* turned for the worse.

mascot [ˈmæskət] *n.* 福神；吉祥的东西

bliss [blis] *n.* 福佑，天赐的福(elation)

【例】What *bliss* to be going on holiday!

auspicious [ɔːsˈpiʃəs] *adj.* 吉兆的；幸运的(promising, favorable)

【例】Spring is an *auspicious* time to most of the people as it heralds the beginning.

boon [buːn] *n.* 恩惠(blessing, benefit)

【例】Having a parent who is a teacher is a real *boon* to the kids.

bonanza [bəuˈnænzə] *n.* 幸运

【例】The nomination of presidency was a *bonanza* for him.

blessing [ˈblesiŋ] *n.* 祝福

gratitude [ˈgrætitjuːd] *n.* 感谢，感激

【记】grat(满意)＋itude→感谢

affluence [ˈæfluəns] *n.* 富裕，富足

【记】比较effluence(发出，发射物)

prosperity [prɔsˈperiti] *n.* 繁荣，兴旺，昌盛

【例】The *prosperity* of the economy was due to the right policy made by the current government.

welfare [ˈwelfɛə] *n.* 福利；安宁；幸福；福利事业；社会安全 *adj.* 福利的

【例】People who live in the *welfare* society do not know the pain of poverty.

opulence [ˈɔpjuləns] *n.* 富裕，丰饶；充沛(abundance, profusion)

paradise [ˈpærədaiz] *n.* 天堂(heaven)

【例】It is said that Hangzhou and Suzhou were *paradises* for people.

propitious [prəˈpiʃəs] *adj.* 吉利的

godsend [ˈgɔdsend] *n.* 天赐之物；意外好运

【例】It was a *godsend* to have him there just when we needed someone.

sumptuous [ˈsʌmptjuəs] *adj.* 奢侈的(luxurious)；华丽的(splendid)

祸

disaster [diˈzɑːstə] *n.* 灾难(catastrophe, calamity)

disastrous [diˈzɑːstrəs] *adj.* 灾难性的，悲惨的(catastrophic)

【例】A few *disastrous* investments ruined the company.

calamity [kəˈlæmiti] *n.* 不幸之事，灾难(catastrophe, mishap)

【例】The Red Cross provides relief in case of *calamities* such as floods, earthquakes and hurricanes.

unfortunate [ʌnˈfɔːtʃənit] *adj.* 不幸的

holocaust [ˈhɔləkɔːst] *n.* 大屠杀(slaughter)

【记】holo(全部)+caust(烧)→全部烧死→大屠杀

carnage [ˈkɑːnidʒ] *n.* 大屠杀，残杀(massacre, slaughter)

【记】carn(肉)+age→残杀

cataclysm [ˈkætəklizəm] *n.* 洪水，大灾难

【记】cata(下面)+clysm(洗)→洗掉→洪水

【例】The eruption of the volcano was an unexpected *cataclysm*.

avalanche [ˈævəˌlɑːnʃ] *n.* 雪崩

【例】It is reported that no people were killed in the current *avalanche*.

slaughter [ˈslɔːtə] *n./v.* 屠宰，残杀，屠杀(carnage, genocide)

catastrophe [kəˈtæstrəfi] *n.* 异常的灾祸(disaster)

【例】The crash of the stock market was a financial *catastrophe*.

casualty [ˈkæʒuəlti] *n.* 意外伤亡，事故

【例】Jane saw a *casualty* on the highway and phoned the police.

mishap [ˈmishæp] *n.* 灾祸，不幸(mischance, accident)

【记】mis(坏)+hap(坏运气，不幸)→灾祸

【例】The fisherman drowned in a boating *mishap*.

adversity [ədˈvəːsiti] *n.* 不幸；逆境(misfortune)

【记】ad+vers(转)+ity→转错方向→不幸

【例】The *adversity* of losing one's job is difficult to bear.

afflict [əˈflikt] *vt.* 使痛苦，折磨(torture)

【记】af(一再)+flict(打击)→一再打击→折磨

【例】He was *afflicted* with arthritis.

misfortune [mis'fɔːtʃən] *n.* 不幸，灾祸

【例】She had the *misfortune* to become gravely ill.

devastate ['devəsteit] *vt.* 毁坏(destroy, ruin, wreck)

massacre ['mæsəkə] *n. / v.* 残杀，大屠杀(slaughter)

【例】They cruelly *massacred* all the people in the village.

deluge ['deljuːdʒ] *n.* 洪水

upheaval [ʌp'hiːvəl] *n.* 剧变

【例】When talking about the mental *upheaval* caused by war, the old man became indignant towards the Japanese.

accident ['æksidənt] *n.* 意外事件，事故

famine ['fæmin] *n.* 饥荒(deficiency)

【例】Many people die of *famine* every year.

victim ['viktim] *n.* 受害人，牺牲者(sufferer)；牺牲品

【例】You are a *victim* of your own scheming.

anguish ['æŋgwiʃ] *n.* 痛苦，苦恼 *vt.* 使极苦闷，使极痛苦

ailment ['eilmənt] *n.* 疾病

wreckage ['rekidʒ] *n.* 破片，残骸

【例】They were petrified by the *wreckage* of the plane after the crash.

torment [tɔː'ment] *v.* 折磨(agonize) ['tɔːment] *n.* 痛苦

debris ['deibriː] *n.* 残骸；废墟(residue, wreckage)

犯罪

abduct [æb'dʌkt] *vt.* 绑架，诱拐(kidnap)

【记】ab+duct(引导)→把人带走→绑架

【例】The boy of the wealthy family had been *abducted* twice.

accomplice [ə'kɔmplis] *n.* 从犯(accessory)

【记】ac+com(共同)+plic(做)+e→一起干→同谋

【例】They arrested the man and his two *accomplices* last week.

assassinate [ə'sæsineit] *vt.* 暗杀，行刺

【例】J. F. Kennedy was *assassinated* in Dalas.

murder ['məːdə] *n. / v.* 谋杀，凶杀

【例】According to the criminal law, *murder* can be a capital offence.

beguile [bi'gail] *vt.* 欺骗(deceive)

【记】be+guile(欺诈)→欺骗

【例】He was *beguiled* into giving them large sums of money.

belie [bi'lai] *vt.* 掩饰(conceal, cover up)

【记】be+lie(谎言)→掩饰

【例】His cheerful manner *belied* his real feeling.

blackmail ['blækmeil] *vt./n.* 勒索

【记】black(黑)+mail(信)→勒索

【例】The strikers refused to be *blackmailed* into returning to work. / He is found of guilty of *blackmail*.

conspiracy [kən'spirəsi] *n.* 阴谋(plot)

【例】The police officer uncovered a *conspiracy* to assassinate the President.

conspire [kən'spaiə] *vi.* 阴谋，密谋(intrigue, plot)

【例】The bank tellers *conspired* to rob the bank.

connive [kə'naiv] *vi.* 默许；纵容；暗中合作，密谋策划

【例】The dealers *connived* with customs officials to bring in narcotics.

counterfeit ['kauntəfit] *n.* 赝品 *adj.* 伪造的，假冒的(fake, sham)

【例】This *counterfeit* money is obviously an imitation.

deceit [di'siːt] *n.* 欺骗，欺诈(cheat, fraud)

【例】No one trusts John because they know of his *deceit*.

deceitful [di'siːtful] *adj.* 欺骗的(sly, dishonest)

【例】The *deceitful* merchant was punished by the government.

deceive [di'siːv] *vt.* 欺骗，行骗

【例】Mary was *deceived* into believing the stranger.

deceptive [di'septiv] *adj.* 虚伪的；骗人的(deceitful, misleading)

【例】Many customers were angered by the *deceptive* advertisements.

defraud [di'frɔːd] *vt.* 欺诈(deceive, beguile, cheat)

【记】de+fraud(欺诈)→欺诈

【例】The tax accountant *defrauded* the government.

delude [di'luːd] *vt.* 欺骗，迷惑(beguile, deceive, hoax)

【记】de(坏)+lude(玩)→使坏→欺骗

【例】That playboy often *deludes* his girl with empty promises.

despoil [dis'pɔil] *vt.* 抢劫(rob)

【例】The region is *despoiled* of its scenic beauty by unchecked development.

embezzle [im'bezl] *vt.* 盗用(公款、公物)(misappropriate)

【例】Public servants were reported involving *embezzling* a million dollars over a period of years.

extort [iks'tɔːt] *vt.* 勒索，强索(extract, squeeze)

【记】ex＋tort(扭)→扭出来→强索

【例】A blackmailer *extorted* thousands of dollars from the millionaire.

fabricate ['fæbrikeit] *vt.* 伪造(forge, coin)

【记】fabric(结构)＋ate→使出现结构→制造

【例】Jane *fabricated* the story that she was late because she was caught in the traffic.

forge [fɔːdʒ] *vt.* 伪造(feign, fabricate)

fraud [frɔːd] *n.* 欺骗(fault, deception)

【例】Never try to get money by *fraud*.

fraudulent ['frɔːdjulənt] *adj.* 欺诈的，不诚实的(deceitful, dishonest)

gangster ['gæŋstə] *n.* 暴徒，歹徒(mobster, hoodlum)

homicide ['hɔmisaid] *n.* 杀人(slaughter)

kidnap ['kidnæp] *vt.* 绑架(abduct)

【记】kid(小孩)＋nap(睡)→(小孩睡时被)绑架

【例】It is reported that two businessmen have been *kidnapped*.

pilferage ['pilfəridʒ] *n.* 偷窃(stealing)

【记】pilfer(偷)＋age→偷窃

theft [θeft] *n.* 偷窃(stealing)

swindle ['swindl] *n.* /*v.* 诈骗(defraud, fleece)

【例】The manager *swindled* money from the company.

hoodwink ['hudwiŋk] *vt.* 遮眼，欺骗，蒙蔽

desecrate ['desikreit] *vt.* 亵渎，玷污；滥用

【记】比较consecrate(使神圣化；把…视为神圣)

falsify ['fɔːlsiˌfai] *v.* 伪造

【例】Her speech in Parliament was *falsified* by the newspapers.

工作

assumption [ə'sʌmpʃən] *n.* 就职

【例】The Vice President's *assumption* of the presidency occurred as the President died.

appoint [əˈpɔint] *vt.* 任命，委任(delegate, nominate)

【例】Dr. Gray has been *appointed* to a consultancy.

dismiss [disˈmis] *vt.* 开除，解职，使(或让)离开(boot, bounce)

【例】The boss threatened to *dismiss* all the employees who had expressed their sympathy for the strike, but it's all bluff.

audition [ɔːˈdiʃən] *n.* 试演；面试

【记】audi(听)+tion→面试

【例】Jane did so well at her *audition* that she was cast in the movie.

interview [ˈintəvjuː] *n.* / *v.* 面试

【例】The *interview* process lasted for five hours, including the assessment center.

career [kəˈriə] *n.* 生涯，职业(profession, pursuit, vocation)

【例】To be a successful and socially responsible businessman is the ultimate goal of my *career*.

draft [drɑːft] *n.* 草案 *v.* 起草，设计(formulate, draw up)

drudgery [ˈdrʌdʒəri] *n.* 苦差事(tedium)

hectic [ˈhektik] *adj.* 忙碌的(busy)

【记】hect(许多)+ic→许多事要做→忙碌的

【例】To him, the *hectic* work was both fun and rewarding.

inaugurate [iˈnɔːgjureit] *vt.* 开始(commence, initiate)；使就职

【记】in(进入)+augur(开始)+ate→开始

【例】He will be *inaugurated* as President in January.

log [lɔg] *n.* 日志(journal)

【例】His *log* on the weather conditions during their expedition proves useful for others.

officeholding [ˈɔfisˌhəuldiŋ] *n.* 任职

promote [prəˈməut] *vt.* 升职

【记】pro(前)+mote(动)→促进

【例】John was *promoted* to regional manager at the staff conference.

register [ˈredʒistə] *vt.* 登记(enroll, enlist)

【例】The young couple *registered* for marriage in June.

resign [riˈzain] *n.* /*v.* 辞职(give up)

【例】She *resigned* her directorship and left the company.

sketch [sketʃ] *n.* 草图(drawing, chart) *v.* 勾画(compose, outline)

【例】He *sketched* out a plan for his inferiors to execute.

undertaking [ˌʌndəˈteikiŋ] *n.* 任务，工作

vocation [vəuˈkeiʃən] *n.* 职业，行业(occupation, profession)

profession [prəˈfeʃən] *n.* 职业；专业

【例】The *professions* of law, medicine, and engineering are highly rewarded.

trade [treid] *n.* 职业，行业

【例】He is learning the lawsmith's *trade*.

occupation [ˌɔkjuˈpeiʃən] *n.* 职业(profession)

【例】What is your *occupation*?

overtime [ˈəuvətaim] *adv.* 加班地

【例】The newspaper staff worked *overtime*.

供给

accommodate [əˈkɔmədeit] *vt.* 为(某人)提供住宿；容纳

【例】This elevator could *accommodate* twelve people.

furnish [ˈfəːniʃ] *vt.* 供应，供给；装备，布置(equip, supply, provide)

【例】The room was *furnished* with the simplest essentials, a bed, a chair, and a table.

provide [prəˈvaid] *vt.* 提供(supply, furnish, give)

【例】Suggestions could be *provided* to our research officers here.

provision [prəˈviʒən] *n.* 供应(supply, furnishing)

【例】The *provision* of the services is better than before.

render [ˈrendə] *vt.* 提供(provide)

【例】The passengers are not satisfied with the service *rendered* by the driver.

purvey [pəːˈvei] *v.* 供给，供应(supply)

supply [səˈplai] *n.* /*v.* 补给，供给(provide, render)

【例】When money is in short *supply*, many businesses fail.

delivery [diˈlivəri] *n.* 递送，交付

【例】There is no *delivery* of letters on Sundays.

distribute [disˈtribju(ː)t] *vt.* 分发，分配(dispense, dole)

【例】In the 19th century the government *distributed* land to settlers willing to cultivate it.

建筑

auditorium [ˌɔːdiˈtɔːriəm] *n.* 大礼堂

【记】audi (听) + torium (名词词尾, 表示场所、地点)→大礼堂

【例】The new *auditorium* had velvet seats.

canopy [ˈkænəpi] *n.* 顶篷, 顶盖; 天幕(shelter)

【例】I just look up at the stars and let the vastness of that black and twinkling *canopy* fill my soul.

depot [ˈdepəu] *n.* 仓库 *vt.* 把…存放在仓库里(house, contain)

dormitory [ˈdɔːmitri] *n.* 宿舍

【例】The prison *dormitory* is heavily guarded.

dwelling [ˈdweliŋ] *n.* 住所(residence, shelter, accommodation)

【例】A dormitory is the typical *dwelling* of a college student.

forge [fɔːdʒ] *n.* 铁匠铺

refuge [ˈrefjuːdʒ] *n.* 避难所(shelter, protection)

【记】re(回) + fuge(逃)→逃回去的(地方)→避难所

stall [stɔːl] *n.* 厩(stable, barn); 摊位

tower [ˈtauə] *n.* 塔

vault [vɔːlt] *n.* 拱形圆屋顶; 地窖

warehouse [ˈwɛəhaus] *n.* 仓库(storehouse)

villa [ˈvilə] *n.* 别墅; 〈英〉城郊小屋

overpass [ˌəuvəˈpɑːs] *n.* 立交桥, 高架桥(viaduct)

viaduct [ˈvaiədʌkt] *n.* 立交桥, 高架桥, 跨线桥

shelter [ˈʃeltə] *n.* 避难所, 庇护所(asylum, sanctuary); 庇护物, 遮蔽物; 庇护, 掩护

【例】He stood in the *shelter* at the bus stop.

palace [ˈpælis] *n.* 宫殿

temple [ˈtempl] *n.* 庙宇, 寺庙

apartment [əˈpɑːtmənt] *n.* 单元住宅, 公寓住宅(suite, flat)

困难

arduous [ˈɑːdjuəs] *adj.* 险峻的; 困难的 (diffcult, strenuous, laborious, back-breaking)

【记】ardu（高，险）＋ous→险峻的

【例】The preparation for the exam is as long and as *arduous* work for a normal undergraduate.

devious [ˈdiːviəs] *adj.* 曲折的(circuitous)

【例】The coach followed a rather *devious* course to its destination.

dilemma [diˈlemə] *n.* 左右为难，困境

【例】Life is full of *dilemmas*.

embarrass [imˈbærəs] *vt.* 使困窘

【例】It was so awkward that I felt *embarrassed* in front of my friends.

flounder [ˈflaundə] *vi.* 挣扎

【记】另一个意思是"比目鱼"

【例】After the Asian financial cirsis, the economy in southeast Asia continues to *flounder*.

laborious [ləˈbɔːriəs] *adj.* 费力的，艰难的(arduous, painstaking)

【记】labor(劳动；痛苦)＋ious→艰难的

【例】Bill was rewarded with an increase in his payment for his *laborious* efforts.

painstaking [ˈpeinsteikiŋ] *n.* 辛劳 *adj.* 劳苦的(careful, scrupulous)

【记】pains(痛苦)＋taking(花，费)→付出痛苦的→劳苦的

plight [plait] *n.* (恶劣的)情势，困境(predicament, dilemma)

【例】The *plight* of the homeless was a deep concern for the current government.

precipitous [priˈsipitəs] *adj.* 陡峭的(sheer, extremely steep)；急躁的

strait [streit] *n.* 困难

strenuous [ˈstrenjuəs] *adj.* 辛苦的(laborious)

【例】I made a *strenuous* effort to reach the top of the mountain.

handicap [ˈhændikæp] *n.* 障碍，阻碍；障碍赛跑(hindrance) *v.* 妨碍，使不利

【例】Lack of money *handicapped* him in his business badly.

adversity [ədˈvəːsiti] *n.* 不幸，灾祸(disaster)

quandary [ˈkwɔndəri] *n.* 困惑(perplexity)，窘境，进退两难(predicament)

predicament [priˈdikəmənt] *n.* 困境(plight, quandary)

【例】Werner finds himself suddenly in a most awkward *predicament*.

impasse [ˈæmpɑːs; ˈimpæs] *n.* 僵局(dilemma)

【例】Finally their negotiation reached an *impasse*.

backbreaking [ˈbækbreikiŋ] *adj.* 非常辛劳的

【例】Digging the garden is a *backbreaking* job.

流行

fashionable [ˈfæʃənəbl] *adj.* 流行的，时髦的(popular)

【记】fashion(时髦)+able→时髦的

prevail [priˈveil] *vi.* 流行，盛行(dominate)

prevalent [ˈprevələnt] *adj.* 普遍的，流行的(prevailing, widespread, popular)

tide [taid] *n.* 潮流

vogue [vəug] *n.* 流行(fashion)

stylish [ˈstailiʃ] *adj.* 时髦的，漂亮的，流行的(fashionable, modish)

alamode [ˌɑːlɑːˈməud] *adj.* 流行的，时髦的

popularity [ˌpɔpjuˈlæriti] *n.* 普及，流行；声望

trend [trend] *n.* 倾向，趋势(tendency)

modish [ˈməudiʃ] *adj.* 流行的，时髦的

【记】比较antiquated(陈旧的)

名誉

admirable [ˈædmərəbl] *adj.* 可敬的(redoubted)；极好的(wonderful)

【例】The child's honesty was *admirable*.

admire [ədˈmaiə] *vt.* 钦佩(respect)；赞美，夸奖

【记】ad(一再)+mire(高兴)→一再让人惊喜→夸奖

【例】I have always *admired* my mother's charm.

adore [əˈdɔː] *vt.* 敬爱(admire, esteem)；极喜爱(love)

【例】Grandpa *adored* Grandma from the day they first met.

advocate [ˈædvəkeit] *vt.* 拥护(hold, maintain)

【例】The social activist *advocated* change.

awe [ɔː] *n.* / *vt.* 敬畏 (reverence, veneration)

【例】I am always in *awe* of people who can cook well.

celebrate [ˈselibreit] *vt.* 表扬(praise)

【例】People around the world *celebrate* the New Year in different forms.

celebrated [ˈselibreitid] *adj.* 著名的(distinguish, famous)

classic [ˈklæsik] *adj.* 第一流的

commend [kəˈmend] *v.* 赞扬(praise)

【记】co＋mmend(相信)→都信→赞扬

【例】Her teaching was highly *commended*.

compliment [ˈkɔmplimənt] *vt./n.* 赞美(praise, commendation)；祝贺

【例】The artist received many *compliments* on her paintings.

complimentary [ˌkɔmpliˈment(ə)ri] *adj.* 赞美的(praising)

【例】The professor rarely makes *complimentary* remarks to students.

credit [ˈkredit] *n.* 信誉(trust, credence)

【例】I could not get a loan from the bank because my *credit* was bad.

deference [ˈdefərəns] *n.* 敬意

【记】defer(服从，敬意)＋ence→敬意

【例】We should treat our elders with due *deference*.

deferential [ˌdifəˈrenʃəl] *adj.* 敬意的(respectful)

【例】He was surrounded by *deferential* students and learned colleagues.

dignified [ˈdignifaid] *adj.* 尊严的；高贵的(noble)

【例】Bill gave a *dignified* response to the insult.

dignify [ˈdignifai] *vt.* 使尊荣，使显贵(ennoble)

【例】The clever businessman invited the president to *dignify* the gathering by giving a short speech.

dignity [ˈdigniti] *n.* 尊严

【例】He is a man who regards *dignity* more important than life.

embalm [imˈbɑːm] *vt.* 使不朽；使发出香气

【记】em＋balm(香气)→使发出香气

【例】Ancient Egyptians used oils and natural substances to *embalm* the dead.

eminent [ˈeminənt] *adj.* 杰出的(outstanding, distinguished)

【记】e(出)＋min(伸)＋ent→伸出的→突出的

【例】The *eminent* poet won numerous awards.

entitle [inˈtaitl] *vt.* 给…称号

【记】en＋title(名称)→给…称号

【例】My favorite poem is *entitled* “Summer Rain”.

esteem [iˈstiːm] *n.* / *vt.* 尊敬(respect)

【例】*Esteem* yourself and you will be respected by others.

exalt [ig'zɔːlt] *vt.* 称赞(extol, laud); 提升(promote)

【记】ex+alt(高)→使高出→赞扬

【例】The professor's recommendation *exalted* the candidate.

exalted [ig'zɔːltid] *adj.* 尊贵的(noble)

【例】The *exalted* prince entered the hall and everyone stood up.

excellent ['eksələnt] *adj.* 优秀的，杰出的(outstanding, preeminent)

excel [ik'sel] *v.* 优秀，胜过他人 (surpass, exceed)

【例】Being a leader does not mean you should *excel* in everything; your talent lies in being able to manage the right persons.

exceptional [ik'sepʃənl] *adj.* 卓越的(extraordinary)

【例】The *exceptional* tennis player won the championship.

exemplary [ig'zempləri] *adj.* 模范的，典范的

【例】The principal rewarded Susan for her *exemplary* performance in school.

extol [iks'təul] *vt.* 颂扬(exalt)

【记】ex+tol(举)→推举出→颂扬

【例】Movie critics *extolled* the young performer's acting.

feat [fiːt] *n.* 功绩，壮举(achievement, accomplishment)

glorious ['glɔːriəs] *adj.* 光荣的

gorgeous ['gɔːdʒəs] *adj.* 极好的

【记】参考gorge(峡谷)

【例】The flower appears a *gorgeous* shape under the sun.

grandeur ['grændʒə] *n.* 庄严，伟大 (magnificence)

homage ['hɔmidʒ] *n.* 敬意(respect, reverence)

【记】hom(人)+age→把对方当人看→敬意

illustrious [i'lʌstriəs] *adj.* 辉煌的；著名的(famous, distinguished)

【记】il(一再)+lustr(光)+ious→一再光明→辉煌的

immortal [i'mɔːtl] *adj.* 不朽的(undying, everlasting)

【记】im(不)+mort(死)+al→不朽的

infamous ['infəməs] *adj.* 臭名昭著的(notorious, disgraceful)

【记】in(不)+famous(著名的)→不名誉的→臭名昭著的

【例】The politician is *infamous* for association with bribery.

laud [lɔːd] *vt.* 赞美(compliment, praise)

【记】比较laurel(桂冠；月桂树)

【例】They *lauded* the virtues of the old man.

laudable [ˈlɔːdəbl] *adj.* 值得赞美的(praiseworthy, commendable)

legendary [ˈledʒəndəri] *adj.* 传奇的(renowned, famed)

【记】legend(传奇)+ary→传奇的

lofty [ˈlɔ(ː)fti] *adj.* 高尚的

【记】loft(阁楼，顶楼)+y→高尚的

matchless [ˈmætʃlis] *adj.* 无与伦比的(unbeatable, incomparable)

【记】match(相配)+less→无与伦比的

notable [ˈnəutəbl] *adj.* 著名的，显要的(distinguished, celebrated)

【记】not(e)(知道)+able→大家都知道的→著名的

【例】One of our most *notable* poets won the Nobel Prize for Literature.

noted [ˈnəutid] *adj.* 著名的，知名的(distinguished, celebrated)

notorious [nəuˈtɔːriəs] *adj.* 臭名昭著的(infamous)

【记】not(e)(知道)+orious(多)→臭名昭著的

【例】She is *notorious* for her wild behavior.

obscure [əbˈskjuə] *adj.* 无名气的(unknown, inconspicuous)

【记】ob(离开)+scure(跑)→跑开→模糊的

【例】Jude, the *obscure*, was not treated as a celebrity in the banquet.

odor [ˈəudə] *n.* 名声(fame)

outstanding [autˈstændiŋ] *adj.* 杰出的

【记】来自stand out(醒目，突出)

preeminent [pri(ː)ˈeminənt] *adj.* 卓越的(prominent, outstanding)

【记】pre(前)+eminent(突出的)→向前突出→杰出的

prestige [presˈtiːdʒ] *n.* 威望，声望(fame, reputation)

【例】Our mayor's *prestige* is known throughout the state.

prominent [ˈprɔminənt] *adj.* 卓越的，突出的(conspicuous, protruding)

【记】pro(前)+minent(伸)→突出的

【例】The *prominent* politician made an appeal to end the war.

renowned [riˈnaund] *adj.* 知名的(acclaimed, distinguished, famous)

【记】re(重新)+nown(名字)+ed→名字一再出现→知名的

respect [risˈpekt] *n.* / *vt.* 尊重，敬重(admire, esteem, honor)

【例】A deep mutural *respect* and understanding developed between them.

revere [riˈviə] *vt.* 尊敬(respect, worship)

【例】The political leader was *revered* by the people of his country.

reverence [ˈrevərəns] *n.* 尊敬(respect, veneration)

supreme [sjuːˈpriːm] *adj.* 至高的(highest, greatest)

【例】The *supreme* ruler ordered the execution of his enemies.

tarnish [ˈtɑːniʃ] *vt.* 使晦暗(darken, lose luster);败坏(名誉)

【例】The firm's good name was badly *tarnished* by the scandal.

venerate [ˈvenəreit] *vt.* 敬拜,崇拜(respect, revere)

【例】Mozart was *venerated* as one of the most influential musicians in the century.

virtue [ˈvəːtjuː] *n.* 美德(morality, goodness)

气氛

aura [ˈɔːrə] *n.* 气氛(atmosphere, mood)

hilarious [hiˈlɛəriəs] *adj.* 热闹的

hilarity [hiˈlæriti] *n.* 欢闹

sullen [ˈsʌlən] *adj.* 阴沉的(moody, bad-tempered)

hospitable [ˈhɔspitəbl] *adj.* 好客的,招待周到的

【例】The *hospitable* host had his spare room emptied very quickly for the honoured guest.

ambience [ˈæmbiəns] *n.* 气氛,情调

【例】The restaurant has a pleasant *ambience*.

atmosphere [ˈætməsfiə] *n.* 大气,空气;气氛

【例】He was motivated by the exciting *atmosphere* of the basktetball match.

passionate [ˈpæʃənit] *adj.* 充满热情的

【例】She is a *passionate* woman.

ardent [ˈɑːdənt] *adj.* 热心的,热情的(warm, hospitable)

【例】The *ardent* hope for the future brought them through all the sufferings during the war.

riproarious [ˌripˈrɔːriəs] *adj.* 喧闹的,欢闹的

社会活动

banquet [ˈbæŋkwit] *n.* 宴会,盛会(feast)

【例】Mary served us a *banquet* that was fit for a king.

bidding [ˈbidiŋ] *n.* 邀请

celebrate [ˈselibreit] *vt.* 庆祝

【例】They *celebrated* their adulthood at the school playground.

ceremonial [ˌseriˈməunjəl] *n.* 仪式 *adj.* 正式的

ceremonious [ˌseriˈməunjəs] *adj.* 隆重的，正式的(formal, solemn)；恭敬的

【例】The symphony conductor took a *ceremonious* bow.

ceremony [ˈseriməni] *n.* 仪式

【例】Overseas Chinese wear Chinese traditional clothes at their wedding *ceremony* in western countries.

conference [ˈkɔnfərəns] *n.* 会议，讨论会

【记】confer(商谈)+ence→会议

【例】The *conference* was mainly about protection and prevention of child labour in factories in developing countries.

decorum [diˈkɔːrəm] *n.* 礼仪(ceremony)

【记】decor(装饰)+um→礼仪，礼节

【例】Tom found the *decorum* at the banquet to be formal and tedious.

entertain [ˌentəˈtein] *vt.* 招待；娱乐(amuse)

【例】He is good at *entertaining* people and thus he is very popular.

etiquette [ˈetiket] *n.* 礼节

【记】e+tiquette(=ticket票)→凭票入场→礼仪

【例】I was advised to pay attention to *etiquette* before I attended the formal party.

formal [ˈfɔːməl] *adj.* 正式的；礼仪上的

【记】比较informal(非正式的)

reception [riˈsepʃən] *n.* 接待；招待会

session [ˈseʃən] *n.* 会议(meeting)

【例】The third *session* of the meeting was presided by the premier.

unveil [ʌnˈveil] *v.* 开幕

【记】un(不)+veil(罩面纱)→揭开

【例】Anne *unveiled* her painting at the opening of the art exhibit.

commemorate [kəˈmeməreit] *vt.* 庆祝，纪念(celebrate)

【例】This monument *commemorates* our victory.

opening [ˈəupniŋ] *n.* 正式开始

【例】The famous artisits attended the *opening* of the new museum.

生产

behave [biˈheiv] *v.* 运转

【例】How is the new car *behaving*!

conserve [kənˈsəːv] *vt.* 贮藏(preserve, store, retain)

【例】Turning off the lights as you leave can *conserve* energy.

construct [kənˈstrʌkt] *vt.* 建造，构造

【记】con+struct(结构)→构造

【例】A famous architect *constructed* a model of a new cathedral.

convey [kənˈvei] *vt.* 运输(transport, deliver)

【例】Trucks *conveyed* the goods from the distributor to the buyer.

fabricate [ˈfæbrikeit] *vt.* 制造(make, manufacture)

【记】fabric(结构)+ate→使出现结构→制造

【例】Jane *fabricated* the story that she was late because she was caught in the traffic.

gear [giə] *n.* 齿轮

hoist [hɔist] *n.* 吊车 *v.* 提起(lift)

【例】He was *hoisted* up to the top of the building by a *hoist*.

manipulate [məˈnipjuleit] *vt.* 操作(handle, operate)

【例】The experiment was *manipulated* and thus could not tell the exact story.

manufacture [ˌmænjuˈfæktʃə] *vt.* 制造

【记】manu(手)+fact(做)+ure→用手做→制造

【例】The factory *manufactured* daily goods.

mill [mil] *n.* 压榨机；磨坊；磨粉机

mine [main] *v.* 采矿 *n.* 矿

monitor [ˈmɔnitə] *n.* 监视器 *v.* 监视

【记】另一个词义是“班长”

【例】The police use the *monitor* through advanced e-system to *monitor* traffic.

outfit [ˈautfit] *n.* 装备，用具(equipment)

【记】来自 fit out(装备)

【例】The *outfit* for a cowboy identified him.

practical [ˈpræktikəl] *adj.* 实践的；实用的(pragmatic)

raise [reiz] *vt.* 养殖(breed)

【例】He *raised* chicken at home.

release [riˈliːs] *n.* / *vt.* 发行

【例】The new year films were *released* on the first day of the new year.

preserve [priˈzəːv] *vt.* 保护；保持；保存，保藏

【例】You can *preserve* meat or fish in salt.

assembly [əˈsembli] *n.* 集合，集会；装配

【例】The *assembly* line was introduced from the US.

生活

baggage [ˈbægidʒ] *n.* 行李(luggage, packing)

【记】参考luggage(行李)

domestic [dəˈmestik] *adj.* 家内的(household)

【例】The police called the fight between the husband and wife a *domestic* matter.

dwell [dwel] *vi.* 居住(reside, inhabit, live)

【例】Birds normally *dwell* on trees.

residency [ˈrezidənsi] *n.* 居住；住所，官邸

【例】The function was held in the ambassador's *residency*.

furniture [ˈfəːnitʃə] *n.* 家具(furnishing)

hurdle [ˈhəːdl] *n.* 篱笆

idyllic [aiˈdilik] *adj.* 田园诗的(pastoral, rustic)

inhabit [inˈhæbit] *vt.* 居住于，栖息于(reside, dwell, occupy, live in)

【记】in(里面)+habit(住)→住里面→居住

【例】This is an island *inhabited* only by birds and scientists.

nostalgia [nɔsˈtældʒiə] *n.* 思家病，乡愁；向往过去，怀旧之情

nurture [ˈnəːtʃə] *vt.* 养育(feed, nourish)

【例】Born in a civilised family, Anne was delicately *nurtured*.

regimen [ˈredʒimen] *n.* 养生法

【记】regi(统治)+men(人)→统治人身的法则→养生之道

reside [riˈzaid] *vi.* 居住(dwell, live)

【例】The old man prefers to *reside* in countryside.

resident [ˈrezidənt] *adj.* 居住的，常驻的(inhabiting)

【例】The population of *resident* bacteria in a clean square centimeter on human skin exceeds a million.

rubbish [ˈrʌbiʃ] *n.* 垃圾(refuse, trash, waste)

scale [skeil] *n.* 秤

【例】The people have a *scale* in their minds.

scorch [skɔːtʃ] *vt.* 烤焦(burn)

【例】Do not leave the iron on that delicate fabric or the heat will *scorch* it.

singe [sindʒ] *n.* 微烧，烫焦(burn, scorch)

sojourn [ˈsɔdʒə(ː)n] *vi.* 逗留，寄居(stay)

【例】He *sojourned* with a friend in Wales for two weeks. / The explorers *sojourned* at the old castle expecting for a new find.

sustenance [ˈsʌstənəns] *n.* 生计

【例】There is not much *sustenance* in a glass of orange squash.

trash [træʃ] *n.* 垃圾(rubbish, garbage, refuse, waste)

transportation [ˌtrænspɔːˈteiʃən] *n.* 运输，输送(carriage)

【例】The air *transportaion* sector is becoming increasingly important to the nation.

nutrition [njuːˈtriʃən] *n.* 营养；营养学(nourishment)

【例】The little boy is short of *nutrition*.

外表

array [əˈrei] *vt.* 装扮 *n.* 服装

【例】The colorful *array* of candy made the children's eyes bulge.

aspect [ˈæspekt] *n.* 样子，外表

【记】a+spect (看)→看上去的样子→外观

attire [əˈtaiə] *n.* 服装(clothing, dress)

bald [bɔːld] *adj.* 秃头的，光秃的 (hairless)

【记】参考 bold (大胆的)

【例】The *bald* man wore a hat to protect his head from the sun.

clothing [ˈkləuðiŋ] *n.* 衣服(apparel, attire)

corpulent [ˈkɔːpjulənt] *adj.* 肥胖的

【记】corp(身体)+ulent→体胖的

【例】Overeating and no exercise are the direct cause of her becoming *corpulent*.

cosmetics [kɔz'metiks] *n.* 化妆品

costume ['kɔstjuːm] *n.* 服装(attire, dress)

【记】比较custom(习俗)

【例】The actors in the play wore beautiful traditional *costumes.*

garb [gɑːb] *n.* 服装，装束(uniform, outfit)

guise [gaiz] *n.* 伪装，貌似

【例】The thief robbed houses under the *guise* of a mailman.

obese [əu'biːs] *adj.* 肥胖的，肥大的(overweight)

outfit ['autfit] *n.* 服装(costume, suit)

【记】来自 fit out(装备)

ragged ['rægid] *adj.* 褴褛的，破烂的(tattered, scruffy)

【记】rag(破布)+ged→破烂的

shabby ['ʃæbi] *adj.* 褴褛的，破旧的

【例】The *shabby* house along the road demonstrated the backwardness of the region.

sole [səul] *n.* 鞋底(bottom)

stodgy ['stɔdʒi] *adj.* 躯体笨重的

stout [staut] *adj.* 矮胖的

【例】A *stout* passenger took up two seats on the bus.

strap [stræp] *n.* 皮带(fastening, band)

休息

bask [bɑːsk] *vt.* 沐浴于(bathe, immerse) *vi.* 取暖；曝日

beguile [bi'gail] *vi.* 消遣；欺骗

【记】be+guile(欺诈)→欺骗

【例】Our jouney was *beguiled* with spirited talk.

lull [lʌl] *n.* 歇息 *vt.* 使静下入睡

【例】The mother *lulled* her baby to sleep.

nap [næp] *n.* / *v.* 小睡，打盹(doze)

recreation [ˌrekri'eiʃ(ə)n] *n.* 消遣(pastime, amusement)

【例】He took *recreation* leave during the national holidays.

recess [ri'ses] *vi.* 休假，休息

【例】The investigators *recessed* for lunch.

repose [riˈpəuz] *n.* 休息，睡眠 *v.* 躺着，靠着休息

【例】She *reposed* her head on his shoulder.

relaxation [ˌriːlækˈseiʃən] *n.* 消遣

【例】He played badminton for *relaxation*.

vacation [vəˈkeiʃən] *n.* 假期，休假(pastime，holiday)

【例】I worked in a small beachside restaurant during the college *vacation*.

pastime [ˈpɑːstaim] *n.* 消遣，娱乐(amusement，enjoyment)

【例】Swimming is my favorite *pastime*.

amusement [əˈmjuːzmənt] *n.* 欢乐，快乐；娱乐，消遣

【例】Big cities have many *amusements*.

leisure [ˈleʒə] *n.* 空闲，空闲时间

【例】What do you do in your *leisure* time?

预测

apt [æpt] *adj.* 有…倾向的（prone，likely）

【例】Bill is *apt* to forget half of the groceries if he doesn't take a list.

auspice [ˈɔːspis] *n.* 前兆

【记】au＋spic（看）＋e→提前看到的→前兆

estimable [ˈestiməbl] *adj.* 可估计的

fateful [ˈfeitful] *adj.* 预言性的

【例】a *fateful* remark预言

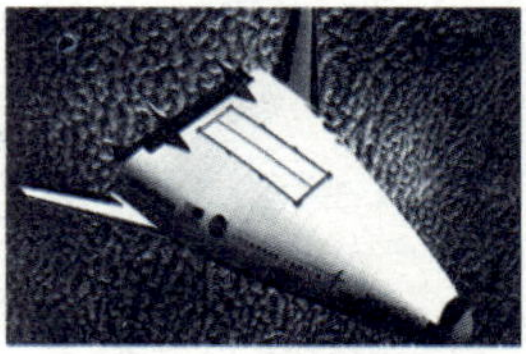

forecast [ˈfɔːkɑːst] *n.* 先见，预见；预测，预报

foresee [fɔːˈsiː] *vt.* 预知(foreshadow，predict)

【记】fore(前)＋see(看)→预先看到

【例】Those who can *foresee* difficulties on their way to success are half successful.

foresight [ˈfɔːsait] *n.* 预见，远见

【记】fore(在…前)+sight(视力)→预见

foretell [fɔːˈtel] *vt.* 预言(predict)

【记】fore(在…前)＋tell(告诉)→预言

【例】No one could have *foretold* such strange events.

imminent [ˈiminənt] *adj.* 即将来临的(impending，approaching)

【记】im(进)＋min(伸)＋ent→伸进来→来临的

【例】The *imminent* storm gives us a sign that the day is turning bad.

precursor [pri(ː)ˈkəːsə] *n.* 先兆(sign)；先驱(forerunner, pioneer, ancestor)

【记】pre(提前)＋curs(跑)＋or→先兆

【例】Dark clouds are often treated as *precursor* of a storm.

prediction [priˈdikʃən] *n.* 预言，预报(forecast, prophecy)

promising [ˈprɔmisiŋ] *adj.* 有前途的，有希望的(prospective)

prospect [ˈprɔspekt] *n.* 前景，期望(outlook, likelihood, possibility)

【记】pro(向前)＋spect(看)→向前看

【例】Older people are always concerned by the *prospect* that an unpreceding depression would bring chaos again.

prospective [prəsˈpektiv] *adj.* 预期的(forward-looking, forthcoming)

provident [ˈprɔvidənt] *adj.* 有远见的(forward-looking)

【记】pro(前)＋vid(=vis看见)＋ent→有远见的

surmise [ˈsəːmaiz] *vt.* 臆测(guess, speculate)

【记】sur(下面)＋mise(说)→在下面说出的话→猜测

【例】It is dangerous to *surmise* the situation. / With no news from the explorers we can only *surmise* their present position.

tendency [ˈtendənsi] *n.* 趋势(inclination, trend)

prophesy [ˈprɔfisi] *v.* 预言，预报(foretell, soothsay)

【例】He *prophesied* the coming war.

presage [ˈpresidʒ] *n.* 预兆 *v.* 预示

【记】pre(在…之前)+sage(感受)→预兆

portend [ˈpɔːtend] *v.* 预示(omen, presage)

【例】Leading economic indicators *portend* a recession.

prognosticate [prəgˈnɔstikeit] *v.* 预言

【例】Urban architectural renewal *prognosticates* a social and cultural renaissance.

prefigure [priːˈfigə] *v.* 预示

【例】The paintings of Paul Cézanne *prefigured* the rise of cubism in the early 20th century.

impending [imˈpendiŋ] *adj.* 即将发生的；逼近的

【例】Black clouds, thunder and lightning show that a storm is *impending*.

致命

choke [tʃəuk] *n.* 窒息；堵塞 *v.* (使)窒息(suffocate, block)

【例】My lawn mower has a *choke* that I have to adjust frequently.

deadly [ˈdedli] *adj.* 致命的(fatal, lethal)

defunct [diˈfʌŋkt] *adj.* 死的(dead, demised)
【记】de＋funct(功能)→不能用使用的→死的
【例】Those rules of etiquette have been *defunct* for years.

demise [diˈmaiz] *n.* 死亡(death, end)
【记】de＋mise(送)→遗赠
【例】The country mourned the President's *demise*.

expire [iksˈpaiə] *vi.* 断气(perish)
【记】ex＋pire(呼吸)→离开呼吸→断气

lethal [ˈliːθəl] adj. 致命的(fatal, deadly)
【记】leth(死)＋al→致命的

smother [ˈsmʌðə] *v.* (使)窒息，闷死(stifle, suffocate)
【例】The murderer *smothered* his victims with a pillow.

fatal [ˈfeitl] *adj.* 致命的(lethal)；重大的(critical)，命运注定的
【记】fate(命运)+al→致命的
【例】It is *fatal* to enter any war without the will to win it.

mortal [ˈmɔːtl] *adj.* 终有一死的；致死的，致命的
【记】mort(死)＋al→致死的
【例】Remember that man is *mortal*.

pestilent [ˈpestilənt] *adj.* 致命的

virulent [ˈvirulənt] *adj.* 剧毒的；致命的
【例】The opponent made *virulent* criticism against his rival.

internecine [ˌintə(ː)ˈniːsain] *adj.* 两败俱伤的；内部冲突的

饮食

beverage [ˈbevəridʒ] *n.* 饮料

bowl [bəul] *n.* 碗

buffet [ˈbʌfit] *n.* 自助餐

chopsticks [ˈtʃɔpstiks] *n.* 筷子

dish [diʃ] *n.* 碟

menu [ˈmenjuː] *n.* 菜单

napkin [ˈnæpkin] *n.* 餐巾

plate [pleit] *n.* 盘子

saucer [ˈsɔːsə] *n.* 盘

specialty	[ˈspeʃəlti] *n.* 招牌菜
toothpick	[ˈtuːθpik] *n.* 牙签

旅馆饭店

attendant	[əˈtendənt] *n.* 服务员
balcony	[ˈbælkəni] *n.* 阳台
blanket	[ˈblæŋkit] *n.* 毯子
carpet	[ˈkɑːpit] *n.* 大地毯
lavatory	[ˈlævəˌtəri] *n.* 卫生间
lounge	[laundʒ] *n.* 休息厅
mattress	[ˈmætris] *n.* 褥子
news-stand	[ˈnjuːzstænd] *n.* 售报处
reception	[riˈsepʃən] *n.* 接待
registration	[ˌredʒisˈtreiʃən] *n.* 登记
shutter	[ˈʃʌtə] *n.* 百叶窗
suite	[swiːt] *n.* 一套房间

服饰

apron	[ˈeiprən] *n.* 围裙
beret	[ˈberei] *n.* 贝雷帽
cashmere	[ˈkæʃmiə] *n.* 羊绒；羊绒织物
cotton	[ˈkɔtn] *n.* 棉
fabric	[ˈfæbrik] *n.* 纤维
linen	[ˈlinin] *n.* 麻
overalls	[ˈəuvərɔːlz] *n.* 工装裤
overcoat	[ˈəuvəkəut] *n.* 男士大衣
pajamas	[pəˈdʒɑːməz] *n.* 睡衣裤
pattern	[ˈpætən] *n.* 花样
scarf	[skɑːf] *n.* 围巾
shawl	[ʃɔːl] *n.* 大披巾
silk	[silk] *n.* 丝
uniform	[ˈjuːnifɔːm] *n.* 制服
waistcoat	[ˈweistkəut] *n.* 背心

wool [wul] *n.* 毛料

度量衡

bushel [ˈbuʃl] *n.* 蒲式耳
gallon [ˈgælən] *n.* 加伦
hectare [ˈhektɛə] *n.* 公顷
measure [ˈmeʒə] *n.* 测量
pound [paund] *n.* 磅
yard [jɑːd] *n.* 码

影视

cinematograph [ˌsinəˈmætəgrɑːf] *n.* 电影放映机；电影摄影机
comedy [ˈkɔmidi] *n.* 喜剧片
dialogue [ˈdaiəlɔg] *n.* 对白
documentary [ˌdɔkjuˈmentəri] *n.* 纪录片，文献片
film [film] *n.* 影片，电影
footage [ˈfutidʒ] *n.* 影片长度
montage [mɔnˈtɑːʒ] *n.* 蒙太奇，文学音乐或美术的组合体
musical [ˈmjuːzikəl] *n.* 音乐片
newsreel [ˈnjuːzriːl] *n.* 新闻片，纪录片
original [əˈridʒənəl] *adj.* 原著的
post-synchronization [ˈpəustˌsiŋkrənaiˈzeiʃən] *n.* 后期录音合成
premiere [ˈpremiɛə(r)] *n.* 首演，首映
scriptwriter [ˈskriptˌraitə] *n.* 编剧
stagehand [ˈsteidʒhænd] *n.* 舞台管理
subtitle [ˈsʌbtaitl] *n.* 字幕
thriller [ˈθrilə] *n.* 惊悚片
title [ˈtaitl] *n.* 片名
tragedy [ˈtrædʒidi] *n.* 悲剧片
trailer [ˈtreilə] *n.* 片花

出版

anthology [ænˈθɔlədʒi] *n.* 文集，文选

circulation [ˌsəːkjuˈleiʃən] *n.* 发行量
commentator [ˈkɔmenteitə] *n.* 评论员
copyright [ˈkɔpirait] *n.* 版权
correspondent [ˌkɔrisˈpɔndənt] *n.* 记者
edition [iˈdiʃən] *n.* 版本
editorial [ediˈtɔːriəl] *n.* 社论
encyclopedia [enˌsaikləuˈpiːdiə] *n.* 百科全书

feature [ˈfiːtʃə] *n.* 特写
fortnightly [ˈfɔːtˌnaitli] *n.* 半月刊
headline [ˈhedlain] n. 标题
impression [imˈpreʃən] *n.* 印刷
magazine [ˌmægəˈziːn] *n.* 杂志
pamphlet [ˈpæmflit] *n.* 小册子，小书
paperback [ˈpeipəbæk] *n.* 平装本
periodical [ˌpiəriˈɔdikəl] *n.* 期刊
pre-dated [ˌpriːˈdeit] *adj.* 提前出版的
proof-read [ˈpruːfriːd] *n.* 校对工作
publication [ˌpʌbliˈkeiʃən] *n.* 出版
royalty [ˈrɔiəlti] *n.* 版税
selection [siˈlekʃən] *n.* 选集

英国

Belfast [belˈfɑːst] *n.* 贝尔法斯特
Birmingham [ˈbəːmiŋhəm] *n.* 伯明翰
Cardiff [ˈkɑːdif] *n.* 加的夫(威尔士之主要海港)
decolonization [diːˌkɔlənaiˈzeiʃən] *n.* 非殖民(地)化
Edinburgh [ˈedinbərə] *n.* 爱丁堡(英国苏格兰首府)
England [ˈinglənd] *n.* 英格兰
Glasgow [ˈglɑːsgəu] *n.* 格拉斯哥
London [ˈlʌndən] *n.* 伦敦
Manchester [ˈmæntʃistə] *n.* 曼彻斯特(英国英格兰西北部海港城市)
monarch [ˈmɔnək] *n.* 君主
mountainous [ˈmauntinəs] *adj.* 多山的；山一般的，巨大的

Northern Ireland	*n.* 北爱尔兰自治区
Principality	[ˌprinsiˈpæliti] *n.* 公国，侯国
Scotland	[ˈskɔtlənd] *n.* 苏格兰
United Kingdom	*n.*（大不列颠）联合王国
Wales	[weilz] *n.* 威尔士

澳大利亚

Adelaide	[ˈædəleid] *n.* 阿德莱德
Australian Capital Territory	*n.* 澳大利亚首都地区
bicameral	[baiˈkæmərəl] *adj.* 两院制的，有两个议院的
Brisbane	[ˈbrizbən] *n.* 布里斯班（昆士兰州首府）
Canberra	[ˈkænbərə] *n.* 堪培拉
escarpment	[iˈskɑːpmənt] *n.* 悬崖，断崖，绝壁，陡斜坡
eucalyptus	[ˌjuːkəˈliptəs] *n.* [植] 桉树
Gold Coast	*n.* 黄金海岸
Great Barrier Reef	*n.* 大堡礁
Hobart	[ˈhəubɑːt] *n.* 霍巴特（塔斯马尼亚州首府）
immigration	[ˌimiˈgreiʃən] *n.* 外来的移民；移居入境
judiciary	[dʒuˈdiʃəri] *adj.* 司法的，法院的
Kangaroo	[ˌkæŋgəˈruː] *n.* 袋鼠
Koala	[kəuˈɑːlə] *n.* 考拉
mangrove	[ˈmæŋgrəuv] *n.* 红树林
Melbourne	[ˈmelbən] *n.* 墨尔本
multicultural	[ˌmʌltiˈkʌltʃərə] *adj.* 多元文化的
New South Wales	*n.* 新南威尔士
Northern Territory	*n.* 北领地
Oceania	[ˌəuʃiˈeiniə] *n.* 大洋洲
parliamentary	[ˌpɑːləˈmentəri] *adj.* 议会的
Perth	[pəːθ] *n.* 佩斯
plateau	[ˈplætəu] *n.* 高地，高原
Queensland	[ˈkwiːnzlənd] *n.* 昆士兰
shipbuilding	[ˈʃipbildiŋ] *n.* 造船
South Australia	*n.* 南澳大利亚

sporadic [spəˈrædik] *adj.* 零星的

Sydney [ˈsidni] *n.* 悉尼

Tasmania [tæzˈmeinjə] *n.* 塔斯玛尼亚

Victoria [vikˈtɔːriə] *n.* 维多利亚

vineyard [ˈvinjɑːd] *n.* 葡萄园

Western Australia *n.* 西澳大利亚

时间

abiding [əˈbaidiŋ] *adj.* 永久的，永恒的（enduring，lasting）

abrupt [əˈbrʌpt] *adj.* 突然的

【例】Buyers have withdrawn from the market in view of the *abrupt* turn of the trend of prices.

beforehand [biˈfɔːhænd] *adv.* 事先地（in advance）

【例】He is an early bird and often makes a reservation at the restaurant *beforehand.*

chronic [ˈkrɔnik] *adj.* 长期的；慢性的

【记】chron（时间）＋ic→长时间的

【例】The *chronic* disease troubled the rest of his life.

concurrent [kənˈkʌrənt] *adj.* 同时发生的（simultaneous）

【记】con＋current（发生）→同时发生

【例】The revolution happened with *concurrent* attacks.

concur [kənˈkəː] *vi.* 同时发生

【例】Everything *concurred* to produce a successful result.

contemporary [kənˈtempərəri] *adj.* 当代的，同时代的

current [ˈkʌrənt] *adj.* 现今的（present）

【例】The *current* situation is critical for the administration.

cursory [ˈkəːsəri] *adj.* 仓促的（hurried）

【记】curs（跑）＋ory→仓促的

【例】He put aside the paper after a *cursory* study.

dated [ˈdeitid] *adj.* 有年头的，陈旧的

【记】date（时间，日子）＋d→有年头的

due [djuː] *adj.* 到期的

【例】The deadline for the assignment was *due* two weeks ago and I was marked down because of late submission.

duration [djuə'reiʃən] *n.* 持续时间(length);期间

elapse [i'læps] *vi.* (时间)消逝(go by, pass)

【记】e(出)+lapse(滑)→滑出去→时光流逝

【例】Three years have *elapsed* since we last met.

epoch ['iːpɔk] *n.* 纪元,时代(age, era)

era ['iərə] *n.* 时代,时期(period, age)

eternal [i(ː)'təːnl] *adj.* 永恒的(everlasting, perpetual)

【例】The bride and groom pledged their *eternal* love to each other.

everlasting [ˌevə'lɑːstiŋ] *adj.* 永恒的,持久的

extant [ek'stænt; 'ekstənt] *adj.* 现存的(existing)

【记】ex+tant(=stant站)→站出来→现存的

extemporaneous [eksˌtempə'reinjəs] *adj.* 即席的(impromptu)

【记】ex+tempor(时间)+aneous→在安排时间之外→即席的

【例】He was gifted at making *extemporaneous* lectures.

formerly ['fɔːməli] *adv.* 从前,原来(previously)

former ['fɔːmə] *adj.* 以前的(ago, previous)

【例】I still keep in touch with my *former* boss.

forthright ['fɔːθ'rait] *adj.* 〈古〉立即的

【例】The brave soldiers marched *forthright* with a knowledge that there would not be any enemy ahead.

hasty ['heisti] *adj.* 匆忙的(rushed)

immediate [i'miːdjət] *adj.* 立即的(instant)

【记】im(无)+medi(中间)+ate→无中间休息→立刻的

impromptu [im'prɔmptjuː] *adj.* 临时的;即兴的(extempore)

【记】im(不)+promptu(时间)→不在时间表以内→临时的

【例】The pianist gave an *impromptu* performance at the party.

improvise ['imprəvaiz] *vt.* 即席而作(extemporize)

【记】im(不)+pro(前)+vise(看)→没有预先看过→即席而作

【例】The actors *improvised* a scene based on an audience suggestion.

instantaneous [ˌinstən'teinjəs] *adj.* 瞬间的,即刻的(ephemeral)

【记】instant(马上)+aneous→瞬间的

interlude ['intəluːd] *n.* 间隔(interval);插曲(episode)

【记】inter(在…中间)+lude玩→在中间玩→间隔

juncture ['dʒʌŋktʃə] *n.* 时刻

lasting [ˈlɑːstiŋ] *adj.* 持久的(enduring, long-term, continuing)

【记】last(持久)+ing→持久的

lately [ˈleitli] *adv.* 最近

nocturnal [nɔkˈtəːnl] *adj.* 夜间的(nighttime, nightly)

【记】noct(夜)+urna→夜间的

【例】An owl is an *nocturnal* bird, while a sparrow is diurnal.

obsolete [ˈɔbsəliːt] *adj.* 过时的(disused, outmoded)

【记】ob(不)+solete(使用)→过时的

【例】The decoration in this room was somewhat *obsolete*.

occasional [əˈkeiʒnəl] *adj.* 临时的

【例】They supplied tourists with *occasional* chairs.

overdue [ˌəuvəˈdjuː] *adj.* 逾期的(tardy, late)

【记】over(过)+due(到期)→逾期的

perennial [pəˈrenjəl] *adj.* 长久的，永远的(permanent, long-lasting, year round)

【记】per(全部)+enn(年)+ial→长久的

permanent [ˈpəːmənənt] *adj.* 永久的(constant, continuous)

【例】The *permanent* position with the foreign company attracted most people.

pressing [ˈpresiŋ] *adj.* 紧迫的(urgent)

previous [ˈpriːviəs] *adj.* 以前的(preceding, foregoing)

【记】pre(预先)+vious→以前的

previously [ˈpriːviəsli] *adv.* 先前，以前 (earlier, formerly)

punctual [ˈpʌŋktjuəl] *adj.* 守时的

【记】punct(点)+ual→卡着点的→守时的

【例】It is important for young people to be *punctual* for an appointment.

recently [ˈriːsəntli] *adv.* 最近地(lately, currently)

schedule [ˈʃedjuːl] *n.* 时间表，计划表(calendar, timetable)

session [ˈseʃən] *n.* 一段时间；一次

【例】The training *session* lasted for two hours.

simultaneously [ˌsimlˈteiniəsli] *adv.* 同时地(at the same time, concurrently)

【例】In the vacuum environment, feather and iron ball fall to the ground *simultaneously* from the same height.

subsequent [ˈsʌbsikwənt] *adj.* 随后的，后来的(following, later)

【记】sub(下面)+sequent(随着的)→随后的

【例】*Subsequent* events terrified the soliders.

synchronize [ˈsiŋkrənaiz] *vt.* 同时发生(concur)

【记】syn(共同)+chron(时间)+ize→同时发生

【例】The policemen *synchronized* their actions.

temporal [ˈtempərəl] *adj.* 一时的，暂时的(transient, momentary)

【记】tempor(时间)+al→一时的

temporary [ˈtempərəri] *adj.* 临时的(momentary)

tentative [ˈtentətiv] *adj.* 暂时的(temporary)

【记】tent(=test测试)+ative→暂时的

【例】The two governments have reached a *tentative* conclusion regarding border issues.

transient [ˈtrænziənt] *adj.* 短暂的(temporary, short-term)；过路的

【例】His stay with us was *transient*.

transitory [ˈtrænsitəri] *adj.* 短暂的(temporary, momentary)

【记】trans(交换)+it(走)+ory→交换走，你走他来→短暂的

urgent [ˈəːdʒənt] *adj.* 紧急的，迫切的(imperative)

【例】It is *urgent* that effective measures be taken to settle the explosion.

食物

barley [ˈbɑːli] *n.* 大麦

beet [biːt] *n.* 甜菜，甜菜根

beverage [ˈbevəridʒ] *n.* 饮料

【记】bever(喝)+age→饮料

【例】What sort of *beverages* should we serve at the party?

bland [blænd] *adj.* 无刺激性的(食物等)(mild, gentle)

broccoli [ˈbrɔkəli] *n.* 椰菜

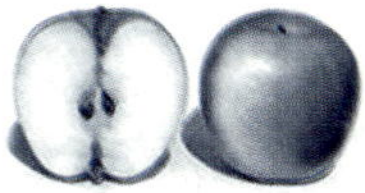

butter [ˈbʌtə] *n.* 奶油

cabbage [ˈkæbidʒ] *n.* 甘蓝，卷心菜

carrot [ˈkærət] *n.* 胡萝卜

celery [ˈseləri] *n.* 旱芹，芹菜

cereal [ˈsiəriəl] *n.* 谷类食品，谷类

chop [tʃɔp] *n.* 排骨

condiment [ˈkɔndimənt] *n.* 调味品

【例】The only *condiments* I like on my hamburger are ketchup and mustard.

corn [kɔːn] *n.* <美>玉米；<英>谷物，五谷

cucumber [ˈkjuːkʌmbə] *n.* 黄瓜

cuisine [kwi(ː)ˈziːn] *n.* 烹调

【例】The delicacy of traditional Chinese *cuisine* impressed foreigners greatly.

dessert [diˈzəːt] *n.* 甜点

【例】*Desserts* will be served at the function.

diet [ˈdaiət] *n.* 饮食，食物 *v.* 节食

【例】I am on a *diet*.

edible [ˈedibl] *adj.* 可食的(eatable, comestible)

【记】ed(吃)＋ible→可食的

【例】The cake was garnished with *edible* decorations.

grain [grein] *n.* 谷物，谷类；谷粒，细粒，颗粒

imbibe [imˈbaib] *vt.* 饮(absorb, assimilate)

【记】im(进入)＋bibe(喝)→饮

【例】It is of Grandpa's habit to *imbibe* a bit of wine each day.

leek [liːk] *n.* 韭

lettuce [ˈletis] *n.* 莴苣，生菜

millet [ˈmilit] *n.* 稷，粟

mustard [ˈmʌstəd] *n.* 芥菜，芥末

nibble [ˈnibl] *vt.* 细咬，细食(bite, eat)

【记】nib(小)＋ble→细咬

【例】The fish were *nibbling* at the bait.

nutriment [ˈnjuːtrimənt] *n.* 营养品

oats [əuts] *n.* 燕麦，燕麦片

onion [ˈʌnjən] *n.* 洋葱

pea [piː] *n.* 豌豆

peanut [ˈpiːnʌt] *n.* 花生

pepper [ˈpepə] *n.* 胡椒粉

potato [pəˈteitəu] *n.* 马铃薯

pumpkin [ˈpʌmpkin] *n.* 南瓜

radish [ˈrædiʃ] *n.* 萝卜

rice [rais] *n.* 稻，米

rye [rai] *n.* 裸麦，黑麦

scoop [skuːp] *n.* 勺子 *v.* 舀

【例】We use *scoop* to eat soup. / He used his bare hands to *scoop* up water from the river.

seasoning [ˈsiːzniŋ] *n.* 调味品，佐料(flavoring, spice)

sesame [ˈsesəmi] *n.* 芝麻

soybean [ˈsɔibiːn] *n.* 大豆

spinach [ˈspinidʒ] *n.* 菠菜

tomato [təˈmɑːtəu] *n.* 番茄，西红柿

wheat [wiːt] *n.* 小麦；小麦色

Fear not that thy life shall come to an end, but rather fear that it shall never have a beginning.

—J. H. Newman

不要害怕你的生活将要结束，应该担心你的生活永远不曾真正开始。

——纽曼

连 线 题

左列单词在右列中有一个或多个同义词,请画线连接。

(一)

deceive	deceitful
embezzle	fake
belie	flourish
fraudulent	busy
prosper	cheat
prune	commence
counterfeit	conceal
hectic	furnish
drudgery	misappropriate
inaugurate	thrive
provide	tedium
	trim

(二)

incompatible	pertinent
complementary	replace
mutual	individual
discord	cooperate
proximity	reciprocal
respective	supplementary
substitute	sponsorship
collaborate	inconsistent
relevant	disharmony
affect	nearness
patronage	shelter
refuge	influence

(三)

dwelling	arduous
immortal	fashion
plight	outstanding
notorious	residence
prevail	reputation
eminent	predicament
laborious	infamous
compliment	everlasting
vogue	painstaking
prestige	commend
esteem	dominate
	respect

(四)

advocate	affix
conserve	retreat
fasten	maintain
aura	nourish
recoil	preserve
idyllic	atmosphere
decorum	impending
sterile	pastoral
nurture	ceremony
imminent	barren
smother	withdraw
	suffocate

连线题答案

（一）

deceive	cheat
embezzle	misappropriate
belie	conceal
fraudulent	deceitful
prosper	thrive
prosper	flourish
prune	trim
counterfeit	fake
hectic	busy
drudgery	tedium
inaugurate	commence
provide	furnish

（二）

incompatible	inconsistent
complementary	supplementary
mutual	reciprocal
discord	disharmony
proximity	nearness
respective	individual
substitute	replace
collaborate	cooperate
relevant	pertinent
affect	influence
patronage	sponsorship
refuge	shelter

（三）

dwelling	residence
immortal	everlasting
plight	predicament
notorious	infamous
prevail	dominate
eminent	outstanding
laborious	painstaking
laborious	arduous
compliment	commend
vogue	fashion
prestige	reputation
esteem	respect

（四）

advocate	maintain
conserve	preserve
fasten	affix
aura	atmosphere
recoil	withdraw
recoil	retreat
idyllic	pastoral
decorum	ceremony
sterile	barren
nurture	nourish
imminent	impending
smother	suffocate

Word List 31

音频

品德品行

记忆小贴士:表象记忆法

心理学研究表明，与自己有关的事物记得最牢。看看下面表示品质的单词,想想你身边哪些人符合这些单词描绘的特征。

粗俗

crude [kruːd] *adj.* 拙劣的，粗鲁的(vulgar)

coarse [kɔːs] *adj.* 粗糙的(rough)；粗野的(crude)

【例】Bill's *coarse* manners were becoming quite offensive.

gauche [gəuʃ] *adj.* 笨拙的(awkward, clumsy, unapt)；粗鲁的

【例】People laugh at Forrest Gump's *gauche* behavior at the White House.

grumpy [ˈgrʌmpi] *adj.* 坏脾气的，性情暴躁的(ill-tempered)

rough [rʌf] *adj.* 粗鲁的，粗俗的(ragged)

【例】The new measures have met with a *rough* welcome from the union members.

rugged [ˈrʌgid] *adj.* 粗糙的，不平的(coarse, rough)

【例】Farmers are inured to this *rugged* road.

rustic [ˈrʌstik] *adj.* 粗俗的

【记】rust(乡村)+ic→粗俗的

vulgar [ˈvʌlgə (r)] *adj.* 粗俗的，庸俗的(coarse, uncouth)

loutish [ˈlautiʃ] *adj.* 粗野的，无礼的

boorish [ˈbuəriʃ] *adj.* 农民的，乡土气的；粗野的，粗鄙的

uncouth [ʌnˈkuːθ] *adj.* 笨拙的，粗俗的(barbarous)

inurbanity [ˌinəːˈbænəti] *n.* 粗鄙，无礼

scurviness [ˈskəːvinis] *n.* 粗俗；卑鄙，恶劣

inurbane [ˌinəːˈbein] *adj.* 粗野的，粗鄙的，无理的

【记】in(不)+urbane(彬彬有礼的，文雅的)→粗野的

残忍

brutal [ˈbruːtl] *adj.* 残忍的，兽性的(savage)

【例】The deeds of the Japanese soldiers in the Second World War were *brutal*.

atrocious [əˈtrəuʃəs] *adj.* 残暴的，凶恶的(brutal)

atrocity [əˈtrɔsiti] *n.* 残暴(inhumanity)；暴行

【例】We should remember wartime *atrocities*.

inhumanity [ˌinhju(ː)ˈmæniti] *n.* 不人道，残暴

【记】比较humanity（人性；人类；博爱，仁慈）

barbarous [ˈbɑːbərəs] *adj.* 野蛮的，残暴的

【例】His *barbarous* language astounded everyone at present.

outrageous [autˈreidʒəs] *adj.* 蛮横的，残暴的；无耻的；可恶的（disgraceful, monstrous）

ruffian [ˈrʌfiən] *adj.* 凶恶的，残暴的，无法无天的（brutal）

tyrannical [tiˈrænikəl] *adj.* 残暴的

【例】The *tyrannical* behavior of the emperor was a major factor for his impeachment.

ferocity [fəˈrɔsiti] *n.* 凶猛，残忍，暴行（barbarity, brutality）

imbrute [imˈbruːt] *vt.* 使沦为禽兽，堕落；（使）残忍

sanguinariness [ˈsæŋgwinərinis] *n.* 嗜杀，残忍

slaughterous [ˈslɔːtərəs] *adj.* 好杀戮的

【例】The Japanese were *slaughterous* as revealed in their invasion into Asian nations.

ferocious [fəˈrəuʃəs] *adj.* 凶恶的，残忍的（bloodthirsty, ruthless）

ruthless [ˈruːθlis] *adj.* 无情的，残忍的（merciless, inhumane）

胆怯

bashful [ˈbæʃful] *adj.* 害羞的，胆小的（coy, shy, timid）

【记】bash（羞）＋ful→害羞的

【例】The *bashful* child hid behind his mother.

shy [ʃai] *adj.* 害羞的，胆小的（coy, timid）

spineless [ˈspainlis] *adj.* 没骨气的（weak, feeble）

timid [ˈtimid] *adj.* 胆怯的，羞怯的

introvert [ˌintrəuˈvəːt] *n.* 性格内向的人

【记】比较extrovert（性格外向的人）

withdrawn [wiðˈdrɔːn] *adj.* 性格内向的（introverted）

timorous [ˈtimərəs] *adj.* 胆小的

recreant [ˈrekriənt] *adj.* 怯懦的 *n.* 懦夫

poltroonery [pɔlˈtruːnəri] *n.* 怯懦，胆小

cowardice [ˈkauədis] *n.* 怯懦，胆小

【例】You should brave your *cowardice*.

pavid [ˈpævid] *adj.* 害怕的，胆小的

craven [ˈkreivən] *n.* 懦夫，胆小鬼，怯懦者 *adj.* 怯懦的，畏缩的，胆小的

机敏

acumen [əˈkjuːmen] *n.* 敏锐(acuteness)

【记】acu(尖端)＋men→敏锐

【例】Bill has a lot of business *acumen* and earns a high salary.

acute [əˈkjuːt] *adj.* 敏锐的(sharp)

【例】Dogs have very *acute* hearing.

adroit [əˈdrɔit] *adj.* 灵巧的(skillful, adept, deft)

【记】a＋droit(灵巧)→灵巧的

【例】The elderly man could not walk, but he was still *adroit* with his hands.

astute [əˈstjuːt] *adj.* 机敏的；狡猾的(shrewd, canny)

【例】The boss appreciated Mary's *astute* observations about how to improve the company's image.

expeditious [ˌekspəˈdiʃəs] *adj.* 敏捷的(prompt)；迅速的(speedy)

exquisite [ˈekskwizit] *adj.* 灵敏的；精美的

【记】ex＋quisite(要求)→按要求做出来→精美的

【例】an *exquiste* sense of color 对颜色感觉灵敏

intelligent [inˈtelidʒənt] *adj.* 聪明的(ingenious, wise)

nimble [ˈnimbl] *adj.* 思路敏捷的；机敏的(quick)

【例】*Nimble* thought can jump both sea and land.

shrewd [ʃruːd] *adj.* 精明的(clever, smart)

【例】The *shrewd* business owner made large profits.

smart [smɑːt] *adj.* 聪明的，敏捷的 (clever, intelligent)

tact [tækt] *n.* 老练；机智(diplomacy, thoughtfulness)

versatile [ˈvəːsətail] *adj.* 通用的，万能的；多才多艺的，多面手的

acuminous [əˈkjuːminəs] *adj.* 锐利的，敏锐的

penetrating [ˈpenitreitiŋ] *adj.* 敏锐的，明察秋毫的

【例】The lecture provided *penetrating* insight into foreign affairs.

dexterous [ˈdekstərəs] *adj.* 机敏，聪明

【记】比较clumsy，unskillful（笨拙的）

perspicacious [ˌpəːspiˈkeiʃəs] *adj.* 颖悟的；敏锐的

canny [ˈkæni] *adj.* 谨慎的，精明的（cautious，prudent）

狡猾

crooked [ˈkrukid] *adj.* 狡诈的（twisted）

【记】crook（弯曲）+ed→拐弯抹角的→狡诈的

cunning [ˈkʌniŋ] *adj.* 狡猾的（sly，tricky）

【例】The successful owner had developed a *cunning* business sense.

designing [diˈzainiŋ] *adj.* 狡猾的（cunning）；蓄意的

【例】The *designing* employee intended to get a promotion somehow.

sly [slai] *adj.* 狡猾的

【例】The *sly* spy managed to trap those loyal people.

insidious [inˈsidiəs] *adj.* 阴险的（sinister）

【例】Our enemies are *insidious*.

trickish [ˈtrikiʃ] *adj.* 欺骗的；狡猾的；难对付的

pawky [ˈpɔːki] *adj.* 狡诈的；顽皮的；机警的

guile [gail] *n.* 狡诈（craftiness，deceit）；诡计

【例】He is full of *guile*.

crafty [ˈkrɑːfti] *adj.* 狡诈的，诡计多端的，善于骗人的（calculating，cunning）

【例】The thieves were quite *crafty*.

lubricity [luːˈbrisiti] *n.* 狡猾

fraudulent [ˈfrɔːdjulənt] *adj.* 欺诈的，欺骗性的，骗得的

【例】*Fraudulent* business practices are not allowed.

scheming [ˈskiːmiŋ] *adj.* 诡计多端的

节约

austerity [ɔsˈteriti] *n.* 节俭

【例】*Austerity* is the chosen lifestyle of a monk.

canny [ˈkæni] *adj.* 精明的（shrewd，cunning）；节俭的

economical [ˌiːkəˈnɔmikəl] *adj.* 节约的，经济的(thrifty)

【例】Purchasing clothing that will only be worn once is not very *economical.*

economize [i(ː)ˈkɔnəmaiz] *vi.* 节俭(save, cut costs)

【例】When they bought a house, the family had to *economize* to pay their mortgage.

frugal [ˈfruːgəl] *adj.* 节约的(thrifty, economical)

stoically [ˈstəuikəli] *adv.* 淡泊地(impassively)

thrift [θrift] *n.* 节约(economy, frugality)

retrench [riˈtrentʃ] *vt.* 紧缩，节约(save)

abstemious [əbˈstiːmjəs] *adj.* 有节制的，节约的

【例】An *abstemious* way of life is what the old man is fond of.

sparing [ˈspɛəriŋ] *adj.* 节俭的(frugal, thrifty, economical)；保守的

parsimonious [ˌpɑːsiˈməuniəs] *adj.* 吝啬的，节俭的

【记】比较generous(慷慨的，大方的)

谨慎

cautious [ˈkɔːʃəs] *adj.* 小心的，谨慎的

【例】Be *cautious* when you approach strangers.

circumspect [ˈsəːkəmspekt] *adj.* 慎重的，小心的(prudent, cautious)

【记】circum(绕圈)＋spect(看)→四处看→小心的

【例】Never very *circumspect* in expressing his views, Bill annoyed almost everyone at the party.

composed [kəmˈpəuzd] *adj.* 沉着的

【记】比较pose(姿态)

composure [kəmˈpəuʒə] *n.* 镇静(calmness, self-control)

【例】The irate customer lost his *composure* and yelled at the clerk.

conservative [kənˈsəːvətiv] *adj.* 保守的(modest, cautious)

【例】A *conservative* estimate of the cost to repair the car is $100.

discreet [disˈkriːt] *adj.* 慎重的，谨慎的(prudent, cautious)

【例】You can tell Jane anything; she is very *discreet.*

discretion [disˈkreʃən] *n.* 慎重(caution, prudence)

【例】The decorator showed no *discretion* in her purchases for our new house, everything costing too much money.

hardheaded [hɑːd ˈhedid] *adj.* 冷静的

【记】hard（硬的）+head（想法）+ed→铁石心肠的→冷静的

meticulously [miˈtikjuləsli] *adv.* 很仔细地（carefully, scrupulously）

【记】metic（害怕）+ulously→害怕出错地→仔细地

【例】The editor kept on checking spelling mistakes *meticulously*.

prudent [ˈpruːdənt] *adj.* 谨慎的（cautious）

【记】prud（小心）+ent→谨慎的

caution [ˈkɔːʃən] *n.* 谨慎，警觉

canny [ˈkæni] *adj.* 谨慎的（cautious）

vigilant [ˈvidʒilənt] *adj.* 警惕着的，警醒的（alert）

precautious [priˈkɔːʃəs] *adj.* 有防备的，戒备的，警惕的

diplomatic [ˌdipləˈmætik] *adj.* 外交的，老练的

【例】Try to be *diplomatic* when you refuse her invitation, so as not to cause bad feeling.

懒散

indolent [ˈindələnt] *adj.* 懒惰的（lazy, slothful）

inertia [iˈnəːʃə] *n.* 惯性；惰性（laziness, indolence）

sloth [sləuθ] *n.* 怠惰，懒惰

slothful [ˈsləuθful] *adj.* 偷懒的

slug [slʌg] *n.* 慢吞吞的人（或物）

sluggish [ˈslʌgiʃ] *adj.* 怠惰的（lethargic, listless）

【例】The snake was *sluggish* because of the cold weather.

dowdy [ˈdaudi] *adj.* 懒散的 *n.* 懒散的女人

floppy [ˈflɔpi] *adj.* 懒散的；邋遢的；松软的

【例】This material's too *floppy* for a jacket.

slouchy [ˈslautʃi] *adj.* 没精打采的，懒散的

slovenly [ˈslʌvənli] *adj.* 懒散的，不修边幅的

faineant [ˈfeiniənt] *n.* 无所事事者，懒惰的人 *adj.* 无所事事的，懒惰的

能力

ability [əˈbiliti] *n.* 能力(capability)

aptitude [ˈæptitjuːd] *n.* 才能(talent, knack)

【记】apti(能力)+tude→才能

【例】I have no musical *aptitude* and I can't even sing a simple tune.

caliber [ˈkælibə(r)] *n.* 品质(quality, capacity, ability, talent)

【例】Students are suggested to bring with them tea of high *caliber*.

disposition [ˌdispəˈziʃən] *n.* 性情(temperament, nature)

【例】The happy clerk had a pleasant *disposition*.

power [ˈpauə] *n.* 能力，力量

quality [ˈkwɔliti] *n.* 品质(trait, calibre)

stamina [ˈstæminə] *n.* 体力，精力(endurance)

【例】Wrestling tests one's agility and *stamina*.

talent [ˈtælənt] *n.* 天才；才能(gift, aptitude, knack)

temperament [ˈtempərəmənt] *n.* 气质，性情(disposition, nature)

【记】tempera(脾气)+ment→性情

versatile [ˈvəːsətail] *adj.* 多才多艺的(many-sided, talented, all-around)

【例】The *versatile* worker was assigned to many different jobs.

vigor [ˈvigə] *n.* 精力，活力

capable [ˈkeipəbl] *adj.* 有能力的(able)

【例】She is proud of her son, who's very *capable* as a driver.

leadership [ˈliːdəʃip] *n.* 领导能力；领导阶层

【例】The business prospered under the *leadership* of the new president.

competence [ˈkɔmpitəns] *n.* 能力

knack [næk] *n.* 诀窍(talent)

【例】She has a *knack* of making friends.

propensity [prəˈpensiti] *n.* 倾向

【例】The woman has a *propensity* to extravagance.

fortitude [ˈfɔːtitjuːd] *n.* 坚韧(spunk)

resourceful [riˈsɔːsful] *adj.* 资源丰富的；足智多谋的(skillful)

【例】Her son is *resourceful* enough to mix well with all kinds of people.

和蔼可亲

affable [ˈæfəbl] *adj.* 和蔼可亲的(genial, benevolent)

【记】af+fable(说,讲)→可以说话的→和蔼的

【例】Mary is quite *affable* and is always invited to parties./ His employer appeared to be in such an *affable* mood that Tom decided to ask for a raise.

benign [biˈnain] *adj.* 亲切的 (kind, benevolent); 良性的

【例】The poor farmer had a *benign* manner.

genial [dʒiˈnaiəl] *adj.* 和蔼的(kind, good-natured)

【记】gen(产生)+ial→产生(感情)的→和蔼的

gentility [dʒenˈtiliti] *n.* 有教养,文雅

【例】These young ladies brought up with *gentility* showed great elegance in their behavior.

gracious [ˈgreiʃəs] *adj.* 有礼貌的;仁慈的(affable)

【记】grac(e)(优雅,讲究礼仪)+ious→有礼貌的

【例】I thanked Jane for her *gracious* hospitality.

gregarious [griˈgɛəriəs] *adj.* 合群的(sociable)

【记】greg(群体)+arious→爱群体的→合群的

【例】My *gregarious* sister makes friends wherever she goes.

humane [hjuːˈmein] *adj.* 仁慈的,亲切的(sympathetic, kind)

【记】human(人)+e→有人情的→亲切的

meek [miːk] *adj.* 温顺的(docile, submissive); 柔和的

merciful [ˈməːsiful] *adj.* 仁慈的,宽大的

【记】名词mercy(仁慈)

moderate [ˈmɔdərit] *adj.* 温和的;适度的(average, reasonable)

【记】moder(=mod方式)+ate→方式正确→适度的

modest [ˈmɔdist] *adj.* 谦虚的(humble, unassuming); 适度的

【记】mod(方式)+est→做事有规矩→礼貌的

sociable [ˈsəuʃəbl] *adj.* 友善的,好交际的(gregarious, friendly)

【例】Because Mary is *sociable*, she introduced herself to everyone at the party.

tractable [ˈtræktəbl] *adj.* 易驾驭的,驯良的;易处理的

【记】比较 intractable (难处理的)

clemency [ˈklemənsi] *n.* 温和，仁慈，和蔼(lenience, mildness)

amiable [ˈeimiəbl] *adj.* 亲切的，和蔼可亲的(affable, obliging)

【例】The foreign guests are always *amiable* to the host when they visit his house.

hospitable [ˈhɔspitəbl] *adj.* 好客的，招待周到的(amiable, cordial)

【例】The *hospitable* host had his spare room emptied very quickly for the honoured guest.

congenial [kənˈdʒiːniəl] *adj.* 性格相似的；相宜的(agreeable, pleasing)

cordial [ˈkɔːdiəl] *adj.* 热忱的，诚恳的(friendly, hearty)

轻率

imprudent [imˈpruːdənt] *adj.* 轻率的，不谨慎的(rash)

【记】im(不)+prudent(小心的)→轻率的

【例】It is *imprudent* to accept a date with a stranger.

impudent [ˈimpjudənt] *adj.* 鲁莽的(rude, brash)

【记】im(不)+pud(谦虚，小心)+ent→鲁莽的

rashly [ræʃli] *adv.* 鲁莽地

【记】rash(匆忙的)+ly→鲁莽地

【例】The student *rashly* decided to take the exam.

reckless [ˈreklis] *adj.* 鲁莽的(rash)

【记】reck(顾虑)+less→没有顾虑→鲁莽的

【例】The *reckless* driver drove above the speed limit.

indiscretion [ˌindisˈkreʃən] *n.* 不慎重，轻率，鲁莽

【记】in(没有，否定)+discretion(判断力)→轻率

flippancy [ˈflipənsi] *n.* 轻率，浮躁

frivolity [friˈvɔləti] *n.* 轻浮；不庄重的行动或言语

【例】His *frivolity* annoys the other people in the office.

indiscreet [ˌindisˈkriːt] *adj.* 不慎重的，轻率的(imprudent, unwise)

【例】The journalist was criticized for making an *indiscreet* remark.

impertinent [imˈpəːtinənt] *adj.* 无关的；鲁莽的

injudicious [ˌindʒuˈdiʃəs] *adj.* 欠考虑的，不明智的

奢侈

extravagant [ikˈstrævəgənt] *adj.* 奢侈的，浪费的(wasteful)

【记】extra+vag(走)+ant→走游外面的世界→(目前)奢侈的

【例】The accountant warned the owner against *extravagant* purchases.

flamboyant [flæmˈbɔiənt] *adj.* 华丽的，浮夸的(dazzling, showy)

improvident [imˈprɔvidənt] *adj.* 浪费的(thriftless, wasteful)

【记】im(无)+provident(前瞻性的)→无前瞻性的→浪费的

lavish [ˈlæviʃ] *adj.* 浪费的(wasteful)

【记】lav(洗)+ish→冲掉→浪费的

【例】My neighbors spoiled their children with *lavish* gifts.

luxurious [lʌgˈzjuəriəs] *adj.* 奢侈的(expensive, costly)

prodigal [ˈprɔdigəl] *adj.* 浪费的(extravagant, wasteful)

squander [ˈskwɔndə] *vt.* 浪费(dissipate, waste)

【例】He was not at all shameful when *squandering* his family fortune on gambling.

sumptuous [ˈsʌmptjuəs] *adj.* 奢侈的，华丽的(luxurious, costly)

【例】He likes big meals, so I cook *sumptuous* ones.

spendthrift [ˈspendθrift] *n.* 挥霍者

【例】Tax payers are critical of *spendthrift* bureaucrats.

profligate [ˈprɔfligət] *adj.* 挥霍无度的，挥金如土的(extravagant)

deluxe [diˈlʌks] *adj.* 豪华的，华丽的

dissipate [ˈdisipeit] *v.* 消散；浪费(squander, waste)

【例】Francis *dissipated* his large fortune inherited from his grandfather in a few years.

熟练

accomplished [əˈkɔmpliʃt] *adj.* 熟练的(experienced, skillful)

【例】Bill is the most *accomplished* musician I have ever known.

adept [ˈædept] *adj.* 擅长的(adroit, apt)

【例】Mary is very *adept* at playing pianos.

deft [deft] *adj.* 灵巧的，熟练的(skilful, adroit)

【例】The pianist's *deft* fingers were delightful to watch.

facility [fə'siliti] *n.* 熟练(proficiency)；(复数)工具

【例】To write well, you need to have *facility* of language.

familiarize [fə'miljəraiz] *vt.* 熟悉

【记】familiar(熟悉的)+ize(动词词尾)→熟悉

【例】It is important to *familiarize* yourself with a foreign language nowadays.

skillful ['skilful] *adj.* 熟练的(adroit)

【例】Lisa is *skillful* at repairing lamps.

stunt [stʌnt] *n.* 惊人的技艺(trick, feat)

【例】The acrobat is performing *stunts*.

dexterity [dek'sterəti] *n.* 熟练(competence)

proficiency [prə'fiʃənsi] *n.* 熟练，精通；熟练程度

mastership ['mɑːstəʃip] *n.* 熟练

sleight [slait] *n.* 技巧，手法；诡计；熟练

adroit [ə'drɔit] *adj.* 熟练的(adept, proficient)；机敏的

贪婪

acquisitive [ə'kwizitiv] *adj.* 贪得无厌的(covetous, greedy)

【记】ac+quisit(得到)+ive→一再要得到→贪得无厌的

【例】Jane has an *acquisitive* nature and will probably want a new car just like yours.

avarice ['ævəris] *n.* 贪婪(greed, lust)

【记】参考avid(渴望的)

【例】*Avarice* has caused the downfall of many people.

avaricious [ˌævə'riʃəs] *adj.* 贪婪的，贪心的(greedy)

【例】Bill is so *avaricious* that he donates nothing to charity.

avid ['ævid] *adj.* 贪婪的(greedy)

【例】The *avid* tennis fans cheered for their favorite tennis player.

covetous ['kʌvitəs] *adj.* 贪心的(desirous, avaricious)

【记】动词covet(贪心)

greedy [ˈgriːdi] *adj.* 贪婪的(voracious, insatiable)

rapacious [rəˈpeiʃəs] *adj.* 贪婪的(avaricious, covetous)

【记】rap(抓，夺)+acious→贪婪的

ravenous [ˈrævinəs] *adj.* 贪婪的，渴望的(grasping, greedy, voracious)

【记】He is *ravenous* for power.

rapacity [rəˈpæsəti] *n.* 贪婪

voracity [vəˈræsiti] *n.* 贪食，贪婪

cormorant [ˈkɔːmərənt] *n.* 贪婪的人 *adj.* 贪婪的

vulture [ˈvʌltʃə(r)] *n.* 贪婪的人

devouringly [diˈvauəriŋli] *adv.* 贪婪地，贪食地

miserly [ˈmaizəli] *adj.* 吝啬的，贪婪的

【记】比较 generous (慷慨的，大方的)

严厉

ascetic [əˈsetik] *adj.* 苦行的(austere, rigorous, strict)

austerity [ɔsˈteriti] *n.* 严峻

【记】au+ster(冷)+ity→冷冰冰→严峻

drastic [ˈdræstik] *adj.* 严厉的(severe)

【例】The principal felt that the cheater's punishment should be *drastic*.

exacting [igˈzæktiŋ] *adj.* 费力的；严格的(demanding, rigorous)

【记】比较exact(一丝不差的)

grim [grim] *adj.* 冷酷的(cruel, merciless)

【例】Each day, the chance for peace became more *grim*.

harsh [hɑːʃ] *adj.* 严厉的(severe)

【例】The judge gave the criminal a *harsh* sentence.

ordeal [ɔːˈdiːl] *n.* 严酷的考验(difficult experience, trial)

relentless [riˈlentlis] *adj.* 无情的(merciless, ruthless)

【记】relent(怜悯的)+less→无怜悯的→无情的

【例】The *relentless* bully beat Jimmy up.

rigid [ˈridʒid] *adj.* 严格的(strict)；僵化的(fixed)

【例】Their *rigid* notion of true womanhood had been restricting women's life for centuries.

rigor [ˈrigə] *n.* 严格，严厉(rigidity, hardship)

【例】Those homeless children had to face the *rigors* of life by themselves.

rigorous [ˈrigərəs] *adj.* 严厉的，严峻的(strict, rigid)
【记】rig(严厉的)+orous→严厉的
【例】The trainings soldiers recieved were *rigorous*.

ruthless [ˈru:θlis] *adj.* 无情的，冷酷的(merciless, pitiless)
【例】The *ruthless* tyrant caused the death of millions of people.

scrupulous [ˈskru:pjuləs] *adj.* 严谨的，讲究的(prudent, meticulous)
【例】The secretary is *scrupulous* about her dress.

serious [ˈsiəriəs] *adj.* 严肃的
【例】*Serious* arts are becoming more and more popular.

severe [siˈviə] *adj.* 严重的(grave, grievous)；严肃的

stern [stə:n] *adj.* 严格的(harsh, hard, strict)；僵化的
【例】The museum guard gave us a *stern* warning not to touch the paintings.

stringent [ˈstrindʒənt] *adj.* 严格的(strict, rigid)；迫切的
【例】Our company has a *stringent* policy against smoking.

acrimonious [ˌækriˈməuniəs] *adj.* 严厉的；辛辣的

勇敢

bold [bəuld] *adj.* 大胆的(daring, brave)
【例】The *bold* employee insisted on better working conditions.

daring [ˈdɛəriŋ] *adj.* 大胆的，勇敢的(bold, audacious)
【记】比较dare(胆敢)
【例】A *daring* firefighter pulled the child from the fire.

dauntless [ˈdɔ:ntlis] *adj.* 勇敢的
【记】daunt(害怕)+less→不害怕的→勇敢的
【例】The *dauntless* pilot flew through the rough storms.

gallant [ˈgælənt] *adj.* 英勇的(courageous, heroic)
【记】gall(胆)+ant→有胆的
【例】Mary and Jane gave their *gallant* waiter a generous tip.

intrepid [inˈtrepid] *adj.* 勇敢的(fearless, dauntless)
【记】in(不)+trepid(害怕)→勇敢的
【例】The *intrepid* explorers reached the South Pole.

undaunted [ʌnˈdɔ:ntid] *adj.* 无畏的，勇敢的(intrepid, fearless)

valiant [ˈvæljənt] *adj.* 英勇的(courageous, dauntless, intrepid)

【例】The *valiant* soldier was given a medal.

valor [ˈvælə] *n.* 英勇，勇猛(bravery, heroism)

【记】val(强大)+or→英勇

courageous [kəˈreidʒəs] *adj.* 勇敢的，有胆量的

【例】He was *courageous* to challenge the Minister on certain issues.

valorous [ˈvælərəs] *adj.* 勇敢的，勇武的，无畏的(brave, courageous)

gallantry [ˈgæləntri] *n.* 勇敢

【记】gall(胆)+antry→勇敢

【例】He was awarded the Military Cross for *gallantry* in combat.

warrior [ˈwɔriə] *n.* 战士，勇士(fighter, soldier)

愚拙

awkward [ˈɔːkwəd] *adj.* 笨拙的(clumsy, inept)

【例】The growing teenager went through an *awkward* stage.

blunt [blʌnt] *adj.* 迟钝的

【例】The knife was too *blunt* to cut through the tough meat.

gauche [gəuʃ] *adj.* 笨拙的；粗鲁的(tactless, callow)

clumsy [ˈklʌmzi] *adj.* 笨拙的，愚笨的(awkward)

【例】The *clumsy* waiter dropped my dinner on the floor.

fatuous [ˈfætjuəs] *adj.* 愚昧的(foolish, stupid, indolent)

【记】fatu(笨)+ous→愚昧的

hoax [həuks] *n./vt.* 愚弄(trick, prank)

【记】比较coax(哄骗)

【例】April Fools Day is a popular time to play *hoaxes*.

idiotic [ˌidiˈɔtik] *adj.* 愚蠢的

inert [iˈnəːt] *adj.* 不活泼的(immobile, inactive)，迟钝的

【记】in(不)+ert(动)→不活泼的

silly [ˈsili] *adj.* 傻的，糊涂的

torpid [ˈtɔːpid] *adj.* 迟钝的，不活泼的(lethargic, sluggish)

【例】The giant panda, after lunch, seems *torpid* and reluctant to entertain the spectators.

maladroit [ˌmæləˈdrɔit] *adj.* 笨拙的

自私

self-concern [ˌselfkən'səːn] *n.* 自私自利(self-concerned)

selfish ['selfiʃ] *adj.* 自私的

skimpy ['skimpi] *adj.* 吝啬的

snobbish ['snɔbiʃ] *adj.* 势利的，谄上欺下的

【记】snob(势利)+bish→势利的

【例】My *snobbish* coworker thinks she is the most important employee in the company.

stingy ['stindʒi] *adj.* 吝啬的(miserly, ungenerous)

egoistic [ˌiːgəu'istik] *adj.* 自我中心的，自私自利的

【记】比较 altruistic(利他的，无私心的)

self-serving [ˌself'səːviŋ] *adj.* 自私自利的

勤劳

industrious [in'dʌstriəs] *adj.* 勤勉的(assiduous, diligent, sedulous)

laborious [lə'bɔːriəs] *adj.* 勤劳的(diligent, sedulous)

【记】labor(劳动)+ious→勤劳的

【例】Anne received a raise for her *laborious* efforts.

assiduity [ˌæsi'dju(ː)iti] *n.* 刻苦，勤奋

【记】as+sid(坐)+uity→一直坐着→勤奋

sedulity [si'djuːliti] *n.* 勤勉，勤奋(diligence)

assiduous [ə'sidjuəs] *adj.* 勤勉的(diligent, industrious)

【记】as+sid(坐)+uous→一直坐着→勤勉的

【例】The *assiduous* student worked hard to earn her degree.

diligent ['dilidʒənt] *adj.* 勤勉的，勤奋的(industrious, assiduous)

【例】The *diligent* workers finished the project on time.

painstaking ['peinsteikiŋ] *adj.* 辛苦的，辛勤的；艰苦的

studious ['stjuːdiəs] *adj.* 勤学的，认真的

【例】He was a quiet, *studious* child.

sedulous ['sedjuləs] *adj.* 勤勉的，孜孜不倦的

arduous ['ɑːdjuəs] *adj.* 费劲的；辛勤的

【例】He was remembered for undertaking the *arduous* work of preparing a *Dictionary of the English Language*.

聪颖

acumen [əˈkjuːmən] *n.* 敏锐，聪明

【记】acu(尖端)+men→敏锐

smart [smɑːt] *adj.* 聪明的，敏捷的(clever, intelligent)

intelligent [inˈtelidʒənt] *adj.* 聪明的(ingenious, wise)

aptitude [ˈæptitjuːd] *n.* 才能，天资(talent, gift)

【例】He showed his *aptitude* for music when he was a little boy.

perspicacity [ˌpəːspiˈkæsiti] *n.* 聪明

insightful [ˈinsaitful; inˈsaitfəl] *adj.* 富有洞察力的，有深刻见解的

【例】The old man's *insightful* advice saved the life of the young man.

judicious [dʒu(ː)ˈdiʃəs] *adj.* 明智的(thoughtful, sensible)

【例】He made a *judicious* decision to leave the country to pursue study in the UK.

perceptive [pəˈseptiv] *adj.* 感觉敏锐的；观察入微的

brainy [ˈbreini] *adj.* 有头脑的，聪明的，多智的(intelligent)

卑鄙

despicable [ˈdespikəbl] *adj.* 可鄙的(detestable, contemptible)

【例】That *despicable* child trampled my flowers.

contemptible [kənˈtemptəbl] *adj.* 可鄙的(mean, despicable)

【例】Tom's rude behavior is *contemptible*.

ignominious [ˌignəˈminiəs] *adj.* 可耻的，不光彩的(disgraceful, humiliating)

【记】ig(不)+nomin(名字)+ious→不好的名字→不光彩的

filthy [ˈfilθi] *adj.* 污秽的(dirty)；卑鄙的(squalid)

【记】filth(脏)+y→污秽的

【例】Dave spent two hours cleaning his *filthy* kitchen.

shameless [ˈʃeimlis] *adj.* 无耻的

【例】The *shameless* couple caressed each other on the bus.

mean [miːn] *adj.* 卑鄙的

abjection [æbˈdʒekʃən] *n.* 卑鄙

turpitude [ˈtəːpitjuːd] *n.* 奸恶，卑鄙

base [beis] *adj.* 卑鄙的(mean)

disgraceful [disˈgreisful] *adj.* 可耻的，不光彩的

disreputable [disˈrepjutəbl] *adj.* 名誉不好的，声名狼藉的

【例】The candidate was *disreputable* for his manipulation of power in the election.

barefaced [bɛəˈfeist] *adj.* 无耻的

【例】It was a *barefaced* trick.

malicious [məˈliʃəs] *adj.* 恶意的，心毒的

轻视

despise [disˈpaiz] *vt.* 轻视，蔑视(belittle, disdain, contemn)

【记】de(坏)+spi(看)+se→蔑视

【例】Mary *despised* her rude and unschooled neighbors.

belittle [biˈlitl] *vt.* 轻视(depreciate, despise)

【记】be+little(小)→小看→轻视

【例】The reporter's comments *belittled* the candidate.

contempt [kənˈtempt] *n.* 轻视，轻蔑

【例】A liar is held in *contempt*.

disdain [disˈdein] *vt.* 轻视，不屑(despise, scorn) *n.* 轻蔑

【记】dis+dain(=deign俯就)→不俯就→轻视

【例】He *disdains* any wasting behavior.

scorn [skɔːn] *n.* 轻蔑，嘲笑 *vt.* 轻蔑，不屑做

【例】He showed his *scorn* for my question by saying he would not answer it.

sniffish [ˈsnifiʃ] *adj.* 轻蔑的

pejorative [piˈdʒɔrətiv] *adj.* 轻蔑的，使(词、语)带有轻蔑意义(的)

scornful [ˈskɔːnful] *adj.* 轻蔑的 (disdainful, contemptuous)

强壮

sturdy [ˈstəːdi] *adj.* 强健的(strong)

【例】The child had *sturdy* legs.

robust [rəu'bʌst] *adj.* 强壮的(strong, sturdy)

【记】谐音“乐百氏”

【例】If you want to be healthy and *robust*, you need to exercise yourself routinely.

muscular ['mʌskjulə] *adj.* 肌肉的，强健的(brawny)

【例】The boxer is big and *muscular*.

cogent ['kəudʒənt] *adj.* 强有力的

【例】The evidence provided by the witness was a *cogent* argument.

vigorous ['vigərəs] *adj.* 精力旺盛的，有力的，健壮的(robust)

【例】The atheletes were *vigorous* and that made the coach more confident.

stocky ['stɔki] *adj.* 结实的(sturdy)；粗短的

【例】Many Eskimos are short and *stocky*.

奉献

dedicate ['dedikeit] *vt.* 奉献，致力于

【例】This room is *dedicated* to food preparation.

devote [di'vəut] *vt.* 献身(dedicate)；专心于…

【例】He *devoted* all his time to his job.

devotion [di'vəuʃən] *n.* 献身 (dedication)；忠诚(loyalty)；专心

【例】Is it true that dogs show strong *devotion* to their masters?

consecrate ['kɔnsikreit] *vt.* 贡献，奉献(devote)

commitment [kə'mitmənt] *n.* 承诺，约定；约束；责任；承担义务

【例】He doesn't want to get married because he is afraid of any *commitments*.

dedication [ˌdedi'keiʃən] *n.* 献身，奉献(devotion)

【例】It is said that Lei Feng served the public with *dedication* and integrity.

刻薄

acid ['æsid] *adj.* 尖酸的

【例】The critic's *acid* remarks hurt the director's feelings.

acrid [ˈækrid] *adj.* 辛辣的(pungent，bitter，acrimonious，trenchant)
【例】Burning rubber produces an *acrid* smoke.

acrimonious [ˌækriˈməuniəs] *adj.* 尖酸的(bitter，spiteful)
【例】The *acrimonious* debate resulted in much resentment.

acrimony [ˈækriməni] *n.* 刻薄
【记】acri(尖，酸)＋mony→尖刻
【例】They were able to reach a decision without *acrimony*.

caustic [ˈkɔːstik] *adj.* 刻薄的
【例】The *caustic* remark caused the candidate to lose the election.

incisive [inˈsaisiv] *adj.* 尖锐的
【例】His *incisive* criticism gave us a thorough understanding of Dicksen's writings.

acerbic [əˈsəːbik] *adj.* 酸的；苦涩的(bitter)；尖刻的

pungent [ˈpʌndʒənt] *adj.* 辛辣的(acid)；尖刻的；严厉的(stinging)

harsh [hɑːʃ] *adj.* 严厉的；残酷的，无情的(rough)

vitriolic [ˌvitriˈɔlik] *adj.* 刻薄的(caustic)；辛辣的(scathing)
【例】His criticism was *vitriolic*.

公正

conscience [ˈkɔnʃəns] *n.* 良心，良知

decent [ˈdiːsnt] *adj.* 正派的；体面的(proper)
【例】The house was in *decent* shape when we bought it.

detached [diˈtætʃt] *adj.* 公正的；不带感情的；超然的
【例】a *detached* view 不偏不倚的观点

disinterested [disˈintristid] *adj.* 公正的(impartial，unbiased)
【例】Mary is completely *disinterested* in the matter and can judge fairly.

equitable [ˈekwitəbl] *adj.* 公平的，公正的(fair，just)
【例】Twenty dollars is an *equitable* price for this lamp.

fairly [ˈfɛəli] *adv.* 公正地

faithful [ˈfeiθful] *adj.* 忠实的(loyal)
【记】faith(忠诚)＋ful→忠实的
【例】In Amish tribe，the *faithful* are not allowed to own automobiles.

fidelity [fiˈdeliti] *n.* 忠诚(loyalty，faithfulness)
【记】fid(相信)＋elity→相信→忠诚

guileless [ˈgaillis] *adj.* 不狡猾的，诚实的(frank，honest)

【例】His *guileless* smile disarmed us; we began to believe him.

impartial [imˈpɑːʃəl] *adj.* 公正的，无偏见的(fair，unbiased)

【记】im(无)+partial(偏见的)→公正的

【例】The judge should make his appraisal *impartial*.

incorruptible [ˌinkəˈrʌptəbl] *adj.* 廉洁的

【记】in(不)+corruptible(易收买的)→廉洁的

integrity [inˈtegrəti] *n.* 正直(honesty)

probity [ˈprəubiti] *n.* 正直(integrity，honesty)

unbiased [ˌʌnˈbaiəst] *adj.* 公正的(neutral，impartial)

upright [ˌʌpˈrait] *adj.* 正直的

【记】up(上)+right(正的)→正直的

【例】The *upright* witness told the truth at the trial.

The longest day has an end.

—*Howell*

最难过的日子也有尽头。

——贺韦尔

连 线 题

左列单词在右列中有一个或多个同义词，请画线连接。

(一)

despicable	clumsy
impudent	shrewd
awkward	obedient
intelligent	contemptible
contemn	gracious
astute	disdainful
torpid	ingenious
scornful	rude
expeditious	crude
coarse	disdain
tractable	prompt
courteous	lethargic

(二)

	calmness
gregarious	genial
sanity	prudent
vigilant	extravagant
frugal	rationality
indolent	knack
discreet	sociable
luxurious	temperament
affable	slothful
aptitude	thrifty
composure	cautious
disposition	watchful

连线题答案

（一）

despicable	contemptible
impudent	rude
awkward	clumsy
intelligent	ingenious
contemn	disdain
astute	shrewd
torpid	lethargic
scornful	disdainful
expeditious	prompt
coarse	crude
tractable	obedient
courteous	gracious

（二）

gregarious	sociable
sanity	rationality
vigilant	watchful
frugal	thrifty
indolent	slothful
discreet	cautious
discreet	prudent
luxurious	extravagant
affable	genial
aptitude	knack
composure	calmness
disposition	temperament

Word List 32

音频

万事万物

记忆小贴士:挂钩记忆法

将一组熟悉的地点,房间摆设等与要记的东西之间挂钩,主要利用视觉表象,以地点位置作为以后的提取线索。

本质

attribute [ˈætribjuːt] *n.* 性质(characteristic, quality, trait)

【例】As a great leader, generosity is his first *attribute*.

crude [kruːd] *adj.* 未提炼的(unpolished, unprocessed); 生的(raw)

inborn [ˌinˈbɔːn] *adj.* 天生的(innate)

【记】in(内)+born(出生)→与生俱来的

【例】Bill has an *inborn* talent for music.

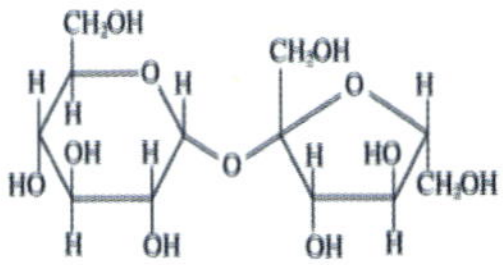

indigenous [inˈdidʒinəs] *adj.* 固有的(aboriginal, native)

【记】indi(内部)+gen(产生)+ous→内部产生→土产的

【例】The *indigenous* people in Australia refer to the aborigines who were in Australia before the European settlers.

inherent [inˈhiərənt] *adj.* 固有的(innate, intrinsic)

【记】in(里面)+her(连)+ent→天生(与身体内)连着→天赋的

inherently [inˈhiərəntli] *adv.* 天性地，固有地 (intrisically, fundamentally, basically)

innate [ˈineit] *adj.* 天生的(inborn, inherent)

【记】in(进)+nate(生)→与出生一起来→天生的

【例】The artist had an *innate* talent for painting.

instinctive [inˈstiŋktiv] *adj.* 天生的，本能的(impulsive, spontaneous)

【记】instinct(本能)+ive→本能的

interior [inˈtiəriə] *n.* 内部(inside, inner)

【记】比较exterior(外部)

【例】The building's *interior* is well decorated.

internal [inˈtəːnl] *adj.* 内在的(inside, interior)

【记】比较external(外在的)

intrinsic [inˈtrinsik] *adj.* 本质的(substantive); 本身的

【例】The *intrinsic* value of arts education is self-evident.

radical [ˈrædikəl] *adj.* 根本的，基本的；激进的

radically [ˈrædikəli] *adv.* 根本上(basically)

rudimentary [ˌruːdiˈmentəri] *adj.* 根本的(elementary); 低级的(undeveloped, primitive)

【记】rudi(无知的)+ment+ary→无知的→低级的

【例】His *rudimentary* knowledge in economics put him in an advantageous position at university.

spontaneous [spɔn'teiniəs] *adj.* 自发的，本能的(impulsive, involuntary)

【记】spont(自然)+aneous→自然的→自发的

【例】There was *spontaneous* applause at the end of Mary's speech.

substantive ['sʌbstəntiv] *adj.* 实质性的(actual)

【例】The boss demanded *substantive* progress in negotiation with their suppliers.

essence ['esns] *n.* 本质，精髓，要素(substance)

【例】He is in *essence* a reclusive sort.

entitative ['entitətiv] *adj.* 实体的，本质的(substantive)

essential [i'senʃəl] *adj.* 本质的，实质的 (fundamental)；提炼的，精华的 *n.* 本质，实质；要素，要点

【例】It is *essential* for us to try to decide whether television is a blessing or a curse.

inherited [in'heritid] *adj.* 通过继承得到的，遗传的

fundamental [ˌfʌndə'mentl] *adj.* 基础的，基本的(primary, elementary)

【例】Fresh air is *fundamental* to good health.

比较

approximate [ə'prɔksimit] *adj.* 近似的(proximate)

【记】ap+proxim(接近)+ate→接近的，近似的

【例】Please provide me with an *approximate* figure for last month's sale.

comparable ['kɔmpərəbl] *adj.* 可比的；类似的(similar)

【例】The achievement of an athlete and a writer are not *comparable*.

comparative [kəm'pærətiv] *adj.* 比较的

【例】A *comparative* study of the two systems of distribution revealed the strength of the one over the other.

relative ['relətiv] *adj.* 有关系的；相对的，比较而言的

【例】After his troubles, he's now in *relative* comfort.

compare [kəm'pɛə] *vt.* 比较(着重于相似处)

【例】Please *compare* the two subjects and tell me the similarities.

contrast ['kɔntræst] *n.* 对比(着重于相异处)

【例】Today's rain is a sharp *contrast* to yesterday's sunshine.

similarity [ˌsimiˈlæriti] *n.* 类似，类似处

【例】There is a *similarity* between the sisters.

disparity [disˈpæriti] *n.* 不等，差距

【例】There is great *disparity* between the amount of work that I do and what I get paid for it.

distinction [disˈtiŋkʃən] *n.* 区别，差别

【例】A *distinction* should be made between the primary and secondary contradictions.

coordinate [kəuˈɔːdinit] *adj.* 同等的(equal)；并列的(juxtaposed)

【例】John only speaks to those who are *coodinate* with him in ranks.

copy [ˈkɔpi] *vt.* 复制；模仿(imitate)

counterpart [ˈkauntəpɑːt] *n.* 相对物(correspondent)；极相似之物(equivalent)

【例】In London, the *counterpart* of the New York subway is called the "tube".

dissimilar [diˈsimilə] *adj.* 不相似的，不同的(different)

【记】dis+similar(相似的)→不相似的

【例】Her latest book is quite *dissimilar* from her previous one.

equal [ˈiːkwəl] *adj.* 相等的，同样的(equivalent)

【记】equ(平)+al→相等的

【例】Divide the cake into *equal* parts.

equate [iˈkweit] *vt.* 使相等，视为同等

【例】It's a mistake to *equate* wealth with happiness.

equivalent [iˈkwivələnt] *adj.* 相等的 *n.* 等同品(counterpart, match)

【例】Both of them expressed their agreement with *equivalent* statements.

homogeneous [ˌhɔməuˈdʒiːniəs] *adj.* 同类的，相似的(uniform, same)

【记】homo(同)+gen(产生)+eous→产生相同的→同类的

【例】The population of the small town was *homogeneous*, mostly merchants and laborers.

heterogeneous [ˌhetərəuˈdʒiːniəs] *adj.* 不同种类的

【记】hetero(不同)+gen(产生)+eous→产生不同的→不同种类的

identical [aiˈdentikəl] *adj.* 同一的(tantamount, same)

【记】iden(相同)+tical→同一的

【例】The twins are *identical* to each other.

duplicate [ˈdjuːplikit] *adj.* 复制的，副的；两重的，两倍的 *n.* 复制品，副本

【例】The keys are *duplicate*.

inferior [inˈfiəriə] *n.* 次品；下级 *adj.* 自卑的；劣等的

【记】infer(低)＋ior→自卑的

【例】The boss is kind to his *inferiors*.

monotonous [məˈnɔtənəs] *adj.* 单调的(boring, dull)

【记】mono(单个)＋ton(声音)＋ous→单调的

peerless [ˈpiəlis] *adj.* 无与伦比的(matchless, unparalleled)

【记】peer(同等)＋less→无相提并论者→无与伦比的

preferable [ˈprefərəbl] *adj.* 更好的

【记】prefer(喜欢)＋able→喜欢更好的

【例】A *preferable* option is to ask the consultant to do the survey.

relatively [ˈrelətivli] *adv.* 相关地，相对地 (comparatively)

reproduction [ˌriːprəˈdʌkʃən] *n.* 复制品(copy)

【记】re(重新)＋production(生产)→复制品

【例】Don't get yourself cheated; the vase is only a *reproduction*.

resemble [riˈzembl] *vt.* 像，类似

【例】People usually say that a daughter *resembles* their father while a son *resembles* their mother.

sample [ˈsæmpl] *n.* 范例，样品(specimen)

similar [ˈsimilə] *adj.* 相似的，类似的 (comparable)

subordinate [səˈbɔːdinit] *adj.* 次要的，附属的(inferior, secondary)

【记】sub(下面)＋ordin(顺序)＋ate→下面的顺序→附属的

【例】Pleasure should be *subordinate* to duty.

typical [ˈtipikəl] *adj.* 典型的，代表性的(ordinary)

superior [sjuːˈpiəriə] *n.* 长者；高手；上级 *adj.* 较高的，上级的

【例】This restaurant is *superior* to the one we went to last week.

范围

accommodate [əˈkɔmədeit] *vt.* 容纳(contain, load)

【例】The room could *accommodate* 100 people.

besides [biˈsaidz] *adv.* 除了(还有)

comprise [kəmˈpraiz] *vt.* 包括(constitute, contain, consist of, be made up of)

【例】The committee *comprises* seven experienced arbitrators.

content [ˈkɔntent] *n.* 内容(matter)

【例】The *content* of the meeting covers a whole range of issues concerning the operation of the company.

cover [ˈkʌvə] *vt.* 包括

【例】His lecture *covers* all aspects of that language from A to Z.

digress [daiˈgres] *vi.* 离开本题(deviate, turn away)

【记】di(偏离)+gress(走)→走偏离→离题

【例】Mary *digressed* and forgot what she was originally talking about.

embody [imˈbɔdi] *vt.* 体现；包含(include, incorporate)

【记】em+body(身体，主体)→体现

【例】To me he *embodied* all the qualities of a teacher.

exception [ikˈsepʃən] *n.* 例外

【记】ex+cept(拿)+ion→拿出去→例外

exceptional [ikˈsepʃənl] *adj.* 例外的

【例】The *exceptional* tennis player won the championship.

exclude [iksˈkluːd] *vt.* 把…排除在外(rule out)

【记】ex+clude(关闭)→关出去→排除在外

【例】Women are often *excluded* from authority positions.

exclusion [iksˈkluːʒən] *n.* 除外(omission)

【例】The contract covers everything with no *exclusions* stated.

exclusive [iksˈkluːsiv] *adj.* 排外的(prohibitive)；独占的(restrictive)

【例】This was an *exclusive* report by CNN.

external [eksˈtəːnl] *adj.* 外部的(exterior)

【例】*External* and internal factors contributed to the failure of the team.

extraneous [ikˈstreiniəs] *adj.* 无关的(irrelevant, unrelated)

【记】extra(外)+neous→外面的→无关的

【例】The editor cut the *extraneous* material from the first chapter.

extra [ˈekstrə] *adj.* 额外的 (additional, surplus)

impertinent [imˈpəːtinənt] *adj.* 无关的(unrelated)

【记】im(不)+pertinent(恰当的)→不恰当的→无关的

【例】Don't talk anything *impertinent* with the main issue.

irrelevant [iˈrelivənt] *adj.* 离题的，无关的(impertinent, extraneous)

【记】ir(无)+relevent(有关的)→无关的

【例】The student was required to cut the *irrelevant* parts and rewrite the thesis.

preclude [priˈkluːd] *vt.* 排除；防止(prevent, prohibit)

【记】pre(提前)+clude(关闭)→防止

【例】Modesty *precludes* me from accepting the honor. / Their move does not *precludes* others from investing.

save [seiv] *prep.* 除了(except)

scope [skəup] *n.* 范围(range, extent); 余地

【例】The subject is outside the *scope* of our investigation.

span [spæn] *n.* 跨度 *vt.* 跨越 (cover, reach across)

bound [baund] *n.* 跃进，跳; 范围，限度

【例】Our joy knew no *bounds.* / Your remarks exceed the *bounds* of reason.

confines [ˈkɔnfainz] *n.* 界限，边界

【例】The lake is within the *confines* of this valley.

spectrum [ˈspektrəm] *n.* 范围(range)

extension [ikˈstenʃən] *n.* 延长，扩充; 范围

【例】The wire has an *extension* of 50 feet.

scope [skəup] *n.* (活动)范围(reach); 机会

include [inˈkluːd] *vt.* 包括，包含(contain, comprise)

【例】The United kingdom *includes* Northern Ireland and Wales.

compose [kəmˈpəuz] *v.* 组成; 写作

【例】Water is *composed* of hydrogen and oxygen.

consist [kənˈsist] *vi.* 由…组成(compose, contain)

【例】New York City *consists* of five boroughs.

方式

direct [diˈrekt] *adj.* 直接的(straightforward)

【例】Plcase give us a *direct* response.

forthright [ˈfɔːθrait] *adj.* 直接的(frank, direct)

【例】The brave soldiers marched *forthright* with a knowledge that there would not be any enemy ahead.

via [ˈvaiə] *prep.* 经过，经由 (by way of)

【例】He arrived earlier *via* a short cut.

access [ˈækses] *n.* 通路，入门

【记】ac+cess(走)→走过去→通道

【例】The strikers blocked the *access* to the factory.

approach [əˈprəutʃ] *n.* 接近; 方法，步骤(manner); 途径，通路(way)

【例】All *approaches* were blocked.

tactic [ˈtæktik] *n.* 策略，战略(strategy)

【例】The general employed every *tactic* that he could think of.

indirect [ˌindiˈrekt] *adj.* 间接的，迂回的(circuitous，roundabout)

【例】We went to the house by an *indirect* road.

immediate [iˈmiːdjət] *adj.* 直接的；紧接的

【例】The government took *immediate* measures to tackle the incident.

科学

accurate [ˈækjurit] *adj.* 准确的(exact)；正确的(correct)

【例】Please make sure that the figures are *accurate*.

contrive [kənˈtraiv] *vt.* 发明(invent)

【例】A group of scientists *contrived* a new idea to deal with the experiment.

devise [diˈvaiz] *vt.* 计划；发明(create，invent)

【例】The scientist *devised* an instrument to measure the distance of objects.

dissect [daiˈsekt] *vt.* 详细研究(analyze)

【记】dis＋sect(部分)→去除部分→解剖

【例】Biologists *dissect* creatures in a careful manner.

exact [igˈzækt] *adj.* 精确的(accurate，precise)；严格的

【例】Please follow the *exact* instruction when carrying out the investigation.

expertise [ˌekspəˈtiːz] *n.* 专门知识(know-how，special skill)

【记】expert(专家)＋ise→专家的知识→专门知识

【例】His *expertise* contributed to our negotiation.

gauge [geidʒ] *vt.* 精确计量(calculate，measure)

【例】John *gauged* the distance between the two stars using complicated formula.

institute [ˈinstitjuːt] *n.* (研究)所

【例】The research *institute* is among the top five in geophysics in the world.

invent [inˈvent] *v.* 发明(create，originate)

【例】It is said that Edison *invented* the light.

launch [lɔːntʃ] *vt.* 发射，投射(send off)；使升空

【例】The new civilian satellite was *launched* yesterday.

mechanical [miˈkænikl] *adj.* 机械的

precise [priˈsais] *adj.* 周密的，精确的(accurate, exact)

precision [priˈsiʒən] *n.* 精确，精密度 (accuracy, exactness)

scale [skeil] *n.* 规模；尺度

【例】The idea of the *scale* of economies was accepted by most people these days.

specimen [ˈspesimin] *n.* 标本，样品(sample, instance)

symbolic [simˈbɔlik] *adj.* 象征的，符号的(token)

tentative [ˈtentətiv] *adj.* 试验性的(trial)

【记】tent(=test测试)＋ative→试验性的

【例】*Tentative* measures have been taken by the government to deal with weapons of mass destruction.

theoretical [θiəˈretikəl] *adj.* 理论的(academic)

threshold [ˈθreʃhəuld] *n.* 阈值；门槛 (doorsill)

trial [ˈtraiəl] *n.* 试验 *adj.* 试验性的

【例】The *trial* of the machinery was successful.

逻辑

assumption [əˈsʌmpʃ(ə)n] *n.* 假定

【例】Their *assumption* that their project under way was something entirely new proved to be untrue.

hypothesis [haiˈpɔθəsis] *n.* 假设

【例】This is only a sort of scientific *hypothesis* which has not been proved by experiments.

conjecture [kənˈdʒektʃə] *n.* / *v.* 推测，臆断，猜想(guess, suppose)

【例】The commentators made various *conjectures* about the outcome of the next election. / It was impossible to *conjecture* from the expression on his face what his reaction was.

premise [ˈpremis] *n.* 前提 *vt.* 假定

【例】If your *premise* is established, your conclusions are easily deductible.

assumption [əˈsʌmpʃ(ə)n] *n.* 假设 (supposition, hypothesis)

【例】The *assumption* proved correct.

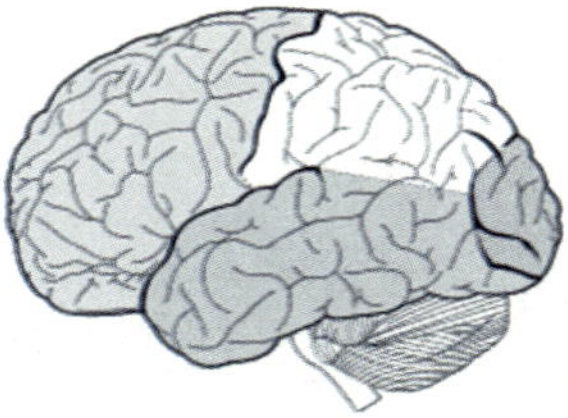

clue [kluː] *n.* 线索 (information)

【例】The police found a *clue* which would help them catch the robber.

demonstrate [ˈdemənstreit] *vt.* 演示；论证

【例】It was *demonstrated* that their performace was well received.

framework [ˈfreimwəːk] *n.* 构架，框架 (structure，skeleton)

generalize [ˈdʒenərəlaiz] *v.* 归纳，概括(summarize，outline)

【例】It was *generalized* from the article that water is important in the development of biosphere.

infer [inˈfəː] *vt.* 推知(deduce，imply)

【记】in(进入)+fer→带进(意义)→推断

【例】We could *infer* from his speech that he was unwilling to take the position.

logical [ˈlɔdʒikəl] *adj.* 合逻辑的(reasonable)

【记】log(语言)+ical→论理，推理→合逻辑的

presume [priˈzjuːm] *vt.* 假定，假设(suppose，imagine，assume)

【例】I *presume* that an agreement would be reached finally.

presumption [priˈzʌmpʃən] *n.* 推定，猜想(assumption，presupposition)

suppose [səˈpəuz] *vt.* 假想，推测(think，speculate，imagine)

【例】It was *supposed* that large dinosaurs lived in swamps.

deduction [diˈdʌkʃən] *n.* 推论，演绎

【记】比较 induction (归纳)

reasoning [ˈriːzəniŋ] *n.* 推理，论证

【例】His close *reasoning* gave fibre to his argument.

induction [inˈdʌkʃən] *n.* 归纳

inductive [inˈdʌktiv] *adj.* 归纳的

【例】Deductive reasoning is the opposite of *inductive* reasoning.

causality [kɔːˈzæləti] *n.* 因果关系

consequence [ˈkɔnsikwəns] *n.* 结果；因果关系

【例】As a *consequence* of being in hospital，Shelly decided that she wanted to become a nurse.

光亮

ablaze [əˈbleiz] *adj.* 闪耀的(gleaming，glowing)

【记】a(加强)+blaze(火焰)→闪耀的

brighten [ˈbraitn] *vt.* 使发光
【记】bright(光亮)+en→使发光
【例】Flowers *brighten* the room.

burnish [ˈbəːniʃ] *vt.* 磨光，使光滑(polish)
【例】The craftsman *burnished* the brass plates until they glowed.

dazzling [ˈdæzliŋ] *adj.* 耀眼的

flare [flɛə] *v.* 闪耀(glare, shine)
【记】比较flame(火焰)
【例】The fire *flared* up as I put more logs on it.

flicker [ˈflikə] *vt.* 闪烁(waver)
【例】All the lights *flickered* for a moment.

glaring [ˈglɛəriŋ] *adj.* 耀眼的(dazzling)
【记】参考glare(瞪)

glaze [gleiz] *v.* (使)光滑
【例】She *glazed* the pottery and waited for it to dry.

gleam [gliːm] *vt.* 使闪光 *vi.* 闪烁(glimmer, flash)
【例】He had polished the table top until it *gleamed*.

glossy [ˈglɔsi] *adj.* 有光泽的(smooth, lustrous)
【例】She polished her ring until it was *glossy* again.

illuminate [iˈluːmineit] *vt.* 照明，照亮
【记】il(一再)+lumin(光明)+ate→给予光明→照亮
【例】Could you please *illuminate* your theory with a little more explanation?

luminous [ˈluːminəs] *adj.* 发光的，光亮的(glowing, bright)
【记】lumin(光)+ous→发光的
【例】The astronomer gazed at the *luminous* star.

luster [ˈlʌstə] *n.* 光彩，光泽(brightness, radiance)
【记】lust(光亮)+er→光彩

twinkle [ˈtwiŋkl] *v.* 闪烁，闪耀，(使)闪光(blink, glimmer)
【例】The stars *twinkled* in the sky.

效果

effect [iˈfekt] *n.* 效果(result)；印象(impression)
【记】ef(出)+fect(做)→做出来→效果
【例】Their negotiation resulted in positive *effects*.

effective [iˈfektiv] *adj.* 有效的(valid, resultful)；有影响的

【记】effect(效果)+ive→有效的

【例】The boss urged the employees to be *effective* at work.

efficient [iˈfiʃənt] *adj.* 有效率的(effective, competent)

【记】ef(出)+fic(做)+ient→能做出事来→有效率的

【例】The financial analyst found *efficient* ways for the company to save money.

null [nʌl] *adj.* 无效的(invalid, void)

outcome [ˈautkʌm] *n.* 后果(result, consequence)；成果

【记】来自come out(结果是)

valid [ˈvælid] *adj.* 有效的(soundly based, acceptable)

【例】A student passport is *valid* in accordance with the length of their programmes.

effectual [iˈfektjuəl] *adj.* 奏效的，有效的

【例】The government has taken *effectual* action against unemployment.

void [vɔid] *adj.* 无效的，无用的

【例】It is a *void* contract and thus has no legal force on the parties to the so-called contract.

因果

account [əˈkaunt] *n.* 原因 *v.* 解释，说明

【例】The rain should *account* for the accident, partly.

attribute [əˈtribju(ː)t] *vt.* 归因于(accredit, ascribe)

【例】The discovery of electricity is *attributed* to Benjamin Franklin. / To what do you *attribute* your success?

cause [kɔːz] *vt.* 导致 *n.* 原因(reason)

【例】The heavy rain was the *cause* of the flood.

impute [imˈpjuːt] *vt.* 归咎于(ascribe, attribute)

【记】比较put(放)

【例】The boss *impute* his failure to lack of support.

reason [ˈriːzn] *n.* 原因 *v.* 推论(deduce)

contribute [kənˈtribjuːt] *v.* 捐助，捐献，贡献

【例】Exercise *contributes* to better health.

consequence [ˈkɔnsikwəns] *n.* 结果

【例】As a *consequence* of being in hospital, Shelly decided that she wanted to become a nurse.

result [riˈzʌlt] *n.* 结果；成效 *vi.* 起因，由于

【例】Their profligate lifestyle *resulted* in bankruptcy.

effect [iˈfekt] *n.* 结果；效果，作用 *vt.* 招致；实现，达到

【例】The government's action had no *effect* on the trade imbalance.

corollary [kəˈrɔləri] *n.* 自然的结果；系定理；推论

【例】*Corollary* refers to a proposition that follows with little or no proof required from one already proven.

credit [ˈkredit] *vt.* 归因于(accredit, ascribe)

【例】He *credited* his success to his wife's help.

ascribe [əsˈkraib] *vt.* 归因于，归咎于

【例】The farmer *ascribed* the poor harvest to drought.

accredit [əˈkredit] *vt.* 归结于，归因于(ascribe)

【例】We *accredit* the invention of the electric light to Edison.

整体与局部

aspect [ˈæspekt] *n.* 方面(facet)

【记】a+spect(看)→看上去的样子→外观

【例】I asked my lawyer to explain the legal *aspects* of the problem.

component [kəmˈpəunənt] *n.* 组成部分(constituent, ingredient)

【例】IELTS test has four *components*: speaking, reading, listening and writing.

facet [ˈfæsit] *n.* 方面(aspect)

【例】The teacher carefully explained each *facet* of the chemical reaction.

fraction [ˈfrækʃən] *n.* 片断(part, bit)

【记】fract(碎裂)+ion→片断

integral [ˈintigrəl] *adj.* 组成的；整的(complete, full)

【记】integr(完整)+al→整的

integrate [ˈintigreit] *vt.* 使结合，使并入(combine, join)

【例】Quality academic training was *integrated* into regular course instruction throughout the year.

integrity [in'tegrəti] *n.* 完整性(congruity)

overall ['əuvərɔːl] *adj.* 全部的，全面的(general)

partial ['pɑːʃəl] *adj.* 部分的(fractional)

【记】part(部分)+ial→部分的

partially ['pɑːʃəli] *adv.* 部分地

portion ['pɔːʃən] *n.* 一部分(part, fraction)

【例】He divided his property and gave a *portion* to each of his children.

respect [ris'pekt] *n.* 着眼点，方面(aspect)

【例】With *respect* to the quality of education, China has been improving rapidly.

segment ['segmənt] *n.* 部分，片段(part, section, portion, sector)

【例】The Glorious Revolution in fact affected every *segment* of the nation.

system ['sistəm] *n.* 系统，体系

systematic [ˌsisti'mætik] *adj.* 系统的，体系的

【例】The athelete's success was attributed to *systematic* training.

fragment ['frægmənt] *n.* 碎片；片段(component, segment)

【例】She dropped the bowl on the floor and it broke into *fragments*.

constituent [kən'stitjuənt] *adj.* 形成的；组成的

【例】Please analyse the whole situation in its *constituent* parts and then synthesize all the parts to see if you could find a solution.

section ['sekʃən] *n.* 部分，部件(part, segment)

【例】One *section* of the class was reading and the other section was writing.

holistic [həu'listik] *adj.* 整体的，全盘的(integral, systematic)

【例】The core of traditional Chinese medicine is to adopt a *holistic* approach to illness of human body.

integrant ['intigrənt] *adj.* 部分的，构成整体的 *n.* 要素(element, factor, ingredient)

【例】Diligence is an important *integrant* to his success.

流动

drift [drift] *n./v.* 漂流(move aimlessly)

【例】The piece of wood was *drifting* down the river.

exude [ig'zjuːd] *vt.* 渗出，流出(discharge)

【记】ex+(s)ude(出汗)→渗出

【例】Sweat *exudes* through the pores.

flow [fləu] *n.* 流程；流动(circulation) *v.* 流动 (travel)

fluctuate ['flʌktjueit] *v.* 波动(waver, alternate, move up and down)

【记】fluct(=flu流动)+uate→波动

【例】The stock prices *fluctuated* wildly.

gush [gʌʃ] *vi.* 涌出(effuse)

influx ['inflʌks] *n.* 流入；灌输

【记】in(进入)+flux(流入)→涌入

meander [mi'ændə] *v.* 蜿蜒而流(wind, zigzag)

【例】The river *meanders* through the mountain to the east.

overflow [ˌəuvə'fləu] *vi.* 泛滥 *vt.* 从…中溢出(surplus, excess)

【记】over (过) +flow (流)→流出

【例】The lake *overflowed* till all the villages in the neighbourhood were awash.

permeate ['pəːmieit] *vt.* 渗透，透过(penetrate, pervade)

【记】per(全部)+mea(通过)+te→渗透

【例】Water has *permeated* the soil.

splash [splæʃ] *v.* 溅，泼(sprinkle)

【例】The children love *splashing* water over each other.

spout [spaut] *v.* 喷出，涌出(gush, spurt)

spray [sprei] *n.* 喷雾，飞沫

float [fləut] *vi.* 浮，漂

【例】The logs *float* down the river.

leak [liːk] *n.* 漏洞；漏出；漏出物 *vi.* 漏，泄漏 *vt.* 使渗漏

【例】The roof *leaks*; it lets the rain come in.

浸没

submerge [səb'məːdʒ] *v.* 浸没，淹没

【例】The submarine *submerged* to avoid enemy ships.

saturate ['sætʃəreit] *vt.* 浸透(soak, imbue)

【例】His shoes were *saturated* after the rain. / We lay on the beach, *saturated* in the sunshine.

immerge [iˈməːdʒ] *vi.* 浸入，浸没(submerge)

【记】im(进入)+merge(合并，结合)→浸没

soakage [ˈsəukidʒ] *n.* 浸润，浸透，浸渍

inundate [ˈinəndeit] *vt.* 淹没(drench，flood)

【例】The company office was *inundated* with telegrams of congratulations on the tenth anniversary of its foundation.

permeance [ˈpəːmiəns] *n.* 浸透，透过

【记】permea(穿透)+nce→浸透

Living without an aim is like sailing without a compass.

— J. Ruskin

生活而无目标，犹如航海之无指南针。

——鲁斯金

连 线 题

左列单词在右列中有一个或多个同义词，请画线连接。

（一）

	trait
indigenous	fundamental
inverse	mimic
instinctive	irrelevant
identical	deflect
radical	intrinsic
imitate	contrary
affinity	tantamount
attribute	spontaneous
extraneous	diverge
subordinate	similarity
deviate	inferior

（二）

	incorporate
comprise	permanent
preclude	improvised
obscure	constitute
hypothesis	simultaneous
infer	temporary
perennial	vague
impromptu	pass
embody	extempore
transient	prohibit
concurrent	deduce
elapse	assumption

（三）

	imbue
abruptly	invalid
fluctuate	effective
meander	alternate
exude	accredit
infuse	suddenly
null	discharge
efficient	portion
attribute	zigzag
integrate	constituent
segment	combine
component	instill

连线题答案

(一)

indigenous	intrinsic
inverse	contrary
instinctive	spontaneous
identical	tantamount
radical	fundamental
imitate	mimic
affinity	similarity
attribute	trait
extraneous	irrelevant
subordinate	inferior
deviate	diverge
deviate	deflect

(二)

comprise	constitute
prelude	prohibit
obscure	vague
hypothesis	assumption
infer	deduce
perennial	permanent
impromptu	improvised
impromptu	extempore
embody	incorporate
transient	temporary
concurrent	simultaneous
elapse	pass

(三)

abruptly	suddenly
fluctuate	alternate
meander	zigzag
exude	discharge
infuse	imbue
infuse	instill
null	invalid
efficient	effective
attribute	accredit
integrate	combine
segment	portion
component	constituent

Word List 33

音频

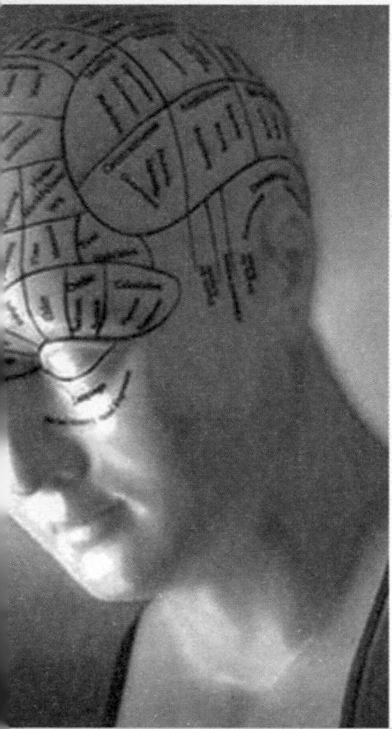

心 理

记忆小贴士:情感对应记忆法

人在特定的心理状态下对与之情绪、情感相符的事物会给予极大的关注。在悲伤的情绪下看那些表示悲伤的单词,记忆效果会比高兴时好。

傲慢

arrogance [ˈærəgəns] *n.* 傲慢
【记】ar＋rog(要求)＋ance→一再要求→傲慢的
【例】We didn't tip the waiter because of his *arrogance* toward us.

arrogant [ˈærəgənt] *adj.* 傲慢的(haughty, disdainful)
【例】The tennis player's *arrogant* reaction offended the fans.

contemptuous [kənˈtemptjuəs] *adj.* 藐视的；傲慢的(arrogant, haughty)
【记】con＋tempt(轻视，鄙视)＋uous→藐视的
【例】The *contemptuous* crowd heckled the speaker at the political rally.

domineering [ˌdɔmiˈniəriŋ] *adj.* 盛气凌人的
【记】domin(统治)＋eering→统治者的→盛气凌人的
【例】The *domineering* father made every decision in his children's lives.

haughty [ˈhɔːti] *adj.* 傲慢的(arrogant)；轻蔑的(disdainful)

insolent [ˈinsələnt] *adj.* 傲慢的；无礼的(haughty, arrogant; impudent)
【例】His *insolent* words made his parents angry.

overbearing [ˌəuvəˈbɛəriŋ] *adj.* 傲慢的(arrogant, haughty)
【记】over(过分)＋bearing(忍受)→让别人过分忍受→傲慢的

partial [ˈpɑːʃəl] *adj.* 偏袒的
【记】part(部分)＋ial→偏袒的

presumptuous [priˈzʌmptjuəs] *adj.* 专横的(self-conceited)
【记】pre(先)+sumptuous (豪华的)→专横的
【例】It is too *presumptuous* of him to do so.

egotism [ˈiːgətiz(ə)m] *n.* 自我中心，自尊自大(conceit)

overconfidence [ˌəuvəˈkɔnfidəns] *n.* 过分相信，自负
【例】His *overconfidence* ruined his career.

self-importance [ˌselfimˈpɔːtəns] *n.* 自尊；自负，自大

conceited [kənˈsiːtid] *adj.* 骄傲的，自高自大的(proud, boastful)

impudent [ˈimpjudənt] *adj.* 鲁莽的；厚颜的(disrespectful, immodest)

audacious [ɔːˈdeiʃəs] *adj.* 大胆的；蛮横无理的(arrogant, insolent)

悲伤

deplore [di'plɔː] *vt.* 悲痛(grieve, mourn); 深悔

【例】They *deplore* the use of force as a solution to this problem.

distressed [di'strest] *adj.* 痛苦的

【记】dis+(s)tress(压力，紧张)+ed→痛苦的

doleful ['dəulful] *adj.* 悲哀的(mournful, sorrowful)

gloom [gluːm] *n.* 忧愁(sadness, depression)

grieve [griːv] *vi.* 悲伤(sorrow)

【例】She *grieved* over her father's unexpected death.

grieved [griːvd] *adj.* 伤心的

lament [lə'ment] *n.* 悲伤 *vt.* 痛惜(mourn, grieve over)

【记】联想lame(跛足的)加上"nt"

miserable ['mizərəbl] *adj.* 痛苦的; 可怜的

misery ['mizəri] *n.* 痛苦，苦恼

pensive ['pensiv] *adj.* 忧愁的，哀思的(thoughtful, contemplative)

【记】pens(挂)+ive→心思挂在脸上→忧愁的

sentimental [ˌsenti'mentl] *adj.* 感伤性的，感情脆弱的

torment ['tɔːment] *n.* 痛苦(anguish, agony) [tɔː'ment] *v.* 使受剧烈痛苦

【例】The murderer was *tormented* by guilt.

torturous ['tɔːtʃərəs] *adj.* 痛苦的(tormenting)

【记】tort(扭)+urous→扭曲的→痛苦的

woeful ['wəuful] *adj.* 悲伤的; 悲惨的

【例】There were *woeful* errors in judgment.

bewail [bi'weil] *vt.* 为…痛哭，为…悲伤

【例】People will *bewail* the possible effects of double-digit unemployment.

bemoan [bi'məun] *vt.* 悲悼; 惋惜; 感叹

depressed [di'prest] *adj.* 沮丧的(dejected, dispirited, downcast, downhearted); 降低的

【例】He was *depressed* because he failed in the college entrance exam.

despondent [dis'pɔndənt] *adj.* 绝望的，意气消沉的(despairing, hopeless)

【例】The young man was *despondent* about the failure of the enterprise.

dismal ['dizməl] *adj.* 忧郁的(depressing, dreary); 凄凉的

【例】She spoke in a *dismal* voice.

anguish [ˈæŋgwiʃ] *n.* 极度痛苦 *vt.* 使极苦闷，使极痛苦

【例】Losing his son, the old woman was in *anguish*.

agony [ˈægəni] *n.* 极度的痛苦(anguish, suffering)

冲动

impetuous [imˈpetjuəs] *adj.* 冲动的(impulsive)

impulse [ˈimpʌls] *n.* 冲动；刺激

【记】比较pulse(脉搏，跳动)

【例】On seeing the poor little girl, he has an *impulse* to adopt her.

impulsive [imˈpʌlsiv] *adj.* 易冲动的

incentive [inˈsentiv] *n.* 刺激；动机(motivation)

【例】People doubt about her *incentive* to marry that rich old fellow.

motivation [ˌməutiˈveiʃən] *n.* 动机(motive, incentive)

【记】比较motive(动机)

【例】To be excellent is not his only *motivation* for studying hard.

urge [əːdʒ] *n.* 冲动

【例】He has no *urge* to travel.

hotheaded [ˌhɔtˈhedid] *adj.* 急性子的，鲁莽的，冲动的

恶意

cruel [ˈkruəl] *adj.* 残忍的(ferocious, ruthless)

ferocious [fəˈrəuʃəs] *adj.* 凶猛的(fierce, savage, bestial)

【记】feroc(凶猛)+ious→凶猛的

【例】The *ferocious* winter storm buried the roads with a foot of snow.

malevolent [məˈlevələnt] *adj.* 恶意的(malicious, spiteful)

【记】male(坏)+vol(意念)+ent→恶意的

malice [ˈmælis] *n.* 恶意(ill will, spite)

malicious [məˈliʃəs] *adj.* 心毒的，怀恶意的(vicious, spiteful)

【例】The *malicious* rumor damaged his candidancy for president.

sinister [ˈsinistə] *adj.* 不祥的

malevolence [məˈlevələns] *n.* 恶意，狠毒

【记】比较 benevolence (仁爱之心；善行)

malignity [məˈligniti] *n.* 狠毒

vicious [ˈviʃəs] *adj.* 邪恶的；道德败坏的；残酷的

【例】The construction process is in the *vicious* circle.

hostility [hɔsˈtiliti] *n.* 敌对状态；敌对行动(enmity)

【记】比较 amity(友好，亲善关系)

vindictive [vinˈdiktiv] *adj.* 报复性的(avenging, revengeful)

【例】He seemed to take a *vindictive* pleasure in punishing the least shortcomings.

callous [ˈkæləs] *adj.* 无情的，冷酷的(insensitive, heartless)

烦躁

boredom [ˈbɔːdəm] *n.* 烦恼(vexation, annoyance)；无聊

【记】bore(厌烦)+dom→烦恼

【例】The exciting novel chased away Jane's *boredom*.

boring [ˈbɔːriŋ] *adj.* 令人厌烦的

【例】Since it rained, the children spent a *boring* afternoon cleaning the basement.

bothersome [ˈbɔðəsəm] *adj.* 令人厌烦的，令人烦恼的(irritating, annoying)

chafe [tʃeif] *vt.* 烦扰(irritate)

derange [diˈreindʒ] *vt.* 扰乱

【记】de(坏)+range(排列)→扰乱

disarrange [ˌdisəˈreindʒ] *vt.* 扰乱(disturb)

【记】dis(不再)+arrange(排列)→扰乱

【例】Her sudden departure has *disarranged* my plan.

harass [ˈhærəs] *vt.* 侵扰(bother)

【记】参考ass(驴子)

【例】Don't *harass* me; I am working.

impatient [imˈpeiʃənt] *adj.* 不耐烦的

【记】im(不)+patient(耐心的)→不耐烦的

【例】Susan is *impatient* and refuses to wait in line for anything.

intrude [inˈtruːd] *v.* 侵扰(encroach, infringe)

【记】in(进入)+trude(突出)→突然进入→侵扰

【例】I don't mean to *intrude*, but you have a telephone call.

sicken [ˈsikn] *vt.* 使厌倦；使作呕

tedious [ˈtiːdiəs] *adj.* 冗长乏味的，沉闷的(tiresome, boring)
【例】His work is trivial and *tedious*.

vex [veks] *vt.* 使烦恼(annoy, irritate)
【例】He was greatly *vexed* by the new and unexpected development.

fret [fret] *vt.* / *vi.* 折磨；烦躁(fuss)
【例】Don't *fret*; everything will be all right.

annoyance [əˈnɔiəns] *n.* 烦恼，可厌之事

nettlesome [ˈnetlsəm] *adj.* 恼人的(vexatious)

愤怒

enrage [inˈreidʒ] *vt.* 激怒(infuriate, aggravate)
【记】en+rage(暴怒)→激怒
【例】John's insolence *enraged* his supervisor.

exasperate [igˈzæspəreit] *vt.* 激怒(annoy, irritate)
【记】ex+asper(粗鲁)+ate→表现的粗鲁→发怒
【例】The traffic jam *exasperated* the motorists who were caught in it.

furious [ˈfjuəriəs] *adj.* 狂怒的，狂暴的(frenzied, enraged)

fury [ˈfjuəri] *n.* 勃然大怒(rage, wrath)

grouchy [ˈgrautʃi] *adj.* 不悦的，愠怒的(bad-tempered, petulant)

incense [inˈsens] *vt.* 激怒
【记】in(进入)+cense(光)→使怒火中烧
【例】The decision to reduce the pay levels *incensed* the work-force.

indignant [inˈdignənt] *adj.* 愤慨的，义愤的(outraged)
【记】in(不)+dign(礼貌)+ant→不礼貌→愤慨的

outrage [ˈautreidʒ] *vt.* 激怒(anger)；侵犯(offend)
【记】out(出)+rage(愤怒)→出离愤怒
【例】The king's cruel remarks *outraged* the citizens.

passionate [ˈpæʃənit] *adj.* 易怒的
【记】passion(激情)+ate→易怒的
【例】Mary is very *passionate* about gardening.

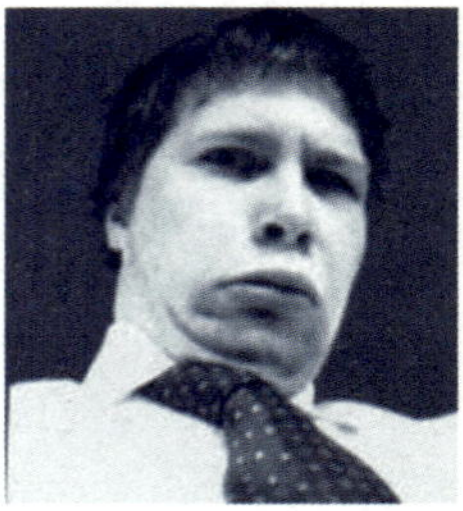

provoke [prəˈvəuk] *vt.* 激怒；煽动 (incite, stir up, cause, elicit)
【例】The bear *provoked* the bees by disturbing their hive.

rage [reidʒ] *n.* 激怒，愤怒(fury, anger)

indignation [ˌindigˈneiʃən] *n.* 愤慨，义愤

vehement [ˈviːəmənt] *adj.* 强烈的；激烈的(severe, furious)

furibund [ˈfjuːribʌnd] *adj.* 愤怒的，狂怒的

wrath [rɔθ] *n.* 愤怒(anger, rage)

infuriate [inˈfjuərieit] *adj.* 狂怒的(agitated, enraged)

感觉

beat [biːt] *adj.* 疲倦的(exhausted, tired, worn out)

【例】I can't move a bit; I am *beat*.

daze [deiz] *n.* 昏晕 *vt.* 使发昏(dazzle, confusion)

【例】The driver recovered slowly from her *daze* after the accident.

downhearted [ˌdaunˈhɑːtid] *adj.* 无精打采的(depressed, downcast)

【例】We were all *downhearted* after a long march.

exhaust [igˈzɔːst] *vt.* 使疲倦(use up, drain)

【记】ex＋haust(拉)→(用力)拉出→疲惫

【例】The children thoroughly *exhausted* their mother's patience.

faint [feint] *adj.* 昏晕的

famish [ˈfæmiʃ] *vt.* 使挨饿

gorge [gɔːdʒ] *vt.* 塞饱

hunger [ˈhʌŋgə] *v.* / *n.* 饥饿

indefatigable [ˌindiˈfætigəbl] *adj.* 不疲倦的(tireless)

【记】in(不)＋de(表强调)＋fatig(疲倦)＋able→不疲倦的

intuition [ˌintju(ː)ˈiʃən] *n.* 直觉

listless [ˈlistlis] *adj.* 倦怠的，没精打采的(sluggish, lifeless)

【记】list(渴望)＋less→倦怠的

ravenous [ˈrævinəs] *adj.* 极饿的 (famished, starving)

sensuous [ˈsensjuəs] *adj.* 感觉的；美感的

【例】Advertisements use *sensuous* colors to appeal the audience.

starve [stɑːv] *v.* (使)挨饿

【例】Come on, where is the food; I am *starving*.

好奇

curiosity [ˌkjuəriˈɔsiti] *n.* 好奇心

【例】Just out of *curiosity*, I wonder how much this apartment costs.

curious [ˈkjuəriəs] *adj.* 好奇的(acquisitive)

【例】The family had a few *curious* traditions.

inquisitive [inˈkwizitiv] *adj.* 好奇的(nosy, curious)

【记】in(进入)+quisit(询问)+ive→喜欢询问的→好奇的

【例】I was mad at the *inquisitive* kid, who kept on asking me silly questions.

prying [ˈpraiiŋ] *adj.* 爱打听的

inquiring [inˈkwaiəriŋ] *adj.* 好问的，爱打听的(inquisitive)

【例】The student is *inquiring* about everything that he does not know.

焦急

abashed [əˈbæʃt] *adj.* 羞愧的；局促不安的(uneasy)

【记】abash(羞愧)+ed→羞愧的

concerned [kənˈsəːnd] *adj.* 焦虑的

【例】Mary is *concerned* with finishing her work before 12: 00.

fluster [ˈflʌstə] *vt.* 使慌乱(confuse, disconcert)

intense [inˈtens] *adj.* 紧张的

【例】Under years of *intense* pressure, he finally gave up hope and committed suicide.

strain [strein] *n.* 紧张(stress, tension)

【例】Insurance costs are a big *strain* on our budget.

suspense [səˈspens] *n.* 焦虑(anticipation, uncertainty)

tense [tens] *adj.* 紧张的(nervous, strained)

【例】The bath relaxed Mary's *tense* muscles.

apprehension [ˌæpriˈhenʃən] *n.* 忧虑；担心

【例】The student looked around the examination room with *apprehension*.

anxiety [æŋˈzaiəti] *n.* 忧虑，焦急；渴望，热望

【例】For some people, air travel is a real *anxiety*.

disquiet [disˈkwaiət] *n.* 忧虑，不安 *vt.* 使不安，使忧虑

【记】比较 relieve(减轻)

惊讶

astonished [əsˈtɔniʃt] *adj.* 惊讶的

astonish [əsˈtɔniʃ] *vt.* 使惊讶(amaze, astound, surprise)

【例】The magician *astonished* the children.

astound [əsˈtaund] *vt.* 使惊异(surprise, astonish)

【例】The daredevil *astounded* the audience with a dangerous feat.

breathtaking [ˈbreθˌteikiŋ] *adj.* 惊人的，惊险的 (stunning, exiciting)

dismay [disˈmei] *vt.* 使惊愕(disconcert, alarm)；使沮丧

inconceivable [ˌinkənˈsiːvəbl] *adj.* 不可思议的(unimaginable, unthinkable)

【记】in(不)+conceivable(可以想像的)→不可思议的

incredible [inˈkredəbl] *adj.* 难以置信的(unbelievable)

【记】in(不)+cred(相信)+ible→难以置信的

marvelous [ˈmaːvələs] *adj.* 不可思议的；了不起的

petrify [ˈpetriˌfai] *vt.* 使发呆(stupefy, terrify)

【记】petr(石头)+ify→使发呆

【例】The passers-by were totally *petrified* when they saw the accident.

scare [skɛə] *vt.* 惊吓，使受惊(terrify)

【例】The dogs *scared* the thief away.

startle [ˈstɑːtl] *vt.* 使大吃一惊(amaze, surprise)

【例】The official hinted at *startling* new developments that would soon be made public.

striking [ˈstraikiŋ] *adj.* 显著的(prominent, outstanding, impressive)；惊人的

stun [stʌn] *vt.* 使昏晕；使目瞪口呆(astonish, daze, amaze)

【例】He was *stunned* when he knew he failed the exam, which he had prepared for months.

dumbfound [dʌmˈfaund] *vt.* 使惊愕，使惊呆，使目瞪口呆(petrify)

overwhelm [ˌəuvəˈwelm] *vt.* 压倒，压服，击败

【例】The small craft was *overwhelmed* by the enormous waves.

fabulous [ˈfæbjuləs] *adj.* 难以置信的(unbelievable)；惊人的(marvelous)

【例】A *fabulous* amout of money was taken out of the bank account.

spectacular [spek'tækjulə] *adj.* 壮观的，引人入胜的

【例】The celebration of Hong Kong's coming back to the mainland was *spectacular*.

沮丧

cheerless ['tʃiəlis] *adj.* 不愉快的；阴郁的

dampen ['dæmpən] *vt.* 使沮丧(dismay, depress)

【例】I don't want to *dampen* your enthusiasm, but take it easy!

dejected [di'jektid] *adj.* 失望的，沮丧的(depressed, dispirited)

【记】deject(失望)+ed→失望的

depress [di'pres] *vt.* 使沮丧(deject, dispirit)

【记】de(加强)+press(压)→使沮丧

【例】He was *depressed* because he had not passed his examinations.

depression [di'preʃən] *n.* 沮丧

dismal ['dizməl] *adj.* 沮丧的(gloomy, somber)

【例】Mary cried during the *dismal* movie.

downcast ['daunkɑːst] *adj.* 沮丧的(depressed, dejected)

【例】The *downcast* student couldn't believe that he had failed the test.

languid ['læŋgwid] *adj.* 精神不振的(sluggish, listless)

【记】langu(松弛)+id→精神不振的

prostrate ['prɔstreit] *vt.* 使衰弱，使疲惫

【例】He was *prostrated* by illness.

gloomy ['gluːmi] *adj.* 令人沮丧的；阴郁的(depressing)

somber ['sɔmbə (r)] *adj.* 忧郁的，郁闷的(melancholy, dismal)

dispirit [di'spirit] *vt.* 使气馁，使沮丧

【例】The teacher *dispirited* the complacent student.

demoralize [di'mɔrəlaiz] *vt.* 使沮丧，使意志消沉

【例】Defeat *demoralized* the army.

恐惧

cower ['kauə] *vi.* 畏缩(recoil)

【例】The children *cowered* each time they heard the thunder.

dread [dred] *n.* 畏惧；恐怖 *v.* 畏惧(fear)

【例】John *dreads* calculating his taxes.

formidable [ˈfɔːmidəbl] *adj.* 可畏惧的，可怕的(dreadful, frightening)

【例】He is kind, but unfortunately with a *formidable* face.

fright [frait] *n.* 惊吓，恐怖

horror [ˈhɔrə] *n.* 恐惧

intimidate [inˈtimideit] *vt.* 恐吓(frighten, threaten)

【记】in(进入)+timid(害怕)+ate→使害怕→恐吓

【例】I don't want to *intimidate* you, but very few people pass this exam.

menace [ˈmenəs] *vt.* 威吓(threaten, intimidate)；胁迫

【记】men(人)+ace(王牌)→用手中的一张王牌→胁迫

【例】The people are being *menaced* by the threat of war.

panic [ˈpænik] *n.* 恐慌(fear, scare)

【例】The rumor that we are having an earthquake arouses a *panic*.

terrify [ˈterifai] *vt.* 使恐惧，使惊吓

【例】The animals were *terrified* by the storm.

terror [ˈterə] *n.* 恐怖

funk [fʌŋk] *n.* 恐惧，恐怖

trepidation [ˌtrepiˈdeiʃən] *n.* 惊恐；惶恐；战栗

xenophobic [ˌzenəuˈfəubik] *adj.* 恐惧(或憎恨)外国人的，恐外的

terrorize [ˈterəraiz] *vt.* 威胁，恐吓

【例】He was *terrorized* and could not speak anything.

threaten [ˈθretn] *vt.* 恐吓，威胁

【例】Despite the fact that the enemy *threatened* him, he braved all the atrocities.

狂热

crazy [ˈkreizi] *adj.* 狂热的

【例】The *crazy* defendant was declared unfit to stand trial.

fanatic [fəˈnætik] *adj.* 狂热的(frantic, fervent) *n.* 狂热者

【记】fan(迷)+atic→着迷的人→狂热者

fanaticism [fəˈnætisizəm] *n.* 狂热，盲从

frenzy [ˈfrenzi] *n.* 狂热(great excitement)

【记】参考frantic(疯狂的)

insane [in'sein] *adj.* 发狂的，精神错乱的(crazy)

【记】in(不)+sane(清醒的)→精神错乱的

【例】The murderer was judged to be *insane* and was then released.

mania ['meiniə] *n.* 癫狂，狂热

【记】man(疯狂)+ia(病)→癫狂

radical ['rædikəl] *adj.* 激进的(severe, extreme)

【例】The American Revolution is not a *radical* one, but a gradual evolution.

furor ['fjurɔː] *n.* 激怒(frenzy)；狂热

frenetic [frə'netik] *adj.* 发狂的，狂热的

zealotry ['zelətri] *n.* 狂热，入迷

满意

content [kən'tent] *adj.* 满足的(satisfied, complacent)

【例】After a good meal and good conversation, we were all *content*.

gratify ['grætifai] *vt.* 使满意(satisfy)

【记】grat(满意)+ify→使满足、高兴

【例】Anne was *gratified* by the manager's efforts to help her.

relieved [ri'liːvd] *adj.* 放心的

【记】名词relief(宽慰)

satiate ['seiʃieit] *vt.* 使饱享，使满足

【记】sat(满)+iate→使满足

【例】Some cold lemonade *satiated* my thirst.

satisfactory [ˌsætis'fæktəri] *adj.* 令人满意的

梦想

aspiration [ˌæspə'reiʃən] *n.* 热望，渴望(avidity)

【记】a+spir(呼吸)+ation→渴望

【例】Children often have big *aspirations*.

aspire [ə'spaiə] *vi.* 热望(crave, yearn)

【例】I *aspire* to being the president of a bank.

court [kɔːt] *v.* 追求(pursue)

crave [kreiv] *vt.* 渴求(desire, yearn)

【例】The young man *craved* for success.

desirable [diˈzaiərəbl] *adj.* 理想的，如意的

desire [diˈzaiə] *vt.* 想要 *n.* 欲望

【例】His excellence at work leaves nothing to be *desired*.

desirous [diˈzaiərəs] *adj.* 渴望的

hunger [ˈhʌŋgə] *v.* / *n.* 渴望

long [lɔŋ] *vi.* 渴望(crave，yearn)

【例】People in the war *longed* for peace day and night.

solicitous [səˈlisitəs] *adj.* 渴望的(avid)；焦虑的(concerned)

【例】The parents are *solicitous* about their son's health.

ambition [æmˈbiʃən] *n.* 野心，雄心

【例】Her *ambition* is the presidency of the World Bank.

reverie [ˈrevəri] *n.* 白日梦，幻想(daydream)

情感

affection [əˈfekʃən] *adj.* 挚爱的；亲切的(kind，genial)

affectionate [əˈfekʃənit] *adj.* 挚爱的；亲切的(kind，genial)

【记】affection(感情)＋ate→挚爱的

【例】Jane gave her mother an *affectionate* hug.

cherish [ˈtʃeriʃ] *vt.* 珍爱(care for)

【例】Mary *cherished* the idea of touring the castles of Europe.

emotional [iˈməuʃənl] *adj.* 情绪的，情感的

emotive [iˈməutiv] *adj.* 使感动的；感情的；动感情的

impassive [imˈpæsiv] *adj.* 无感情的(apathetic，indifferent)

【记】im(不)＋pass(感情)＋ive→无感情的

【例】The nurse's *impassive* attitude annoyed me.

lovelorn [ˈlʌvlɔːn] *adj.* 失恋的

nostalgia [nɔsˈtældʒiə] *n.* 思乡，怀旧

【记】nost(家)＋alg(痛)＋ia(病)→思乡

【例】The old man remembered his college days with *nostalgia*.

热情

passionate [ˈpæʃənit] *adj.* 多情的；热情的(impassioned，fervent)

【记】passion(激情)＋ate→热情的

sentimental [ˌsentiˈmentl] *adj.* 伤感的，多愁善感的(emotional)

【例】Mary felt *sentimental* about life.

touching [ˈtʌtʃiŋ] *adj.* 动人的，令人感伤的(moving, impressive)

【记】touch(感动)＋ing→动人的

apathy [ˈæpəθi] *n.* 冷淡，漠不关心(indifference, unconcern)

【记】a(没有，表示否定)+pathy(感情)→冷淡

indifferent [inˈdifərənt] *adj.* 漠不关心的；不注意的

【例】It is quite *indifferent* to me whether you go or stay.

enthusiastic [inˌθjuːziˈæstik] *adj.* 热心的，满腔热情的

【例】The retired worker is very *enthusiastic* about neighborhood affairs.

zeal [ziːl] *n.* 热心，热情，热忱(zest, enthusiasm)

zealous [ˈzeləs] *adj.* 热心的(enthusiastic, fervent)

【例】The *zealous* soldier hoped to be sent to the front to fight for the country.

zest [zest] *n.* 浓烈的兴趣(interest)；热心(enthusiasm)

ardent [ˈɑːdənt] *adj.* 极热心的，热情的(passionate, enthusiastic, fervent, zealous)

【例】Jane's *ardent* admirer sent her flowers every day.

ardor [ˈɑːdə] *n.* 热心(enthusiasm)

【例】The teacher was impressed by Bill's *ardor* for learning.

devoted [diˈvəutid] *adj.* 热心的(enthusiastic)

【例】Mary is a *devoted* member of her church.

enthusiasm [inˈθjuːziæzəm] *n.* 热情(passion)

【例】Jane's *enthusiasm* for gardening is reflected by all of these beautiful flowers.

hail [heil] *vt.* 欢呼，欢迎(acclaim, applaud)

【例】Birds are singing, *hailing* the coming of the spring.

hospitable [ˈhɔspitəbl] *adj.* 好客的(sociable, companionable)

impassioned [imˈpæʃ(ə)nd] *adj.* 热烈的(emotional, ardent)

【记】im(在…上)＋passion(激情)＋ed→热烈的

passionate [ˈpæʃənit] *adj.* 多情的；热情的

fervor [ˈfəːvə] *n.* 激情；热情(zest)

fervent [ˈfəːvənt] *adj.* 强烈的；热烈的

【例】He's a *fervent* believer in free speech.

dedication [ˌdediˈkeiʃən] *n.* 献身，奉献(devotion)

【例】His *dedication* to work has inspired everyone at present.

cordial [ˈkɔːdiəl] *adj.* 热忱的，诚恳的(gracious)；兴奋的

【例】Leaders from the two sides had a *cordial* meeting.

态度

begrudge [biˈɡrʌdʒ] *vt.* 羡慕，嫉妒(grudge, stint, envy, admire)

【记】be＋grudge(怨恨，吝啬)→嫉妒

【例】She *begrudged* the little girl's youth.

contrite [ˈkɔntrait] *adj.* 悔悟的(repentant, remorseful)

【记】con＋trite(摩擦)→(心灵)摩擦→悔悟的

【例】The driver who caused the car accident was very *contrite* over it.

desperate [ˈdespərit] *adj.* 不顾一切的；严重的(extremely serious)

【例】Mary was *desperate* for a raise because her bills were mounting.

flatter [ˈflætə] *vt.* 奉承，阿谀，谄媚

【例】He was good at *flattering* others.

forlorn [fəˈlɔːn] *adj.* 绝望的；被遗弃的(wretched, lonely)

【记】for(出去)＋lorn(被弃的)→被遗弃的

indifferent [inˈdifərənt] *adj.* 冷漠的，不积极的(uninterested, nonchalant)

【记】in(不)＋different(不同的)→不同也无所谓→冷漠的

【例】People were annoyed at the boss's *indifferent* attitude toward those who died in the accident.

jealous [ˈdʒeləs] *adj.* 妒忌的(envious)；猜疑的

profane [prəˈfein] *vt.* / *adj.* 亵渎(的)(humiliate, disrespectful)

【记】比较fane(神庙)

【例】Please don't *profane* things that are sacred to other people.

犹豫

demur [diˈməː] *vi.* 踌躇

【例】Anne *demurred* at the statement that she assigned too much homework.

scruple [ˈskruːpl] *n.* / *v.* 踌躇，犹豫

flounder [ˈflaundə] *vi.* 踌躇

【记】另一个意思是“比目鱼”

hesitate [ˈheziteit] *vi.* 犹豫，踌躇

【例】He *hesitated* before he answered because he didn't know what to say.

indecision [ˌindiˈsiʒən] *n.* 优柔寡断

【例】His *indecision* caused him to lose the chance of a new challenging job.

vacillate [ˈvæsileit] *vi.* 犹豫不定，踌躇不决

【例】He *vacillated* between going and not going.

waver [ˈweivə] *vi.* 犹豫不决

【例】His resolve began to *waver*.

irresolute [iˈrezəluːt] *adj.* 无决断的，犹豫不决的（hesitating, indecisive）

faltering [ˈfɔːltəriŋ] *adj.* 犹豫的，支吾的，蹒跚的

怀疑

fishy [ˈfiʃi] *adj.* 值得怀疑的（suspicious, dubious）

doubt [daut] *vt.* / *n.* 怀疑（suspect）

【例】After he lost the game, Bill had *doubts* about his athletic ability.

dubious [ˈdjuːbjəs] *adj.* 怀疑的（doubtful）

【例】The *dubious* employees shook their heads as they carried out the order.

incredulity [ˌinkriˈdjuːliti] *n.* 怀疑（suspicion, disbelief）

poise [pɔiz] *n.* 犹疑

skeptical [ˈskeptikəl] *adj.* 怀疑的（dubious, incredulous）

【例】The *skeptical* student refused to accept the theory of evolution.

suspect [səsˈpekt] *vt.* 怀疑

【例】I *suspect* his motives.

suspicion [səsˈpiʃən] *n.* 怀疑（doubt, distrust）

【记】sus(=sub下)+spic(看)+ion→从下面看→怀疑

distrust [disˈtrʌst] *n.* / *v.* 怀疑，不信

【例】The old man *distrusts* banks so he keeps his money at home.

disbelief [ˌdisbiˈliːf] *n.* 不信，怀疑

【例】He showed his *disbelief* against the theory.

愉悦

blessed [ˈblest] *adj.* 愉快的(amused, blithe)

【例】We are surely *blessed* because we escaped the fire.

bliss [blis] *n.* 狂喜(ecstasy)

【例】Jane was in a state of *bliss* after getting her degree.

brighten [ˈbraitn] *vt.* 使快活，使高兴

【记】bright(光亮)+en→使高兴

【例】A little gift will *brighten* the little child up.

ecstasy [ˈekstəsi] *n.* 恍惚；狂喜

【例】Mary was in *ecstasy* when she won the piano competition.

elation [iˈleiʃ(ə)n] *n.* 得意洋洋

【记】elat(e)(使得意洋洋)+ion→得意洋洋

【例】John's *elation* is apparent from the huge smile on his face.

enrapture [inˈræptʃə] *vt.* 使狂喜(delight, exult)

【记】en+rapture(狂喜)→使狂喜

【例】Her smile *enraptured* him so he would not move his eyes.

exalted [igˈzɔːltid] *adj.* 兴奋的(exited)

【例】The *exalted* prince entered the hall and everyone stood up.

excitement [ikˈsaitmənt] *n.* 激动，兴奋；刺激

【例】*Excitement* flowed through the crowd when the famous athlete entered the room.

exultant [igˈzʌltənt] *adj.* 欢腾的，狂欢的(happy, jubilant)

【记】ex+(s)ult(激动)+ant→激动→欢腾的

gleeful [ˈgliːful] *adj.* 极高兴的，兴奋的(delightful, exultant)

hilarious [hiˈlɛəriəs] *adj.* 高兴的(delightful)

joyous [ˈdʒɔiəs] *adj.* 快乐的，高兴的

【记】joy(高兴)+ous→高兴的

pleasing [ˈpliːziŋ] *adj.* 愉快的(blithe, amusing)

rapture [ˈræptʃə] *n.* 狂喜(ecstasy, delight)

【记】rapt(着迷)+ure→狂喜

ravish [ˈræviʃ] *vt.* 使陶醉，使狂喜；抢走

【例】He was *ravished* by her beauty, and forgot that she was *ravishing* his fortune.

delight [di'lait] *n.* 快乐，高兴，喜悦 *v.* (使)高兴，(使)欣喜

【例】Tom was *delighted* to be invited to her party.

exhilaration [igˌzilə'reiʃən] *n.* 高兴，兴奋

beaming ['biːmiŋ] *adj.* 喜气洋洋的，愉快的

blithesome ['blaiðsəm] *adj.* 欢乐的，愉快的

憎恨

abhor [əb'hɔː] *vt.* 憎恶(detest, despise, loathe)

【记】ab+hor(恨，怕)→憎恶

【例】People from all the world *abhor* terrorism.

abhorrent [əb'hɔrənt] *adj.* 可恶的，可恨的(detestable)

aversion [ə'vəːʃən] *n.* 厌恶(dislike, distaste)

【记】a+vers(转)+ion→转开→厌恶

【例】Her *aversion* to buses makes it necessary for her to own a car.

detest [di'test] *vt.* 憎恶(abhor, hate, loathe)

【记】de+test(证明)→反证→憎恨

【例】My children *detest* onions.

disgust [dis'gʌst] *vt.* 厌恶

【例】The raw fish *disgusted* me, so I left the table.

grudge [grʌdʒ] *vt.* 怨恨；妒忌；勉强给予

【例】He *grudges* her earning more than he does.

hatred ['heitrid] *n.* 憎恶，憎恨(abomination)

hideous ['hidiəs] *adj.* 骇人听闻的；丑恶的(ugly, ill-looking)

【例】Despite its low price, no one would buy the *hideous* tie.

loathe [ləuð] *v.* 厌恶

【例】I *loathe* washing dishes.

resent [ri'zent] *vt.* 憎恨(loathe, hate, detest)

【记】re(反)+sent(感情)→相反的感情→憎恨

【例】I bitterly *resent* your critism.

abomination [əˌbɔmi'neiʃən] *n.* 憎恨，厌恶；可憎的事物

enmity ['enmiti] *n.* 敌意，仇恨(hostility, antagonism, animosity)

【例】The wartime *enmity* of the two nations subsided into mutual distrust when peace finally came.

abominate [ə'bɔmineit] *vt.* 憎恶，厌恶，痛恨

【例】People *abominate* corruption.

连 线 题

左列单词在右列中有一个或多个同义词，请画线连接。

（一）

	prejudice
arrogant	astonish
incredible	emotional
bias	improbable
impetuous	encroach
deplore	haughty
insolent	infringe
malevolent	impulsive
sentimental	impudent
intrude	malicious
enrage	grieve
astound	exasperate

（二）

	stress
listless	delightful
depress	indifferent
curious	ecstasy
exultant	passionate
strain	dispirit
aspire	sluggish
hilarious	threaten
impassive	yearn
rapture	jubilant
menace	skeptical
ardent	inquisitive
dubious	

连线题答案

（一）

arrogant	haughty
incredible	improbable
bias	prejudice
impetuous	impulsive
deplore	grieve
insolent	impudent
malevolent	malicious
sentimental	emotional
intrude	encroach
intrude	infringe
enrage	exasperate
astound	astonish

（二）

listless	sluggish
depress	dispirit
curious	inquisitive
exultant	jubilant
strain	stress
aspire	yearn
hilarious	delightful
impassive	indifferent
rapture	ecstasy
menace	threaten
ardent	passionate
dubious	skeptical

Word List 34

音频

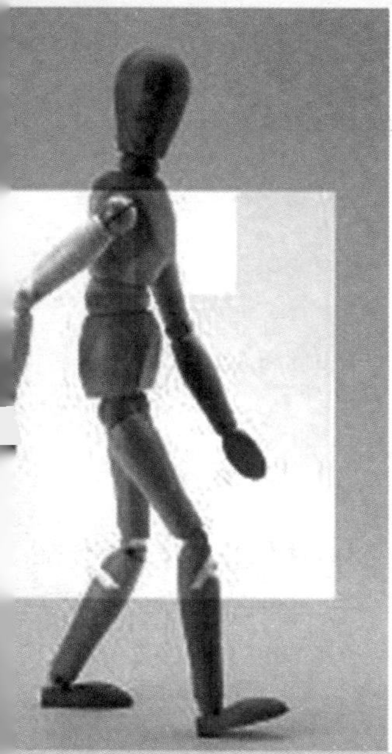

行　为

记忆小贴士:情景记忆法

情景记忆是对个人亲身经历过的、在一定时间和地点发生的事件或情景的记忆。在学习本章表示行为的单词时,回忆自己过去的相关经历,会起到事半功倍的效果。

帮助

adopt [ə'dɔpt] *vt.* 收养

【记】ad+opt(选择)→收养

【例】Because the Johnsons couldn't have children, they *adopted* an orphan.

assist [ə'sist] *vt.* 辅助(aid, help)

【例】A nurse *assisted* the surgeon during the operation.

beneficial [beni'fiʃəl] *adj.* 有益的(profitable, lucrative)

【例】Mary's college classes were *beneficial* to her career path.

benefit ['benifit] *vt.* 对…有益处

【例】Volunteer work *benefits* society.

benevolent [bi'nevələnt] *adj.* 慈善的(charitable)

【记】bene(好)+vol(心意)+ent→慈善的

【例】Some *benevolent* soul donated clothes to the orphanage.

bestow [bi'stəu] *vt.* 赠予

【记】be+stow(地方)→给予地方→赠予

champion ['tʃæmpjən] *vt.* 支持(support)

【例】Bill *championed* the party's nominee for president.

charitable ['tʃæritəbl] *adj.* 慷慨的(generous); 慈善的(benevolent)

【例】Because it was Susan's first offense, the judge was *charitable* and gave her probation.

charity ['tʃæriti] *n.* 施舍(benevolence, altruism); 慈善事业

【例】The *charity's* goal is to help people help themselves.

donate [dəu'neit] *vt.* 捐赠(contribute, present)

【例】Steve *donated* the old couch to charity.

extricate ['ekstrikeit] *vt.* 救出，使解脱(release, liberate)

【记】ex+tric(复杂)+ate→从复杂中走出→解脱

【例】Jane *extricated* herself from an unhappy relationship with her boyfriend.

gainful ['geinful] *adj.* 有利的，有报酬的(profitable, lucrative)

【记】gain(获得)+ful→只要能得到

【例】He kept on teaching in a small college, though he knows this job is not *gainful*.

instrumental [ˌinstruˈmentl] *adj.* 有帮助的(significant, useful)

obliging [əˈblaidʒiŋ] *adj.* 施恩的；愿帮忙的(helpful)

【例】He was so thankful for the *obliging* hostess who took care of him when he was ill.

prop [prɔp] *n.* / *vt.* 支持(support, mainstay)

【例】Her daughter was the only *prop* to the old lady during her illness.

redress [riˈdres] *n.* 救济

rescue [ˈreskjuː] *vt.* 拯救(save)

【例】The firefighter *rescued* six people from the burning building.

salvage [ˈsælvidʒ] *vt.* (海上)救护，抢救(recover, rescue)

【例】I was able to *salvage* some data from the ruined computer file.

save [seiv] *v.* 拯救(rescue)

【例】The doctors managed to *save* his life.

保护

convoy [ˈkɔnvɔi] *vt.* 护送(accompany, escort)

【记】con+voy(路，看)→照看一路→护送

【例】The army *convoyed* the supply trucks to the center of the battle.

defend [diˈfend] *vt.* 防护

escort [iˈskɔːt] *vt.* 护送(accompany)

【例】A bodyguard *escorted* the celebrity around town.

preserve [priˈzəːv] *vt.* 保存(keep, save, maintain)

【记】pre(预先)+serve(保存)→保存

【例】Max eats only good things, hoping to *preserve* his health.

retain [riˈtein] *vt.* 保留(hold, reserve, withhold, keep)

【例】We *retained* the original fireplace when we decorated the room.

safeguard [ˈseifˌgɑːd] *vt.* 维护，保卫(protect)

【记】联想“舒肤佳”香皂

【例】We have found a way of *safeguarding* our money.

shield [ʃiːld] *vt.* 庇护，保护(protect)

【例】He *shielded* me by claiming that he broke the window.

shelter [ˈʃeltə] *n.* 避难所；庇护物，遮蔽物 *v.* 庇护，保护；遮挡

【例】We took *shelter* from the storm in a barn.

protection [prəˈtekʃən] *n.* 保护

【例】Her coat gave her *protection* from the rain.

处理

abandon [əˈbændən] *vt.* 抛弃，放弃（discard, give up）

【记】a（没）+bandon（权力）→不再有权力→抛弃

【例】He *abandoned* his wife and went away with all their money.

adopt [əˈdɔpt] *vt.* 采用（foster）

【记】ad+opt（选择）→采用

【例】Susan *adopted* a strict diet when she learned she was sick.

arrange [əˈreindʒ] *vt.* 排列（put together, plan）

【记】ar+range（列）→排列

【例】The florist *arranged* the roses in the vase.

bestow [biˈstəu] *vt.* 利用

【记】be+stow（地方）→给予地方

cancel [ˈkænsəl] *vt.* 取消（call off, nullify）

【例】The boss *canceled* the meeting.

contrive [kənˈtraiv] *vt.* 设计；发明（invent）

【例】A group of scientists *contrived* a new synthetic plastic.

deal [diːl] *vi.* 处理

【例】You need to learn how to *deal* with problems like this.

delete [diˈliːt] *vt.* 删除（erase, remove from）

despatch [disˈpætʃ] *vt.* 迅速处理（dispose）

【例】The chairman *despatched* the meeting in 20 minutes.

discard [disˈkɑːd] *vt.* 丢弃（reject）

【例】I tried to *discard* the old toys, but the children found them and put them back in the toy box.

displace [disˈpleis] *vt.* 转移

【记】dis+place（位置）→变换位置→转移

dispose [disˈpəuz] *vi.* 处理(deal with)；丢掉(get rid of)

【例】Man proposes, God *disposes*.

dissipate [ˈdisipeit] *v.* 驱散，消散(disappear)

【例】The fog is *dissipating*.

efface [iˈfeis] *vt.* 消除(erase)

【记】ef+face(脸)→去掉表面→消除

【例】Weathering has *effaced* the inscription on the tombstone so that people cannot read it.

effectuate [iˈfektjueit] *vt.* 使实现

【记】effect(结果)+uate(表示动词)→使实现

【例】The scientists *effectuated* a shockwave.

eradicate [iˈrædikeit] *vt.* 根除 (eliminate, get rid of, remove)

【例】One of the major goals of the government is to *eradicate* poverty in poor areas of China.

erase [iˈreiz] *vt.* 消除(eliminate)

【记】e+rase(擦)→消除

【例】Bill *erased* his mistake before turning in his assignment.

exert [igˈzəːt] *vt.* 施加

【记】ex+ert(力)→出力→施加

【例】He *exerted* more influence on the committee than anyone else.

forsake [fəˈseik] *vt.* 遗弃，抛弃(abandon, desert)；摒绝

【记】for (god's)sake看在上帝的份儿上，不要抛弃我。

【例】I had to *forsake* my smoking habit because I was having trouble breathing.

glean [gliːn] *vt.* 收集(collect, gather)

【例】The scientists were delighted at these information *gleaned* from the investigation.

harness [ˈhaːnis] *vt.* 利用(utilize)

【例】Before steam engine was *harnessed* in large machinery, the efficiency was very low.

implement [ˈimplimənt] *vt.* 实现(carry out, fulfil, execute)

【记】im(进入)+ple(满)+ment→使圆满→实现

【例】Once we made a plan, the remaining task would be to *implement* it.

jettison [ˈdʒetisn] *vt.* 抛弃，丢弃 (discard)

【例】The manager *jettisoned* the whole marketing plan.

process [prəˈses] *vt.* 处理(treat)

【例】These materials are to be *processed* before they can be used.

purge [pəːdʒ] *vt.* 消除(clear, purify)
【记】比较pure(纯的)
【例】The old tycoon did a lot of good deeds to *purge* away his sins.

reject [ri'dʒekt] *vt.* 抛弃
【记】re(回)+ject(扔)→扔回来，拒绝
【例】He *rejected* their invitation point-blank.

scrap [skræp] *vt.* 废弃

shift [ʃift] *n./v.* 转移；替换(change, alteration)
【例】Workers in this factory work on three *shifts*.

tackle ['tækl] *vt.* 处理(deal, handle)
【例】Susan *tackled* the problem and solved it easily.

transact [træn'zækt] *vt.* 处理(deal, manage)
【例】These two companies often *transact* business over the phone.

undo [ˌʌn'duː] *vt.* 取消(cancel, annul)
【记】un(不)+do(做)→取消
【例】What is done cannot be *undone*.

utilize ['juːtilaiz] *vt.* 利用(use, make use of)
【例】Efficient workers *utilize* time wisely.

促进

arouse [ə'rauz] *vt.* 唤起(awake, evoke)
【记】a+rouse(唤起)→唤起
【例】A book with a very colorful cover *aroused* Bill's interest.

elicit [i'lisit] *vt.* 得出；引出(provoke)
【例】After much questioning among the people concerned, the headmaster at last *elicited* the truth about the incident.

encourage [in'kʌridʒ] *vt.* 鼓励(urge)
【例】The coach *encouraged* Jimmy to practise more often.

evoke [i'vəuk] *vt.* 唤起(arouse, produce)
【记】e+voke(喊)→喊出→唤起
【例】Bill's soft voice *evoked* a feeling of peace and calmness.

foment [fəu'ment] *vt.* 引发(incite, stir up)
【记】比较ferment(酶，酝酿)
【例】The event *fomented* widespread public opinion.

fortify [ˈfɔːtifai] *vt.* 加强(strengthen, reinforce)

【记】fort(强)+ify→力量化→加固

【例】We *fortified* the bridge with extra supports.

further [ˈfəːðə] *vt.* 促进，增进(advance, promote)

【例】He wants to *further* his education in China.

hasten [ˈheisn] *v.* 催促；赶紧(hurry; quicken)

【例】She *hastened* her to go to work.

impulsive [imˈpʌlsiv] *adj.* 推动的(propelling, driving)

incite [inˈsait] *vt.* 引起，煽动(arouse, provoke, stir)

【记】in(进入)+cite(唤起)→激起

【例】Troublemakers who *incite* riots are under arrest.

inspire [inˈspaiə] *vt.* 鼓舞，激发 (fire the imagination, encourage)

【例】I was *inspired* to work harder than ever before.

instigate [ˈinstigeit] *vt.* 鼓动(prompt)

【记】in(进入)+stig(刺激)+ate→进入刺激→鼓动

【例】He *instigated* the ending of a free working lunch in the company.

intensify [inˈtensifai] *vt.* 加强(enhance, strengthen)

【例】The general *intensified* the defense of the northern border by sending more troops there.

kindle [ˈkindl] *vt.* 激起

【记】比较candle(蜡烛)

【例】Her cruelty *kindled* hatred in my heart.

prod [prɔd] *vt.* 刺激(poke, spur)

promote [prəˈməut] *vt.* 促进

【记】pro(前)+mote(动)→促进

prompt [prɔmpt] *vt.* 鼓动(stimulate, motivate)

【例】The man confessed that poverty *prompted* him to steal.

propel [prəˈpel] *vt.* 推进，促进(drive, push forward)

【记】pro(前)+pel(推)→推进

spur [spəː] *vt.* 刺激，鞭策 (stimulate, provoke, urge)

【例】*Spurred* by his encouraging students, the teacher started to talk about his first love.

stimulate [ˈstimjuleit] *vt.* 刺激，激励，激发(motivate, encourage, incite, actuate)

【记】stimul(刺激)+ate→刺激

【例】The mass was *stimulated* by his words and burned Caesar's house.

urge [əːdʒ] *v.* 推进；催促(advocate, encourage, impel, press)

【例】The teacher *urged* on the necessity of sufficient practice to achieve a high score.

获得

attainment [əˈteinmənt] *n.* 成就(accomplishment, achievement)

【记】at+tain(拿住)+ment→得到的→成就

【例】*Attainment* of the Olympic gold medal thrilled the athlete.

obtain [əbˈtein] *vt.* 得到(acquire, attain, gain)

【例】His intelligent work has *obtained* him great fame.

gain [gein] *v.* 得到，赚到(acquire, benefit, earn, profit, win)

【例】The Smiths *gained* a small fortune in real estate.

redeem [riˈdiːm] *vt.* 取回，赎回(rescue, save)

【记】re(重新)+deem(买)→赎回

【例】I *redeemed* the watch that I had pawned at the pawn shop.

reclaim [riˈkleim] *vt.* 收回(take back)

【例】China's sovereignty over Hong Kong and Macau was *reclaimed*.

resumption [riˈzʌmpʃən] *n.* 取回；恢复

【例】*Resumption* of negotiations heralds a good beginning.

procure [prəˈkjuə] *vt.* 获得，取得(acquire, obtain)

【例】He swears he will *procure* a solution to this difficult problem.

acquire [əˈkwaiə] *vt.* 获得，取得(gain, earn, obtain)

【例】She *acquired* a knowledge of English by careful study.

accomplishment [əˈkɔmpliʃmənt] *n.* 完成；达到

repossess [ˌriːpəˈzes] *vt.* 收回；复得

【例】*Repossessing* the old house that was confiscated during the upheaval delighted the whole family.

secure [siˈkjuə] *vt.* 赢得；获得，取得(acquire)

【例】Can you *secure* me two good tickets for the concert?

躲避

avoid [əˈvɔid] *vt.* 避免，回避，躲开(shun, escape)

【例】I drove carefully to *avoid* an accident.

dodge [dɔdʒ] *vt.* 躲开，逃避(avoid, evade)

【例】The politician *dodged* many controversial issues in her speech.

elude [i'luːd] *vt.* 躲避(escape, evade)

【记】e(出)+lude(玩)→玩出去→躲出去

【例】The gangster *eluded* the police.

elusive [i'luːsiv] *adj.* 躲避的

【记】e(出)+lus(玩)+ive→耍人→让人难懂的

【例】We got a glimpse of the *elusive* movie star as he entered his private car.

escape [is'keip] *v.* 避免；逃避

【例】Many birds *escaped* when I accidentally left their cage open.

eschew [i'stʃu; ɛs'tʃu] *vt.* 避开(avoid, shun)；远离

【例】Jane *eschews* both alcohol and tobacco.

evade [i'veid] *vt.* 逃避，回避(dodge, avoid)

【记】e+vade(走)→逃跑

【例】Jane *evaded* doing her chores at home by pretending to be sick.

evasion [i'veiʒən] *n.* 逃避

【例】John's *evasion* of questions about where he was last night alarmed his parents.

evasive [i'veisiv] *adj.* 逃避的，推诿的(elusive, equivocating)

【例】Anne's *evasive* manner caused me to doubt everything she said.

shun [ʃʌn] *vt.* 避开(avoid, eschew)

【例】John *shuns* businesses that don't employ union labor.

sly [slai] *adj.* 躲躲闪闪的(secret, furtive)

【例】The *sly* spy managed to trap those loyal people.

shirk [ʃəːk] *vi.* 逃避，推卸

【例】He *shirked* from doing the hard work.

反抗

defiant [di'faiənt] *adj.* 大胆反抗的(hostile, rebellious)

【例】The *defiant* teenager frequently skipped school.

defy [di'fai] *vt.* 蔑视；反抗

【例】If you *defy* the law, you'll be sent to prison.

demur [diˈməː] *vi.* 抗议(protest, object)

【例】Anne *demurred* at the statement that she assigned too much homework.

insubordinate [ˌinsəˈbɔːdinət] *adj.* 不服从的(disobedient, rebellious)

【记】in(不)+subordinate(服从的)→不服从的

opposed [əˈpəuzd] *adj.* 反对的

【记】oppose(反对)+d→反对的

rebellion [riˈbeljən] *n.* 反抗(revolt, opposition)

【记】re(反)+bell(打斗)+ion→反抗

resist [riˈzist] *v.* 抵抗(oppose)

【记】re(始终)+sist(坐)→始终坐着→坚持

【例】He could *resist* no longer.

traverse [ˈtrævə(ː)s] *vt.* 反对

【记】tra(横)+verse(转)→反对

revolt [riˈvəult] *vt.* 造反，反叛(rise up, rebel)

【例】The people *revolted* against their king.

recalcitrant [riˈkælsitrənt] *adj.* 反抗的，反对的，顽抗的(opposing)

countermeasure [ˈkauntəˌmeʒə] *n.* 对策 *v.* 应付

【例】Government *countermeasures* against rising prices.

disobedient [ˌdisəˈbiːdiənt] *adj.* 不服从的，抗拒的

【例】The mischievous student has been *disobedient* to his mother since he was a child.

confront [kənˈfrʌnt] *vt.* 面对，面临；遭遇(encounter)

【例】Only when the police *confronted* her with evidence did she admit that she had stolen the money.

mutinous [ˈmjuːtinəs] *adj.* 叛变的，哗变的

【例】The *mutinous* children refused to obey their teacher.

否定

decline [diˈklain] *v.* 拒绝(refuse)

deny [diˈnai] *vt.* 否认

【例】They *denied* the fact by making a fake story.

disclaim [disˈkleim] *vt.* 拒绝承认，否认(refuse)

【记】dis+claim(喊)→否认

【例】Each employee *disclaimed* responsibility for the mistake.

exclusion [iks'klu:ʒən] *n.* 拒绝(rejection)

【例】The contract covers everything with no *exclusions* stated.

gainsay [gein'sei] *vt.* 否认(deny)

【记】gain(=against反对)+say(说)→否认

【例】He is a good man; there is no *gainsaying* his innocence.

reject [ri'dʒekt] *vt.* 拒收(refuse, turn down)

【记】re(回)+ject(扔)→扔回来，拒绝

【例】He *rejected* their invitation.

relinquish [ri'liŋkwiʃ] *vt.* 放弃(abandon, give up, quit)

【记】re(再次)+linqu(离开)+ish→再次离开→放弃

【例】The soldiers had to *relinquish* some unwieldy equipment to their enemies during their retreat.

renounce [ri'nauns] *vt.* 放弃(abandon, reject); 否认

【记】re(反)+nounce(说)→否认

【例】She *renounced* the position when she got pregnant.

denial [di'naiəl] *n.* 否认; 否定

【记】比较affirmation(肯定)

disavowal [ˌdisə'vauəl] *n.* 不承认，否认; 拒绝

【记】dis(表示否定)+avowal(声明)→否认

negate [ni'geit] *vt.* 否定; 否认

overrule [ˌəuvə'ru:l] *vt.* 批驳; 否决; 宣布无效

【例】The defense attorney's objection was *overruled* by the judge.

veto ['vi:təu] *n./v.* 否决; 禁止

【例】The President of the US has the power to *veto* decisions made by the Congress.

renounce [ri'nauns] *vt.* 正式放弃(abandon, relinquish, disclaim)

【例】He *renounced* his claim to the property.

服从

defer [di'fə:] *vi.* 服从，屈从(yield)

【记】de(坏)+fer(带来)→服从

【例】Mike *deferred* his judgment until he heard more explanation.

enthrall [in'θrɔ:l] *vt.* 使服从

【记】en+thrall(奴隶)→奴役

【例】He is *enthralled* by the woman's beauty.

obedience [əˈbiːdiəns] *n.* 服从，顺从(deference, submission)

【例】I was pleased by my dog's *obedience* to my commands.

subjection [səbˈdʒekʃən] *n.* 服从；征服(subjugation, subduing)

submission [səbˈmiʃən] *n.* 屈服；服从

【记】sub(下面)+miss(放)+ion→放在下面→屈服

submissive [səbˈmisiv] *adj.* 顺从的(obedient, meek)

submit [səbˈmit] *vt.* 服从(give in, yield)

【例】Christians *submit* themselves to God's will.

succumb [səˈkʌm] *vi.* 屈服(submit, yield)

【例】The country *succumbed* after only a short siege.

compliance [kəmˈplaiəns] *n.* 服从；遵守(obedience)

【例】*Compliance* with the law is expected in the state.

deference [ˈdefərəns] *n.* 尊重；顺从

acquiescence [ˌækwiˈesns] *n.* 默许

负面行为

abuse [əˈbjuːz] *vt.* 滥用

【记】ab(不)+use(使用)→滥用

【例】Rulers who *abuse* their power should be removed from office.

coddle [ˈkɔd(ə)l] *vt.* 娇养，溺爱

【例】You *coddle* your children too much. They are getting spoiled.

distort [disˈtɔːt] *vt.* 歪曲(misrepresent, twist)

【例】An electrical disturbance *distorted* the picture on the television set.

entail [inˈteil] *vt.* 惹起；使负担

【例】The task *entailed* strict attention to procedure.

inflict [inˈflikt] *vt.* 使遭受(损伤、苦痛等)(incur, impose)

【记】in(进入)+flict(打斗)→导致痛苦

【例】The economic depression has *inflicted* hundreds of millions of loss in Asia.

lash [læʃ] *v.* 鞭打(whip, flog)

【例】The horse was *lashed* because it lagged.

pervert [pə(ː)ˈvəːt] *vt.* 导入邪途；曲解(deviate, distort)

【记】per(全部)+vert(转)→全都转到邪道

【例】The analysis *perverts* the meaning of the poem.

maltreatment [mælˈtriːtmənt] *n.* 虐待，粗暴对待

exploitation [ˌeksplɔiˈteiʃən] *n.* 开发，开采；剥削

【例】It is, to some extent, *exploitation* of unwary consumers.

indulge [inˈdʌldʒ] *vt.* 放任(coddle, pamper)；沉溺

【例】He even *indulged* his children.

disfigure [disˈfigə] *vt.* 损坏…外貌，破坏…的外形(deface, deform)

【例】The museum was *disfigured* in the war time.

改良

adjust [əˈdʒʌst] *vt.* 调节，使适于(adapt)

【记】ad+just(合适的)→使适于

【例】Mary *adjusted* the TV to get a clearer picture.

coax [kəuks] *vt.* 耐心调理

【例】Jane *coaxed* her little baby to sleep.

correct [kəˈrekt] *adj.* 正确的 *vt.* 纠正(ratify)

【记】cor+rect(直，正)→纠正

【例】The *correct* answers are given at the back of the workbook.

embellish [imˈbeliʃ] *vt.* 装饰，修饰(decorate, adorn)

【记】em+bell(美)+ish→使美

【例】Anne *embellished* the shirt collar with lace.

embroider [imˈbrɔidə] *vt.* 装饰

【记】em+broider(刺绣)→装饰

【例】Susan *embroidered* the edges of all her pillowcases.

garnish [ˈgɑːniʃ] *vt.* 加装饰(adorn, decorate)

【记】garn(=gar花)+ish→用花来→装饰

【例】The cool drink was *garnished* with a slice of lemon.

gild [gild] *vt.* 虚饰(embellish)

innovation [ˌinəˈveiʃən] *n.* 改革，革新(reformation)

【记】innovat(e)(革新)+ion→改革

【例】Susan's design *innovations* saved the company a great deal of money.

mend [mend] *vt.* 改正，修正(revise, correct)；改进
【例】We must do something to *mend* his reputation.

modification [ˌmɔdifiˈkeiʃən] *n.* 更改，修改(change)

modify [ˈmɔdifai] *vt.* 修改(change, adapt)
【记】mod(方式；规范)+ify→规范化→修改
【例】I *modified* my travel plans by staying an extra night in Rome.

modulate [ˈmɔdjuleit] *vt.* 调整(change, modify)
【记】mod(方式，模式)+ulate→对模式进行调整→调整
【例】The opera singer *modulated* her voice skillfully.

ornament [ˈɔːnəmənt] *n.* 装饰物；装修(decoration, embellishment)
【记】orn(装饰)+ament→装饰物

refine [riˈfain] *vt.* 精炼，精制；使文雅高尚
【例】He needs to *refine* his style of writing.

reinforce [ˌriːinˈfɔːs] *vt.* 加强，加固(increase, strengthen)
【记】re(再次)+in+force(力量)→再次增加力量
【例】The Congress passed a bill on *reinforcing* information technology in the coming decade.

renovate [ˈrenəveit] *vt.* 革新(renew, restore)
【记】re(重新)+nov(新)+ate→重新翻新→革新

干涉

balk [bɔːlk] *vt.* 妨碍(block, hinder, stall)
【例】His plan was *balked*.

barricade [ˌbæriˈkeid] *n.* 障碍物(barrier, impediment)
【记】barric(阻止)+ade→障碍物
【例】The students erected a *barricade* on campus as a protest.

barrier [ˈbæriə] *n.* 栅栏；屏障，障碍(obstacle, block, barricade)
【例】The *barrier* between the desks gave both workers some privacy.

block [blɔk] *n.* / *vt.* 阻碍(hinder, obstruct)
【例】The boy has a mental *block* about spelling.

clog [klɔg] *vt.* 阻碍(block, jam)
【记】分割记忆c+log(圆木头)→阻碍
【例】The accident *clogged* the highway and caused a traffic jam.

conciliatory [kən'siliətəri] *adj.* 善于调解的(reconciling)

【记】concil(协商)+iatory→协商的

【例】One of the diplomats made a few *conciliatory* suggestions that helped bring about a truce.

encumber [in'kʌmbə] *vt.* 阻碍，妨碍(burden, hamper)

【记】en+cumber(躺)→躺着不动→阻碍

【例】There is a hiker who is *encumbered* with a heavy pack.

foil [fɔil] *vt.* 阻止(frustrate)

【例】What ultimately *foiled* his victory was his flawed character.

forestall [fɔː'stɔːl] *v.* 预先阻止(prevent)

【例】Bill *forestalled* a major crisis by taking care of small problems before they became worse.

hamper ['hæmpə] *vt.* 妨碍(hinder, impede, handicap)

【例】The fierce storm *hampered* our efforts to get to town by sunset.

handicap ['hændikæp] *vt.* 妨碍(hamper, impede, obstruct)；使不利

【例】A sore throat *handicapped* the singer.

hinder ['hində] *vt.* 妨碍(hamper, impede, retard)

【例】The tall fence *hindered* the children from going to the lake.

hurdle ['həːdl] *n.* 障碍(barrier, obstacle)

incapacitate [ˌinkə'pæsiteit] *vt.* 使不能(disable, handicap)

【记】比较capacity(能力)

【例】Poor health *incapacitated* him for work all his life.

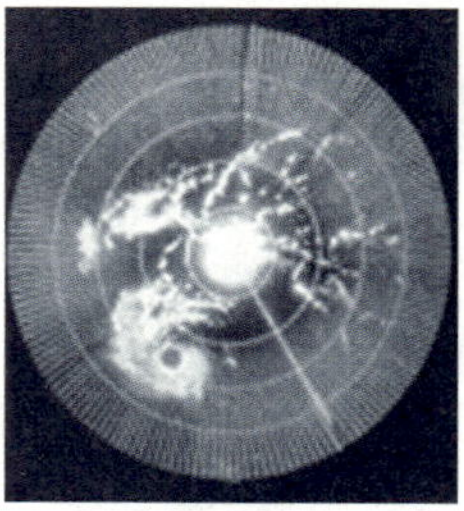

intercede [ˌintə(ː)'siːd] *vi.* 调停(intervene, mediate)；求情

【记】inter (中间)+cede (走)→在中间奔走→调停

【例】Whenever I argued with my brother, my parents would *intercede*.

intercept [ˌintə'sept] *vt.* 中途拦截；阻止(hold back, stop)

【记】inter(中间)+cept(拿)→拦截

【例】John threw the football to Susan, but Bob *intercepted* it.

interfere [ˌintə'fiə] *vi.* 干涉，干预(intervene, meddle)；妨碍

【例】Please stop *interfering*. This is none of your business.

intervene [ˌintə'viːn] *vi.* 干涉(interfere, influence)

【记】inter(中间)+vene(来)→来到中间→干涉

【例】The brothers wouldn't stop arguing until their mother *intervened*.

meddle [ˈmedl] *vi.* 干预(interfere, intervene)

【例】Few people like someone who *meddles* in the affairs of others.

mediate [ˈmiːdieit] *vt.* 调停 (intercede, intervene)

【例】The UN is reponsible for *mediating* between two countries which are at war.

obstacle [ˈɔbstəkl] *n.* 障碍(barrier, impediment)

obstruct [əbˈstrʌkt] *vt.* 阻碍，妨碍(hinder, impede)

【记】ob(反)＋struct(建造)→违反建造→妨碍

【例】Some paper got in the sink and *obstructed* the drain.

prevent [priˈvent] *vt.* 阻碍(block, cumber, hinder, obstruct)

【例】His laziness *prevented* his career.

snag [snæg] *n.* 障碍(disadvantage, obstacle)

【例】The ship struck a *snag* near the bank of the river.

stunt [stʌnt] *vt.* 阻碍(hinder, impede)

【例】The barren environment *stunts* the tree from developing into a big one.

tamper [ˈtæmpə] *vi.* 干预(interfere, intervene)

【例】The secretary *tampered* with the prime minister's schedule.

跟踪

entrap [inˈtræp] *vt.* 以网或陷阱捕捉(trick, entice)

【记】en＋trap(陷阱)→布陷阱捕捉

【例】The hounds *entrapped* the fox.

stalk [stɔːk] *vt.* 跟踪(猎物)(trace)

【例】The hunter carefully *stalked* the deer.

trace [treis] *n.* 痕迹(remnant, residue)

【例】The cunning fox leaves no *traces* for the hunters.

vestige [ˈvestidʒ] *n.* 痕迹，遗迹(remnant, trace)

scout [skaut] *n.* 侦察，搜索 *vt.* 侦察，跟踪(hunt, search out)

【例】They *scouted* a place for a meal.

track [træk] *n.*/*v.* 追踪

【例】The hunter followed the animal's *tracks*.

固定

brace [breis] *vt.* 支持(strengthen, support); 使固定 *n.* 支撑物

【例】The rope acted as a *brace* to hold the tree upright.

fixed [fikst] *adj.* 固定的(stationary)

【记】fix(固定)+ed→固定的

【例】Since this is a new company, there are no *fixed* rules.

fix [fiks] *v.* 固定(set, determine)

【例】He *fixed* a picture to the wall.

immobile [i'məubail] *adj.* 固定的(fixed, stationary)

【记】im(不)+mobile(能动的)→固定的

install [in'stɔːl] *vt.* 安装,设置(set up, equip)

【记】in(进入)+stall(停止)→停放在里面→安装

【例】In order to make the computer operate better, they need to *install* the new software.

set [set] *vt.* 放置(situate)

【例】The movie was *set* in the platform of the railway station.

stationary ['steiʃ(ə)nəri] *adj.* 固定的(fixed, immobile, static)

【例】I think your arm is broken. Try to keep it *stationary* until we get to the hospital.

sustain [səs'tein] *vt.* 支撑,维持(stand, keep, prolong)

【例】Mary *sustained* her plants with plenty of water and sunshine.

观察

detect [di'tekt] *vt.* 探测(explore); 发觉(discover)

【例】I *detected* Bob's lie because he wouldn't look at me directly.

detectable [di'tektəbl] *adj.* 可发觉的,可看穿的(apparent, measurable)

discernible [di'səːnəbl] *adj.* 可觉察的

identify [ai'dentifai] *vt.* 认出(recognize)

【记】iden(相同)+tify→和(记忆中)相同→认出

【例】The doctor *identified* the disease that made me sick.

insight ['insait] *n.* 洞察力,见识(understanding)

investigate [in'vestigeit] *v.* 调查，研究(research, survey)

【例】The police would *investigate* this accident.

locate [ləu'keit] *vt.* 找出(find)

【记】loc(地方)+ate→找出(地方所在)

【例】Police are still trying to *locate* the suspect.

observation [ˌɔbzə'veiʃən] *n.* 观察

observe [əb'zəːv] *vt.* 看(watch)；观察

【例】He *observes* keenly but says little.

perceive [pə'siːv] *vt.* 察觉到，看见(discern, see)

【记】per(全部)+ceive(拿到)→觉察

【例】The world we *perceived* is only a small part of the real world.

perceptive [pə'septiv] *adj.* 感觉敏锐的，观察入微的(discerning, penetrating)

【记】per(全部)+cept(知道)+ive→观察入微的

【例】A *perceptive* scholar questioned the professor's theory.

perspective [pə'spektiv] *n.* 远景(view, outlook)

【记】per(全部)+spect(看)+ive→远景

pierce [piəs] *vt.* 洞察

【例】She couldn't *pierce* his thoughts.

scrutinize ['skrutinaiz] *vt.* 细察(examine, inspect)

【记】scrutin(检查)+ize→细察

【例】The lawyer had *scrutinized* all the documents related to this case.

坚持

fortitude ['fɔːtitjuːd] *n.* 坚忍，刚毅(endurance, courage)

【记】fort(强)+itude(表示状态)→强的状态→刚毅

【例】The soldiers were given a medal for their *fortitude* during the battle.

indomitable [in'dɔmitəbl] *adj.* 不屈不挠的(invincible, relentless)

【记】in(不)+domit(支配，统治)+able→不可支配的→不屈不挠的

inflexible [in'fleksəbl] *adj.* 坚定的(rigid, unbending)

【记】in(不)+flexible(灵活的)→坚定的

insist [in'sist] *vt.* 主张(claim)；坚持说(adhere)

【例】She *insisted* that she never wanted to play hero in the battle.

irreconcilable [i'rekənˌsailəbl] *adj.* 不能妥协的(unconformable, incompatible)

【记】ir(不)+reconcilable(可以和解的)→不能妥协的

maintain [mein'tein] *vt.* 坚持(认为)(keep, sustain, persist, insist)

【记】main(=man手)+tain(拿)→用手拿住→保持

【例】No matter how hard we tried to persuade him, he *maintained* his wrong idea.

perseverance [ˌpəːsi'viərəns] *n.* 坚定不移(persistance, endurance)

persevere [ˌpəːsi'viə] *vi.* 坚持, 不屈不挠

【记】比较severe(严重)

【例】You will need to *persevere* if you want the business to succeed.

persistent [pə'sistənt] *adj.* 坚持不懈的(dogged)

【记】per(始终)+sist(坐)+ent→始终坐着→坚持不懈的

【例】I told the *persistent* salesman to leave me alone.

resist [ri'zist] *v.* 坚持(withstand)

【记】re(始终)+sist(坐)→始终坐着→坚持

resolute ['rezəluːt] *adj.* 坚决的 (firm, determined, steadfast)

steadfast ['stedfɑː/æst] *adj.* 坚决, 坚定, 不变的 (firm, unchanging)

stoically ['stəuikəli] *adv.* 坚韧地

sturdy ['stəːdi] *adj.* 不屈的, 顽强的(strong, stout)

【例】The *sturdy* bridge withstood the shaking of the earthquake.

tenacious [ti'neiʃəs] *adj.* 抓住不放的, 顽强的(stubborn, resolute)

【记】ten(拿)+acious→抓住不放的

【例】The *tenacious* applicant soon got the job.

unshaken [ˌʌn'ʃeikən] *adj.* 坚决的, 不动摇的

【记】un(不)+shaken(动摇)→不动摇的

顽固

bigoted ['bigətid] *adj.* 固执己见的(narrow-minded, intolerant)

【例】The *bigoted* manager refused to hire minority workers.

stubborn ['stʌbən] *adj.* 顽固的

obstinate ['ɔbstinit] *adj.* 固执的(stubborn)

【记】ob+stin(站)+ate→坚决站着→固执的

hardheaded [ˌhɑːd'hedid] *adj.* 顽固的(stubborn, obstinate)

【记】hard(硬的)+head(想法)+ed→顽固的

headstrong [ˈhedstrɔŋ] *adj.* 顽固的(obstinate, stubborn)

mulish [ˈmjuːliʃ] *adj.* 顽固的(obstinate, tenacious)

opinionated [əˈpinjəneitid] *adj.* 固执己见的，武断的

pigheaded [ˌpigˈhedid] *adj.* 顽固的，愚顽的(stubborn)

揭示

bare [bɛə] *vt.* 露出(expose)

【例】The dog *bared* its teeth and growled.

betray [biˈtrei] *vt.* 泄漏(expose)

【记】be＋tray(背叛)→泄漏

【例】His accent *betrayed* him a southerner.

denote [diˈnəut] *vt.* 指示；表示(indicate, show)

【记】de(加强)＋note(注意)→加强注意→指示

divulge [daiˈvʌldʒ] *vt.* 泄露(disclose, reveal)

【例】The president asked the managers not to *divulge* the news of the merger.

exhibit [igˈzibit] *vt.* 显示(show)

【记】ex(出)＋hibit(拿)→拿出→展览

【例】Jane *exhibited* her sculptures at the art museum.

expose [ikˈspəuz] *vt.* 使暴露，揭露(uncover)

【例】The ocean bottom is *exposed* to a pressure hundreds of times bigger than that of the surface of the earth.

exposure [ikˈspəuʒə] *n.* 曝光(disclosure, uncovering)

【例】Because of the reporter's *exposure* of fraud, the bank president was sentenced to prison.

implicit [imˈplisit] *adj.* 暗示的(inferred, implied)

【记】im(进入)＋plic(重叠)＋it→重叠状态→含蓄的

indicate [ˈindikeit] *vt.* 指示；表示(show, suggest, hint)

【记】in＋dic(言，说)＋ate→表示

【例】The smile on the old man's face *indicates* that he appreciated my help very much.

leak [liːk] *vt.* 泄漏(seep, escape)

【例】A spy is expected never to *leak* anything to the opponent, while at the same time get as much information as possible.

profess [prə'fes] *vt.* 表示(allege, claim, state)

【例】Don't ask me; I didn't *profess* I was an expert.

reflection [ri'flekʃən] *n.* 反映(indication, revelation)

【记】reflect(反映)+ion→反映

【例】Your tone of voice is a *reflection* of your attitude.

reveal [ri'viːl] *vt.* 展现(exhibit); 揭露(expose, disclose)

【例】The doctor didn't *reveal* the truth to him.

revelation [ˌrevi'leiʃən] *n.* 显示, 揭露(disclosure)

show [ʃəu] *v.* 展示 (demonstrate)

【例】The jeweler *showed* the necklace to the customer.

signify ['signifai] *vt.* 表示, 意味着(indicate, mean)

【例】Dark clouds *signify* that it will rain soon.

transpire [træns'paiə] *vt.* 泄露

【例】It was *transpired* that the king was already dead.

unveil [ʌn'veil] *v.* 揭露(disclose, reveal)

【记】un(不)+veil(罩面纱)→揭开

【例】Anne *unveiled* her painting at the opening of the art exhibit.

思考

conscious ['kɔnʃəs] *adj.* 有意识的

【例】I fainted briefly but was *conscious* again in a few seconds.

consider [kən'sidə] *vt.* 考虑

【例】Mary *considered* each option before making a decision.

considerate [kən'sidərit] *adj.* 考虑周到的(thoughtful)

【例】Jane is so *considerate*. She's always doing favors for people.

contemplate ['kɔntempleit] *vt.* 凝视; 沉思(muse, ponder)

【例】Philosophers *contemplate* the existence of humankind.

elevate ['eliveit] *vt.* 提高(思想)

【记】e(出)+lev(举)+ate→举出→升高

【例】The marchers *elevated* the flag as they passed the president.

embalm [im'bɑːm] *vt.* 铭记

【记】em+balm(香气)→这种香气令人终生难忘→铭记

【例】Ancient Egyptians used oils and natural substances to *embalm* the dead.

haunt [hɔːnt] *vt.* 萦绕于心

【例】The memory in later times returned to *haunt* him.

meditative [ˈmeditətiv] *adj.* 深思的(thoughtful)

【例】Once again Newton sat under the apple tree with a *meditative* appearance.

ponder [ˈpɔndə] *vt.* 考虑 *vi.* 沉思(meditate)

【记】pond(重量)+er→掂重量→考虑

【例】He and the council had already *pondered* the list of members who would return to the parliament.

recall [riˈkɔːl] *vt.* 忆起，记起(recollect, remember)

【例】The victim was asked to *recall* what happened to him the day when he was robbed.

recollection [ˌrekəˈlekʃən] *n.* 记起，回想(remembrance, memory)

【记】recollect(回忆)+ion→回想

ruminate [ˈruːmineit] *v.* 沉思(meditate)

【例】I *ruminated* a while before answering the question.

speculate [ˈspekjuˌleit] *v.* 推测(hypothesize, conjecture); 沉思

【例】He *speculated* that there would be a comet visiting the earth this May, but failed.

tender [ˈtendə] *adj.* 考虑周到的；细心的

控制

handle [ˈhændl] *vt.* 操纵

【记】hand(手)+le→操纵

【例】I'm under so much pressure that I can't *handle* it anymore.

irrepressible [ˌiriˈpresəbl] *adj.* 不可压制的，难以征服的(insuppressible, uncontrolled)

【记】ir(不)+repressible(可以压制的)→不可压制的

operate [ˈɔpəreit] *vt.* 操纵(manipulate, navigate, steer)

【例】He who doesn't know how to *operate* a computer will be left behind the information age.

unruly [ʌnˈruːli] *adj.* 难控制的(uncontrollable)

【记】un(不)+rul(e)(法)+y→难控制的

dominate [ˈdɔmineit] *vt.* 统治；支配(command)；控制(control)

【例】A great man can *dominate* others by force of character.

predominate [priˈdɔmineit] *vi.* 统治；占优势

【例】Good *predominates* over evil in many works of literature.

rein [rein] *n.* 缰绳；控制

【例】The rider pulled on the *reins*, and the horse stopped.

administrate [ədˈministreit] *vt.* 管理；支配

【例】He *administrated* the president inauguration ceremony.

理解

comprehend [ˌkɔmpriˈhend] *vt.* 理解(understand)

【例】I could not *comprehend* the instructions for operating the computer.

comprehensive [ˌkɔmpriˈhensiv] *adj.* 综合的；有理解力的

【例】A *comprehensive* survey was used to determine public opinion.

elusive [iˈluːsiv] *adj.* 难懂的(elusory, intangible)

【记】e(出)+lus(玩)+ive→耍人→让人难懂的

【例】We got a glimpse of the *elusive* movie star as he entered his private car.

evident [ˈevidənt] *adj.* 明白的(obvious, manifest)

【记】e+vid(=vis看)+ent→明白的

explicit [ikˈsplisit] *adj.* 明确的，清楚的(straightforward)

【例】The new tax law is *explicit*; that type of certificate is tax exempt.

grasp [grɑːsp] *n.* / *v.* 领会 (understanding, comprehension)

【例】It is said that you do not need to have a *grasp* of the English language to test well.

ignorance [ˈignərəns] *n.* 无知

【记】ig(不)+nor(知道)+ance→无知

ignorant [ˈignərənt] *adj.* 无知的，不了解的(unaware)

【例】He who is *ignorant* of the situation can't really understand me.

intelligible [inˈtelidʒəbl] *adj.* 可理解的(apprehensible)

mysterious [misˈtiəriəs] *adj.* 神秘的(cryptic)；难以理解的(undecipherable)

apprehend [ˌæpriˈhend] *v.* 领会，理解(grasp, understand)

【例】We should not pretend to understand the world only by intellect; we *apprehend* it just as much by feeling.

implicit [imˈplisit] *adj.* 暗含的；含蓄的

【记】比较explicit(明白的，清楚的)

ambiguous [ˌæmˈbigjuəs] *adj.* 有多种意思的；意思含糊的(equivocal, obscure, recondite)

掠夺

bereave [biˈriːv] *vt.* 剥夺(deprive, be devoid of)

【记】be+reave(抢夺)→剥夺

【例】He was *bereaved* of his wife last year.

harry [ˈhæri] *vt.* 掠夺；折磨(harass, pester)

【例】We have to *harry* him for money.

loot [luːt] *vt.* 掠夺(plunder, seize)

rapacious [rəˈpeiʃəs] *adj.* 强夺的

【记】rap(抓，夺)+acious→强夺的

ravage [ˈrævidʒ] *vt.* 掠夺

【例】A tornado *ravaged* the countryside.

strip [strip] *vt.* 剥，夺去(deprive, take off)

【例】He *stripped* the paper off the wall.

plunder [ˈplʌndə] *v.* 抢劫 *n.* 抢劫；战利品

depredate [ˈdeprideit] *v.* 掠夺；毁坏

【例】The invaders *depredated* enormously from the people in the countries that they invaded and China was a good illustration.

spoliate [ˈspəulieit] *vt.* 强夺，掠夺(plunder)

隐藏

conceal [kənˈsiːl] *vt.* 把…隐藏起来(hide)

【例】The criminal *concealed* the knife in his boot.

cryptic [ˈkriptik] *adj.* 神秘的，隐藏的(mysterious)

【记】crypt(神秘)+ic→神秘的

【例】I do not understand your *cryptic* remarks.

dissemble [di'sembl] *v.* 隐藏；伪装(disguise, dissimulate)

【记】dis+semble(相似)→去除相似→隐藏

【例】The criminal suspect was *dissembling* when he said he was asleep in bed at the time of the crime.

feign [fein] *vt.* 假装(simulate, sham)

【记】比较feint(佯攻)

【例】The hunter had to *feign* death when he suddenly found out that a bear was coming toward him.

hide [haid] *v.* 隐藏 (conceal)

【例】The gangsters *hid* out in a remote cabin until it was safe to return to the city.

lurk [ləːk] *vi.* 潜伏，埋伏(prowl, slink)

【例】The villagers reported that the lion from the zoo was still *lurking* close.

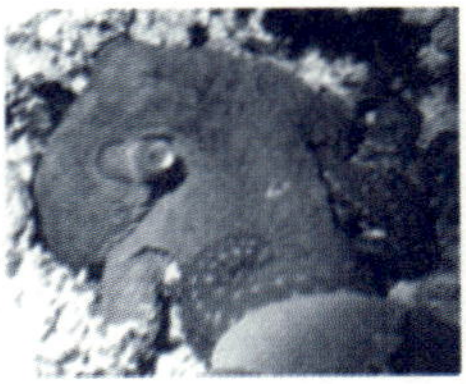

obscure [əb'skjuə] *vt.* 掩盖(hide, cloud)

【记】ob(离开)+scure(跑)→跑开→模糊的

【例】The darkness of the night *obscured* the burglar's figure.

pretend [pri'tend] *vt.* 伪装(camouflage, disguise)

【例】He *pretended* not to know the facts.

screen [skriːn] *vt.* 遮蔽(veil, conceal)

【例】The moon was *screened* by clouds.

secluded [si'kluːdid] *adj.* 偏僻的；隐退的 (remote, isolated)

【例】To find the true self, one is suggested to live a *secluded* life for a while.

seclusion [si'kluːʒən] *n.* 归隐；隔离(solitude, isolation)

【记】se(分开)+clus(=clude关闭)+ion→隔离

【例】Emily Dickinson's *seclusion* made her life a mystery to the public.

simulate ['simjuleit] *vt.* 伪装，扮演(feign, fake)

【例】The computer program *simulated* the effects of aging.

camouflage ['kæməflɑːʒ] *v./n.* 伪装(disguise)

【例】Many animals have a natural *camouflage* which hides them from their enemies.

mask [mɑːsk] *n.* 面具，掩饰 *vt.* 戴面具，掩饰(disguise)

【例】We all wore *masks* at the party and no one knew who we were.

disguise [dis'gaiz] *v.* / *n.* 假装，伪装，掩饰 (camouflage, cloak, dissemble, dissimulate)

【例】She *disguised* her interest with nonchalance. / The soldiers *disguised* themselves by wearing white garments in the snow.

veil [veil] *n.* 面纱，面罩

【例】In many Muslim countries, the women wear *veils*.

虚弱

brittle ['britl] *adj.* 易碎的(fragile)

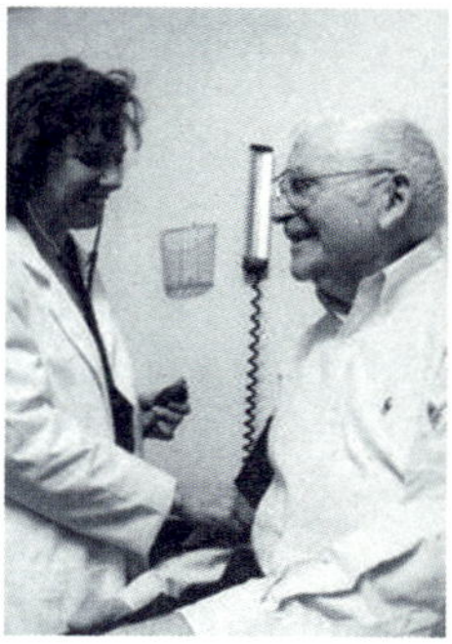

【例】Steel is not as *brittle* as cast iron; it doesn't break easily.

delicate ['delikit] *adj.* 脆弱的

【例】The excellent vase is *delicate*.

emaciate [i'meiʃieit] *vt.* 使瘦弱

【记】e+maci(瘦)+ate→使瘦弱

【例】A long illness had *emaciated* my father.

emaciated [i'meiʃieitid] *adj.* 瘦弱的(skinny)；憔悴的(haggard)

【例】A bus transported the *emaciated* refugees to the camp.

fragile ['frædʒail] *adj.* 脆的(breakable, brittle)

【记】frag(碎)+ile→易碎的

【例】You must cushion *fragile* objects carefully when you pack them.

fragmentary ['frægməntəri] *adj.* 碎片的；不连续的(discontinous)

frail [freil] *adj.* 虚弱的，脆弱的(fragile, flimsy)

【记】frail(=fract打碎的)→脆弱的

【例】My grandmother is *frail*, but she's still very alert.

impotence ['impətəns] *n.* 无力，虚弱(powerlessness)

【记】im(无)+potence(能力)→无能

feeble ['fi:bl] *adj.* 虚弱的，衰弱的，无力的(weak)

【例】Grandmother has been getting *feebler* lately.

meagre ['mi:gə(r)] *adj.* 瘦的；贫弱的

吸引

absorb [əbˈsɔːb] *vt.* 吸收；吸引(attract, allure)

【记】ab+sorb(吸)→吸收

【例】I used a sponge to *absorb* the spilled milk.

absorbing [əbˈsɔːbiŋ] *adj.* 引人入胜的(enchanting, fascinating)

addict [əˈdikt] *vt.* 使沉溺，使上瘾

【例】She was *addicted* to rock music.

addicted [əˈdiktid] *adj.* 沉溺的，上瘾的

【例】Max smokes but he is not *addicted*.

attractive [əˈtræktiv] *adj.* 吸引人的，有魅力的(pretty, appealing)

bait [beit] *n.* 饵，引诱物(lure)

【例】Cheese is good *bait* for catfish.

catching [ˈkætʃiŋ] *adj.* 迷人的(charming)

【记】catch(抓)+ing→心被抓住→迷人的

【例】Mary is quite *catching* on campus.

charisma [kəˈrizmə] *n.* 魅力，感召力

【例】The performer's *charisma* kept our attention and caused us to listen to everything she said.

draw [drɔː] *v.* 吸引(attact)；拉

【例】The great parade of overseas Chinese on the main street of Paris *drew* a crowd of twenty thousand.

engross [inˈgrəus] *vt.* 使全神贯注于；吸引(absorb, preoccupy)

【例】The football game *engrossed* Tom completely.

engrossed [inˈgrəust] *adj.* 全神贯注的(absorbed)

enrapture [inˈræptʃə] *vt.* 使出神

【记】en+rapture(狂喜)→高兴地灵魂出窍→使出神

【例】Her smile *enraptured* him, so he would not move his eyes.

entice [inˈtais] *vt.* 诱惑(lure, tempt)

【例】I *enticed* Mary to dinner by offering to pay for her meal.

glamour [ˈglæmə] *n.* 魅力(attraction, charm)

glamorous [ˈglæmərəs] *adj.* 富有魅力的(fascinating, charming)

【记】参考glamour(魔力)

【例】The young president ceased to be *glamorous* when he announced a higher tax rate.

induce [inˈdjuːs] *vt.* 导致，诱使(cause, produce)

【记】in(进入)+duce(引导)→诱使

【例】The careless worker *induced* the fire with a cigarette butt.

intoxicate [inˈtɔksikeit] *vt.* 使陶醉

【记】in(进入)+toxic(毒)+ate→中毒→使迷醉

【例】He was *intoxicated* by many awards he received and ceased his step toward the peak of his career.

inviting [inˈvaitiŋ] *adj.* 诱人的(attractive)；引人注目的

【例】The restaurant appeared to be cozy and *inviting*, so we ate there.

lure [ljuə] *vt.* 诱惑(entice, tempt)

【记】比较allure(引诱)

【例】Many young Japanese engineers have been *lured* to the Middle East by the promise of high wages.

tempt [tempt] *vt.* 诱使(lure, entice)

【例】We refused the offer even though it *tempted* us.

allure [əˈljuə] *vt.* 引诱，诱惑(attract, captivate)

【例】Promises of quick profits *allure* the unwary investor.

magnetize [ˈmægnitaiz] *vt.* 使磁化；吸引

【记】magnet(磁体，磁铁)+ize→吸引

【例】He was *magnetized* by her beauty.

fascinating [ˈfæsineitiŋ] *adj.* 迷人的，醉人的(attractive)

【例】The small town is so *fascinating* that many foreigners decided to settle down after their first visit to the town.

战胜

overcome [ˌəuvəˈkʌm] *v.* 战胜(defeat, surmount)

【例】He *overcame* a strong temptation to run away.

precede [pri(ː)ˈsiːd] *vt.* 先于 *vi.* 领先(come before)

【记】pre(前)+cede(走)→领先

【例】An informal meeting will *precede* the conference.

subjection [səbˈdʒekʃən] *n.* 征服

surmount [səː'maunt] *vt.* 克服(conquer, overcome); 登上; 越过(exceed, surpass)

【记】sur(超过)+mount(山)→登上(山顶)→超越困难

【例】Mary *surmounted* the problems caused by her handicap and finished college.

surpass [səː'pɑːs] *vt.* 超过, 超越, 胜过(exceed, surmount)

【记】比较pass(通过)

【例】The excellent runner *surpassed* all previous records.

transcend [træn'send] *vt.* 超越(surpass, go beyond)

【记】tran(超过)+scend(爬)→超越

【例】The genius of Shakespeare *transcended* that of all other English poets.

unquenchable [ʌn'kwentʃəbl] *adj.* 不可熄灭的; 不能遏制的 (insatiable)

vanquish ['væŋkwiʃ] *vt.* 征服, 克服(conquer, overcome)

【例】They successfully *vanquished* the enemy.

conquer ['kɔŋkə] *vt.* 占领, 攻取, 攻克(overtake, triumph)

【例】Modern medical science has *conquered* many diseases.

defeat [di'fiːt] *n.* / *vt.* 打败, 战胜(overcome, conquer)

【例】They were *defeated* in the football match.

triumph ['traiəmf] *n.* 胜利; 成功 *v.* 获得胜利

【例】It was a great *triumph* when our team won the race.

subjugate ['sʌbdʒugeit] *vt.* 征服; 压服

【记】sub(从属)+jugate(枷锁)→征服

annihilate [ə'naiəleit] *vt.* 消灭(abolish)

【例】The naval force was *annihilated* during the attack.

rout [raut] *n.* 溃败, 溃逃 *vt.* 打垮, 击溃(conquer, defeat)

运动

ascend [ə'send] *vt.* 攀登, 登高(climb)

【记】a+scend(爬)→爬上→攀登

【例】As Jane *ascended* the mountain, Bill took pictures.

budge [bʌdʒ] *v.* 移动(move)

locomote [ˌləukə'məut] *vi.* 移动, 行动 (move)

motion ['məuʃən] *n.* 运动, 动作 *v.* 运动

roam [rəum] n. / v. 漫步(wander)

【例】Visitors *roamed* around the town.

rumble [ˈrʌmbl] v. 隆隆行驶(grumble, roar)

【例】A cart *rumbled* down the street.

scale [skeil] v. 攀登(climb, raise)

stalk [stɔːk] v. 阔步

stray [strei] adj. 走失的

【例】The *stray* dog was picked up by the dogcatcher because he had no collar.

stroll [strəul] vi. 漫步(walk, ramble)

【例】We *strolled* through the park.

traverse [ˈtrævə(ː)s] vt. 走过(span, stretch across)

【记】tra(横)＋verse(转)→横过

【例】The road *traverses* a wild and mountainous region.

遗留

bequest [biˈkwest] n. 遗产；遗传(legacy, heritage)

【例】The *bequest* was subject to heavy taxes.

heredity [hiˈrediti] n. 遗传(legacy, bequest)

【例】Both a person's *heredity* and environment help to shape his character.

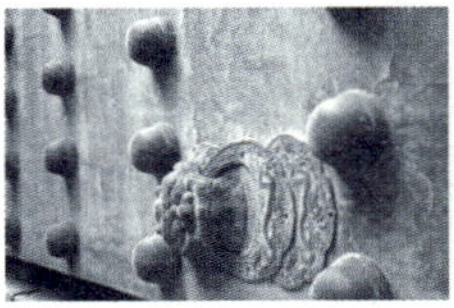

legacy [ˈlegəsi] n. 遗产，遗物(bequest, heritage)

【例】My farm is a *legacy* from my grandfather.

relic [ˈrelik] n. 遗物；遗迹；废墟；纪念物

remains [riˈmeins] n. 残余；遗迹；遗体

学习

academic [ˌækəˈdemik] adj. 学院的；理论的(collegiate)

【例】John was invited to give an *academic* address at a conference.

commence [kəˈmens] vi. 获得学位

【例】He *commenced* doctor in the second term.

cram [kræm] vt. 仓促用功

【例】I *crammed* before the exam.

credit [ˈkredit] *n.* 学分

【例】This college course is worth three *credits*.

discipline [ˈdisiplin] *n.* 学科(field of study); 纪律

【例】He prefers science *disciplines* to liberal arts ones.

discourse [disˈkɔːs] *n.* 论文; 演讲(lecture, disquisition)

【例】The professor presented a lucid *discourse* on the art of translation.

ken [ken] *n.* 视野; 知识(knowledge)

【记】比较kin(亲戚)

literate [ˈlitərit] *adj.* 有文化的，能读写的

【记】liter(文学)+ate→有文化的

margin [ˈmɑːdʒin] *n.* 页边的空白(edge, rim)

pamphlet [ˈpæmflit] *n.* 小册子

stationery [ˈsteiʃ(ə)nəri] *n.* 文具

thesis [ˈθiːsis] *n.* 学位论文

transcript [ˈtrænskript] *n.* 成绩单

essay [ˈesei] *n.* 随笔; 文章

dissertation [ˌdisə(ː)ˈteiʃən] *n.* 高等学位论文

举止

action [ˈækʃən] *n.* 行动(activity)

【例】The continuous *action* of the sewing machine shook the table.

behave [biˈheiv] *v.* 举止端正; 表现

【例】"*Behave* yourself", the mother warned her child.

behaviour [biˈheivjə] *n.* 行为(conduct, deed)

conduct [ˈkɔndʌkt] *n.* 行为(behavior)

【例】His *conduct* at school was disgraceful.

deportment [diˈpɔːtmənt] *n.* 行为，举止(behavior)

manner [ˈmænə] *n.* 态度; 举止

demeanour [diˈmiːnə] *n.* 行为，举止

posture [ˈpɔstʃə] *n.* 姿态; 态度(attitude, carriage)

carriage [ˈkæridʒ] *n.* 举止; 身体的姿态，仪态(posture)

束缚

bondage [ˈbɔndidʒ] *n.* 束缚

【例】Lincoln emancipated the slaves from their *bondage*.

bound [baund] *adj.* 负有义务的

【例】The employees are not *bound* to keep working at the factory after work.

check [tʃek] *vt.* 抑制(restrain, stop)

【例】Raising interest rate is commonly used as a tool to *check* inflation.

circumscribe [ˈsəːkəmskraib] *vt.* 划界限；限制(encompass, encircle)

【记】circum(绕圈)＋scribe(画)→画圈

【例】The moves you can make in a chess game are *circumscribed* by the rules of the game.

confine [kənˈfain] *vt.* 限制

【记】con(全部)＋fine(限制)→全限制→监禁

【例】Bill *confined* his dog to the house all day.

curb [kəːb] *vt.* 抑制(check, control)

【例】In the 1970s, many governments' efforts to *curb* inflation were unsuccessful.

deterrent [diˈtəːrənt] *n.* 制止物，威慑物

【记】de＋ter(吓唬)＋rent→威慑

【例】Thoughts of his parents' anger served as a strong *deterrent* when Mike considered misbehaving.

fetter [ˈfetə] *vt.* 束缚，羁绊(restrict, inhibit)

【例】I hate to be *fettered* by rules and regulations.

leash [liːʃ] *v.* 束缚

【例】I managed to hold my anger in *leash*.

quell [kwel] *vt.* 压制(quash, suppress)

【例】The army *quelled* the rebellion.

restrain [risˈtrein] *vt.* 限制(restrict, limit)

【记】re＋strain(拉紧)→限制

【例】The alcoholic tried his best to *restrain* himself from alcohol.

restrict [risˈtrikt] *vt.* 限制(restrain, limit)

【例】He *restricted* himself to two cigarettes a day.

shackle ['ʃækl] *vt.* 加桎梏，束缚(chain, fetter)

【例】Women in the past were *shackled* by outdated attitudes.

temperance ['tempərəns] *n.* 节制，自制(self-control, moderation)；戒酒

【例】His *temperance* couldn't be counted on, otherwise he would not have become addicted.

trammel ['træməl] *n.* 束缚；障碍物 *vt.* 束缚；阻碍，妨碍(hamper, impede)

imprison [im'prizn] *vt.* 监禁，坐牢(confine)

【例】He was *imprisoned* for two years.

limitative ['limiteitiv] *adj.* 限制的，限定的

constrain [kən'strein] *vt.* 强使，强逼(compel, force)

【例】Failing to control the growth of international debt will also *constrain* living standard.

秉性

accustomed [ə'kʌstəmd] *adj.* 习惯的(habitual, conventional)

【例】The recent immigrants have not yet become *accustomed* to American food.

aptitude ['æptitjuːd] *n.* 自然倾向；天资

【记】apti(能力)+tude→天资

【例】I have no musical *aptitude* and I can't even sing a simple tune.

bent [bent] *n.* 倾向(propensity, trend)

【例】Jimmy showed a *bent* for music, so his parents let him take piano lessons.

habitually [hə'bitjuəli] *adv.* 习惯地

【记】habit(习惯)+ually→习惯地

inclined [in'klaind] *adj.* 倾向…的(liable)

【记】in(内)+clin(倾斜)+ed→内心的倾向

【例】The weak girl is *inclined* to get tired easily.

inure [i'njuə] *vt.* 使习惯(accustom)

【例】The doctors were *inured* to such injuries.

penchant ['pentʃənt] *n.* 倾向(inclination)；爱好(preference)

【记】pen(笔)+chant(咏唱)→用笔"歌唱"→爱好

prone [prəun] *adj.* 倾向于(liable)

【例】The lazy man is *prone* to idleness.

propensity [prə'pensiti] *n.* 倾向(inclination)

【例】Anne has a *propensity* for eating when she's nervous.

tend [tend] *vi.* 趋向，往往是(care for, prone)

【例】Female drivers *tend* to drive slower than male ones, which resulted in less accidents.

talent ['tælənt] *n.* 天资，天赋(gift, aptitude)；才能

inclination [ˌinkli'neiʃən] *n.* 倾向(tendency)；爱好

predilection [ˌpriːdi'lekʃən] *n.* 偏爱，偏好

【例】Bill has a *predilection* for rich food.

partiality [ˌpɑːʃi'æləti] *n.* 偏袒，偏心；偏见(predilection)

拖延

adjourn [ə'dʒəːn] *vt.* 延期(defer, delay)

【例】The meeting was *adjourned* until four o'clock.

defer [di'fəː] *vt.* 延期(delay, postpone)

【记】de(坏)+fer(带来)→延期

【例】Mike *deferred* his judgment until he heard more explanation.

delay [di'lei] *vt.* 推迟，耽搁，延误(detain, postpone)

【例】Today I will *delay* this matter till I can decide what I should do.

detain [di'tein] *vt.* 使延迟(delay, retard)

【记】de+tain(拿，抓)→拘留→使延迟

postpone [pəust'pəun] *vt.* 延搁(delay, put off)

【记】post(后)+pone→推后

【例】The meeting was *postponed* by one day because my boss was sick.

prolong [prə'lɔŋ] *vt.* 拖长，延长(extend, lengthen)

【记】pro(向前)+long(长)→延长

【例】His journey to China was *prolonged* because there is too much to see.

protract [prə'trækt; prəu'trækt] *vt.* 延长(lengthen, prolong)

【记】pro(前)+tract(拉)→延长

【例】Let's not *protract* the debate any longer.

retard [ri'tɑːd] *vt.* 延迟(detain)

【记】re(使)+tard(迟缓)→延迟

tardy ['tɑːdi] *adj.* 延迟的(late, slow)

【记】tard(迟缓)+y→延迟的

【例】The *tardy* student tried to sneak into class.

procrastination [prəuˌkræstiˈneitʃən] *n.* 耽搁，拖延

【例】*Procrastination* is the thief of time.

suspend [səsˈpend] *vt.* 暂停，暂缓

【例】We *suspended* the building work during the rain.

探索

explore [ikˈsplɔː] *vt.* 探险；探索(search)

【记】ex+plore(大喊)→喊出来→探索

【例】The adventurer *explored* a dangerous underground cave.

ferret [ˈferit] *vt.* 搜索(search)

【例】The detective finally *ferreted* out the criminal.

grope [grəup] *vi.* 摸索(fumble, search)

【例】Tom *groped* around in the dark until he found the light switch.

probe [prəub] *v.* 探查(investigate, inspect)

【例】The detective *probed* into the circumstances of the murder.

risk [risk] *n.* / *vt.* 冒险

【例】You should not have *risked* the confrontation with the government.

seek [siːk] *v.* 寻找，探求 (endeavor, try, campaign for, search for)

【例】We *sought* an answer to the question, but couldn't find one.

venture [ˈventʃə] *n.* / *vi.* 冒险；冒昧(risk)

【例】May I *venture* to ask you a question, sir?

expedition [ˌekspiˈdiʃən] *n.* 远征(journey, pilgrimage)

rummage [ˈrʌmidʒ] *v.* 翻查，翻寻(ransack, search)

fumble [ˈfʌmbl] *v.* 摸索，搜寻

【例】She *fumbled* about in her handbag for her passport.

investigate [inˈvestigeit] *vt.* 调查(inspect, probe)；研究

【例】The police are *investigating* the robbery.

失误

abortive [əˈbɔːtiv] *adj.* 失败的(unsuccessful)

【记】abort(放弃)+ive→失败的

absurd [əbˈsəːd] *adj.* 荒谬的(ridiculous)

【记】ab+surd(无理式)→荒谬的

【例】Wearing a swimming suit during a snowstorm is *absurd*.

blunder [ˈblʌndə] *v.* 犯大错(make foolish mistakes, bungle)

【例】I really *blundered* when I forgot to introduce my friends.

credulous [ˈkredjuləs] *adj.* 轻信的

【记】cred(相信)+ulous→轻信的

defective [diˈfektiv] *adj.* 有缺陷的

【例】His *defective* hearing has affected his pronunciation.

defect [diˈfekt] *n.* 缺陷(fault, shortcomings, imperfection)

【记】de(坏)+fect(做)→做坏了→缺陷

【例】The manufacturer didn't sell the car due to a *defect* in the engine.

drawback [ˈdrɔːˌbæk] *n.* 弊端(disadvantage, defect, demerit)

【例】The *drawback* to working the morning shift is having to get up early.

err [əː(r)] *vi.* 犯错(mistake)

【例】Bill *erred* when he said Detroit is the capital of Michigan.

erroneous [iˈrəuniəs] *adj.* 错误的(incorrect, mistaken)

【例】The so called facts you gave me were totally *erroneous*.

fallible [ˈfæləbl] *adj.* 易错的

【记】fall(错误)+ible→犯错误的

【例】He knows every rule in the factory, but still *fallible*.

flaw [flɔː] *n.* 缺点，瑕疵(fault, defect)

【例】The *flaw* in your theory is that you didn't account for gravity.

futile [ˈfjuːtail] *adj.* 无益的(useless)；徒劳的(vain)

【例】It would be *futile* for you to explain it again.

heedless [ˈhiːdlis] *adj.* 不留心的

ignore [igˈnɔː] *vt.* 忽视(disregard, neglect)

【记】i(不)+gnore(知道)→不知道→不理睬

【例】*Ignoring* something will not make it go away.

innocent [ˈinəsnt] *adj.* 幼稚的

【记】in(无)+noc(害)+ent→无害的

【例】I'm not quite so *innocent* to believe that.

neglect [niˈglekt] *vt.* 疏忽(ignore, overlook)；忘记

【记】neg(不)+lect(选择)→不选择→忽视

【例】If you *neglect* this property, it will depreciate.

negligence [ˈneglidʒəns] *n.* 过失，疏忽

negligent [ˈneglidʒənt] *adj.* 忽略的

oblivion [əˈbliviən] *n.* 忘却，遗忘

【记】ob(离开)+liv(活)+ion→遗忘

【例】The once popular writer's works were consigned to *oblivion* after he died.

offhand [ˈɔːfhænd] *adj.* 无准备的(unprepared, impromptu)

omit [əuˈmit] *vt.* 省略，省去；遗漏(exclude, leave out)

【记】o(出)+mit→送出→省略

overlook [ˌəuvəˈluk] *vt.* 忽略，疏忽(ignore, neglect)

【记】来自 look over(忽视)

【例】You have *overlooked* several mistakes in this work.

regardless [riˈgɑːdlis] *adj.* 不管，不顾 (despite, whatever, notwithstanding)

ridiculous [riˈdikjuləs] *adj.* 荒谬的

【例】It is *ridiculous* to become angry about such an insignificant matter.

slovenly [ˈslʌvənli] *adj.* 马虎的

useless [ˈjuːslis] *adj.* 无效的(invalid, futile)

认可

acknowledge [əkˈnɔlidʒ] *vt.* 承认(admit, accept)

【例】Bill *acknowledged* his failure to complete the job.

admit [ədˈmit] *vt.* 承认(acknowledge, accept)

【例】The club was sued for refusing to *admit* minorities.

affirm [əˈfəːm] *vt.* 断言，肯定；证实；批准

【记】af(一再)+firm(肯定)→断言

【例】The man's testimony *affirmed* the innocence of the suspect.

approve [əˈpruːv] *v.* 赞成，称许；批准(agree, assent)

【记】ap+prove(证明)→赞成

【例】My parents *approved* of my date.

avow [əˈvau] *vt.* 公开承认(acknowledge, declare, admit)

【记】a+vow (誓言)→公开承认

【例】He *avowed* that he would never cooperate with them again.

comply [kəmˈplai] *vi.* 顺从，应允(obey)

【例】A good citizen *complies* with the laws of the country.

concede [kənˈsiːd] *vi.* 让步；承认(admit, accept)

【记】con+cede(让)→承认

【例】I *conceded* and admitted that I was wrong.

concession [kən'seʃən] *n.* 让步，迁就(compromise, bargain)

【例】The governor would make no *concessions* on the issue of crime.

concur [kən'kəː] *vi.* 同意(consent)

【例】After hearing my point, Bill *concurred* with me.

confess [kən'fes] *v.* 忏悔，坦白(confide, disclose)

【例】John *confessed* that he broke the window.

connivance [kə'naivəns] *n.* 默许

connive [kə'naiv] *vi.* 纵容；默许

corroborate [kə'rɔbəreit] *vt.* 确证(confirm, substantiate)

【记】cor+robor(力量)+ate→强化

【例】These data *corroborate* the hypothesis of the experiment.

endorse [in'dɔːs] *vt.* 确认；赞同，支持(support, ratify, certify)

【记】en+dorse(背)→背书→同意

【例】The labor union *endorsed* the democratic candidate for president.

grant [grɑːnt] *vt./n.* 准予(award, give)

【例】The government gave us a *grant* to build another classroom.

guarantee [ˌgærən'tiː] *vt.* 确保(secure, assure)

【例】No one can *guarantee* that you will pass the exam if you don't work hard.

pardon ['pɑːdn] *vt.* 原谅，宽恕

permissible [pə(ː)'misəbl] *adj.* 可容许的

【记】per(全部)+miss(放开)+ible→容许的

permissive [pə(ː)'misiv] *adj.* 许可的(allowable)

【例】His *permissive* answer cheered the students up.

permit [pə(ː)'mit] *vt.* 允许(allow, consent)

【例】Do you *permit* your children to smoke?

ratify ['rætifai] *vt.* 批准(approve, endorse)

【例】The government *ratified* the treaty.

reception [ri'sepʃən] *n.* 接受(acceptance, admission)

recognition [ˌrekəg'niʃən] *n.* 认识(realization)；承认

recognize ['rekəgnaiz] *vt.* 认识；认出；承认(acknowledge)

【例】I *recognized* Peter although I hadn't seen him for 10 years.

tacit ['tæsit] *adj.* 心照不宣的，默许的(unspoken, implicit)

【例】What is *tacit* in her obscure refusal is that you still have hope.

忍受

abide [ə'baid] *vi.* 忍受

endure [in'djuə] *vt.* 忍受，容忍(bear, tolerate)

【例】I hope your house will *endure* the coming hurricane.

insufferable [in'sʌfərəbl] *adj.* 难以忍受的(unbearable)

【记】in(不)+sufferable(忍受的)→难以忍受的

stand [stænd] *vt.* 忍受(bear, tolerate)

【例】Birds with feathers could easily *stand* the cold winter here, but still migrate in winter.

tolerable ['tɔlərəbl] *adj.* 可容忍的(bearable, endurable)

tolerate ['tɔləreit] *vt.* 忍受，容忍(bear, put up with)；宽恕

【例】I could not *tolerate* my neighbor's loud stereo any longer.

undergo [ˌʌndə'gəu] *vt.* 经历(experience)；忍受

【例】The family *underwent* the great hardship in the past 10 years.

stomach ['stʌmək] *vt.* 忍受，容忍

【例】How can you *stomach* their affronts?

勤奋

assiduous [ə'sidjuəs] *adj.* 勤勉的(diligent, industrious)

【记】as+sid(坐)+uous→一直坐着工作→勤勉的

【例】The *assiduous* student worked hard to earn her degree.

attempt [ə'tempt] *n.* 努力(effort, endeavor)；尝试 *vt.* 尝试(try)

diligent ['dilidʒənt] *adj.* 勤勉的，勤奋的(industrious, assidous)

【例】The *diligent* workers finished the project on time.

endeavour [in'devə] *vi.* 努力(strive, struggle, try)

【例】Tom *endeavored* to get better grades in college.

industrious [in'dʌstriəs] *adj.* 勤勉的(assiduous, diligent, sedulous)

laborious [lə'bɔːriəs] *adj.* 勤劳的

【记】labor(劳动)+ious→勤劳的

【例】Anne received a raise for her *laborious* efforts.

studious [ˈstjuːdjəs] *adj.* 好学的，用功的(laborious)

painstaking [ˈpeinsteikiŋ] *adj.* 小心的；用心的；辛勤的(diligent)

强迫

accelerate [ækˈseləreit] *vi.* 促使；使加快

【记】ac＋celer(速度)＋ate→加速

【例】Too much sunshine *accelerates* the aging process of your skin.

compel [kəmˈpel] *vt.* 强迫(coerce, force)

【例】The boss *compelled* us to work over the weekend.

compulsive [kəmˈpʌlsiv] *adj.* 强迫的(irresistible, obsessive)

【例】Bill is *compulsive* about saving everything. He can't throw anything away.

constrain [kənˈstrein] *vt.* 强迫(compel)

【例】Hunger *constrained* the orphans to beg for food.

pressure [ˈpreʃə(r)] *n.* 压力(tension)

【记】press(压)＋ure→压力

tease [tiːz] *vt.* 强求

【例】The girl was *teasing* her mother for more candy.

coerce [kəuˈəːs] *vt.* 强迫，威迫(compel)

obtrude [əbˈtruːd] *v.* 强加；迫使

coercive [kəuˈəːsiv] *adj.* 强制的，强迫的(forceful)

impel [imˈpel] *vt.* 推进，驱使(compel, propel)

【例】Tom said he had been *impelled* to commit a crime by poverty.

破坏

breach [briːtʃ] *n.* 破裂(opening, break)

【例】The flood was caused by a small *breach* in the dam.

breakdown [ˈbreikdaun] *n.* 崩溃，倒塌；失败

【例】After his father's death, Tom was on the verge of a *breakdown*.

collapse [kəˈlæps] *n.* 倒塌，崩溃(crash)

【记】col(共同)＋lapse(滑下)→倒塌

【例】The *collapse* of the stock market in 1929 signaled the beginning of the Depression.

crash [kræʃ] *v.* 撞碎(crumble, shatter)

【例】The vase *crashed* when it fell off the bookcase.

crumple [ˈkrʌmpl] *v.* 粉碎，崩溃(collapse, crash)

【记】比较 crumb(面包屑；小量)

【例】The brisks slowly *crumpled* in the long frost. / His last hope *crumpled* to nothing.

crush [krʌʃ] *vt.* 榨，挤，压碎(crunch)

【例】The huge machine *crushed* the rocks into small stones.

demolish [diˈmɔliʃ] *vt.* 破坏(destroy, raze)

【记】demol(破坏)+ish→破坏

【例】The car was *demolished* in the accident.

devastate [ˈdevəsteit] *vt.* 使荒废；破坏(destroy, demolish)

【记】de+vast(大量)+ate→大量弄坏

【例】Hurricanes often *devastate* the coffee crop.

devastation [ˌdevəsˈteiʃən] *n.* 毁坏

devour [diˈvauə] *vt.* 吞食，吞没(eat up, consume)；毁灭

【记】de+vour(吞食)→吞没

【例】Flames *devoured* the structure in minutes.

disfigure [disˈfigə] *vt.* 破坏(destroy, wreck)

【记】dis+figure(形象)→破坏(形象)

【例】The forest fire *disfigured* the landscape.

disintegration [disˌintiˈgreiʃən] *n.* 瓦解

disrupt [disˈrʌpt] *vt.* 使中断，使分裂(disturb)

【记】比较rupture(破裂)

【例】An emergency announcement *disrupted* the TV show.

engulf [inˈgʌlf] *vt.* 吞没，吞食(devour, swallow)

【记】en+gulf(沟)→使入沟→吞没

【例】The small boat was *engulfed* in the waves.

fracture [ˈfræktʃə] *n.* / *v.* 断裂(break)

【记】fract(碎裂)+ure→断裂

fragment [ˈfrægmənt] *n.* 碎片，破片(piece, scrap)

【记】frag(破片)+ment→碎片

frustrate [frʌsˈtreit] *vt.* 破坏，挫败(baffle, thwart)

【例】The failure in the first battle *frustrated* the soldiers.

mangle [ˈmæŋgl] *vt.* 撕裂，毁坏(mutilate)

【记】比较mingle(混合)

【例】The symphony was dreadfully *mangled*.

ravage [ˈrævidʒ] *vt.* 破坏(devastate, ruin)

【例】A tornado *ravaged* the countryside.

raze [reiz] *vt.* 摧毁(damage, bulldoze, demolish)

【例】The old school was *razed* to the ground and a new one was built.

rupture [ˈrʌptʃə(r)] *n.* / *v.* 破裂，决裂(burst, breach)

【记】rupt(断)+ure→破裂

【例】Water streamed from the *rupture* in the pipe.

scrap [skræp] *n.* 碎片；废料

shatter [ˈʃætə] *n.* 碎片(fragment)

smash [smæʃ] *vt.* 破碎(shatter, destroy)

【例】I accidentally *smashed* the window with a baseball.

spoil [spɔil] *vt.* 损坏，糟蹋(decay, ruin, rot, go bad)；宠坏

【例】Mary *spoiled* her children with expensive toys.

squash [skwɔʃ] *v.* 压碎(flatten, squeeze)

【例】The ripe tomato *squashed* when it fell to the floor.

叛变

betray [biˈtrei] *vt.* 背叛

【记】be+tray(背叛)→背叛

【例】His accent *betrayed* him a southerner.

defection [diˈfekʃən] *n.* 背叛；缺陷

【记】de(坏)+fect(做)+ion→做坏事→背叛

overturn [ˌəuvəˈtə:n] *v.* 推翻，颠倒

plot [plɔt] *vt.* 密谋，策划(plan, map out, outline)

【例】They are *plotting* to rob a bank.

rebel [riˈbel] *vi.* 谋反

【例】The students *rebelled* against their government.

rebellion [riˈbeljən] *n.* 造反，叛乱

【记】re(反)+bell(打斗)+ion→反抗

riot [ˈraiət] *n.* 暴乱，骚动(disturbance, disorder, chaos)

subvert [səbˈvəːt] *vt.* 颠覆，推翻(undermine)

【记】sub(下面)+vert(转)→下面转变→颠覆

【例】Writing that *subvert* christianity is forbidden.

treason [ˈtriːzn] *n.* 通敌，叛国罪(treachery)

turbulent [ˈtəːbjulənt] *adj.* 骚动的，骚乱的(violent)

turmoil [ˈtəːmɔil] *n.* 骚动，混乱(disorder, chaos)

【记】tur+moil(喧闹)→混乱

【例】The *turmoil* of exams made the students very irritable.

uprising [ˈʌpˌraiziŋ] *n.* 叛乱

【记】来自rise up(起义)

uproar [ˈʌprɔː] *n.* 骚动

【记】up(上)+roar(吼叫)→骚动

overthrow [ˌəuvəˈθrəu] *vt.* 推翻，颠覆(dethrone, overturn)；挫败

traitor [ˈtreitə] *n.* 叛徒，卖国贼(betrayer)

insurgence [inˈsəːdʒəns] *n.* 起义，叛乱(rebellion)

revolt [riˈvəult] *v.* 造反，反叛

【例】The people *revolted* against their king.

upheaval [ʌpˈhiːvəl] *n.* 动乱；剧变

treachery [ˈtretʃəri] *n.* 背叛；诡计(trick)

havoc [ˈhævək] *n.* 大破坏(damage, destruction)；浩劫；混乱

判断

affirm [əˈfəːm] *vt.* 断言

【记】af(一再)+firm(肯定)→断言

【例】The man's testimony *affirmed* the innocence of the suspect.

assert [əˈsəːt] *vt.* 断言，宣称(declare)

【例】The lawyer *asserted* that his client was innocent.

conclude [kənˈkluːd] *vt.* 推断出，断定

【例】The scientist examined the data and *concluded* that the theory was invalid.

deem [diːm] *v.* 认为(think, consider)

【例】He *deems* highly of this plan.

determine [diˈtəːmin] *vt.* 判定

【例】Anne has *determined* that she will win the election.

discern [di'sə:n] *vt.* 辨明(detect, distinguish)

【例】I can't *discern* the difference between the twins.

discretion [dis'kreʃən] *n.* 判断力

【例】The decorator showed no *discretion* in her purchases for our new house, everything costing too much money.

dogmatic [dɔg'mætik] *adj.* 武断的(opinionated, arbitrary); 教条的

【例】You cannot be *dogmatic* with truth.

illegible [i'ledʒəbl] *adj.* 难辨认的(unreadable)

【记】il(不)+legible(可读的)→不能读的

【例】Parts of the document are faded and *illegible*.

pending ['pendiŋ] *adj.* 未决的(suspending)

【记】pend(悬挂)+ing→悬而未决的

【例】The date of our next meeting is still *pending*.

resolve [ri'zɔlv] *vt.* 决定(determine)

【例】He *resolved* on going out.

迷惑

bewilder [bi'wildə] *vt.* 迷惑，把…弄糊涂(befuddle, confuse)

blur [blə:] *vt.* 使模糊 (become indistinct)

【例】His eyes were *blurred* with tears.

captivate ['kæptiveit] *vt.* 迷惑(attract, fascinate, enamour)

【例】The entertaining game *captivated* the children.

confound [kən'faund] *v.* 使糊涂，迷惑(confuse, puzzle)

【例】My computer *confounds* and annoys me daily.

dazzle ['dæzl] *vt.* 使目眩；使迷惑(blind, bewilder)

【例】The excellent performance *dazzled* the audience.

elude [i'lju:d] *vt.* 困惑

【记】e(出)+lude(玩)→玩出去→躲出去

【例】The gangster *eluded* the police.

enigma [i'nigmə] *n.* 谜(mystery)

【例】The *enigma* surrounding the murder perplexed the detective.

enigmatic [ˌenig'mætik] *adj.* 像谜般的，神秘的(mysterious, secretive)

【例】The Egyptian pyramids seem quite *enigmatic* to the people of modern times.

entangle [inˈtæŋgl] *vt.* 使纠缠(embroil, involve); 使迷惑
【记】en+tangle(纠缠)→使纠缠
【例】The fishing line became *entangled* in the weeds.

enthrall [inˈθrɔːl] *vt.* 迷惑(captivate)
【例】The magician *enthralled* us with fascinating tricks.

equivocal [iˈkwivəkəl] *adj.* 模棱两可的, 意义不清的(ambiguous)
【记】equi+voc(声音)+al→用平平的声音→意义不清的

fascinate [ˈfæsineit] *vt.* 使迷惑(enchant, enthrall, intrigue)
【记】fascin(捆住)+ate→被捆住→使迷惑
【例】He's *fascinated* with Buddhist ceremonies.

labyrinth [ˈlæbərinθ] *n.* 迷宫; 错综复杂的事件

maze [meiz] *n.* 迷宫
【记】比较maize(玉米)

perplex [pəˈpleks] *vt.* 迷惑, 困惑, 难住(puzzle, confuse)
【记】per(全部)+plex(交错, 重叠)→困惑
【例】The question *perplexed* me.

riddle [ˈridl] *n.* 谜(puzzle, mystery)

tangle [ˈtæŋgl] *vt.* 使缠结, 使纠缠(knot, snarl)
【例】Her hair got all *tangled* up in the fence.

glamour [ˈglæmə] *v.* 迷惑

delude [diˈluːd] *vt.* 迷惑, 哄骗(beguile, deceive)

bewitch [biˈwitʃ] *vt.* 施魔法于, 蛊惑(enchant, hex)

baffle [ˈbæfl] *vt.* 使困惑; 难倒
【例】The examination question *baffled* me completely and I couldn't answer it.

hypnotize [ˈhipnətaiz] *vt.* 施催眠术(mesmerize); 使着迷

肯定

ascertain [ˌæsəˈtein] *vt.* 确定(determine, make sure); 探知
【记】as+certain (确信)→确定
【例】Did the doctor *ascertain* the cause of your opinion?

affirm [əˈfəːm] *v.* 断言; 确认, 肯定(assert, confirm)
【例】He *affirmed* his love for her.

definite [ˈdefinit] *adj.* 明确的(specific, straightforward); 肯定的
【例】She made him no *definite* answer.

confirm [kən'fəːm] *vt.* 进一步证实；确定(assure)；支持

【例】Please *confirm* your telephone message by writing to me.

unambiguous [ˌʌnæm'bigjuəs] *adj.* 不含糊的，明确的

【记】un(表示否定)+ambiguous(暧昧的，不明确的)→明确的

pronounce [prə'nauns] *v.* 发音；宣告(enunciate, articulate)；断言

【例】The expert *pronounced* the picture to be a forgery.

infallible [in'fæləbl] *adj.* 没有错误的；确实可靠的

【例】The intelligence is from an *infallible* source of information.

undoubtedly [ʌn'dautidli] *adv.* 确实地，无疑地；必定

【例】There will *undoubtedly* be trouble with the unions if the union leader is dismissed.

A bird in the hand is worth two in the bush.

—*Heywood*

一鸟在手胜过双鸟在林。

——希伍德

连 线 题

左列单词在右列中有一个或多个同义词，请画线连接。

（一）

	liberate
benevolent	maintain
escort	abandon
compassion	nullify
eradicate	charitable
assert	spur
forsake	rescue
extricate	acquire
stimulate	convoy
salvage	dodge
cancel	sympathy
procure	eliminate
evade	

（二）

	renounce
defiant	reinforce
submissive	overturn
uproar	interfere
inflict	obedient
deny	impede
ornament	turmoil
subvert	adapt
substantiate	impose
relinquish	rebellious
adjust	decoration
intervene	gainsay
hinder	

（三）

	inspect
vestige	fixed
persistent	ambiguous
unveil	stubborn
investigate	intangible
loot	arbitrary
immobile	remnant
durable	plunder
equivocal	enduring
scrutinize	probe
obstinate	disclose
elusive	dogged
dogmatic	

（四）

	fragment
pending	defer
compel	discern
industrious	meditate
shatter	terminate
deliberate	devastate
engulf	assiduous
comply	intentional
vindicate	devour
expire	suspending
ravage	obey
ponder	constrain
adjourn	

连线题答案

（一）

benevolent	charitable
escort	convoy
compassion	sympathy
eradicate	eliminate
assert	maintain
forsake	abandon
extricate	liberate
stimulate	spur
salvage	rescue
cancel	nullify
procure	acquire
evade	dodge

（二）

defiant	rebellious
submissive	obedient
uproar	turmoil
inflict	impose
deny	gainsay
ornament	decoration
subvert	overturn
substantiate	reinforce
relinquish	renounce
adjust	adapt
intervene	interfere
hinder	impede

（三）

vestige	remnant
persistent	dogged
unveil	disclose
investigate	probe
loot	plunder
immobile	fixed
durable	enduring
equivocal	ambiguous
scrutinize	inspect
obstinate	stubborn
elusive	intangible
dogmatic	arbitrary

（四）

pending	suspending
compel	constrain
industrious	assiduous
shatter	fragment
deliberate	intentional
engulf	devour
comply	obey
vindicate	discern
expire	terminate
ravage	devastate
ponder	meditate
adjourn	defer

Word List 35

音频

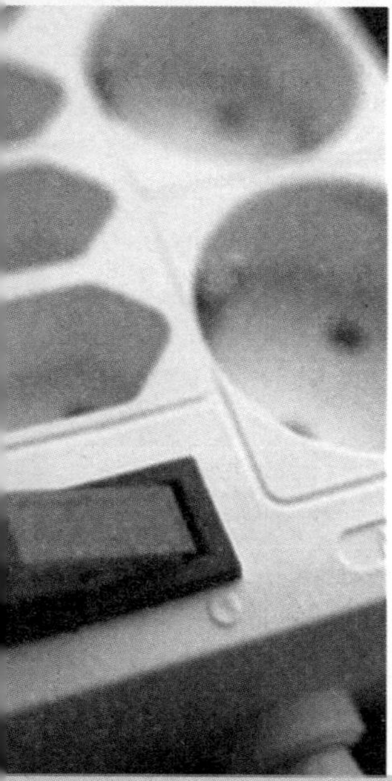

状 态

记忆小贴士:全身心记忆法

根据测试,参与记忆单词的器官和身体部位越多,单词在大脑中的印象就越深刻,记忆的时间也就越长。边读边写边记,来一个全身总动员吧。

物理状态

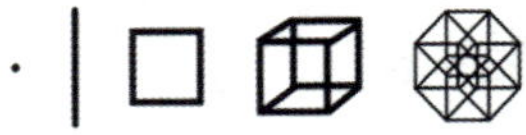

active ['æktiv] *adj.* 活动的；活跃的

【例】Susan's personal life is very *active*.

coil [kɔil] *n.* 盘绕 *v.* 卷(curl, wind)

【例】The snake *coiled* itself around its prey.

concave [kɔn'keiv] *adj.* 凹的，凹入的 *n.* 凹，凹面

convex [kɔn'veks] *adj.* 凸起的

dangle ['dæŋgl] *v.* 悬荡(suspend, hang)

【例】The monkey loved to *dangle* from the branch and eat bananas.

encompass [in'kʌmpəs] *vt.* 包围，环绕(encircle, cover)

【记】en+compass(包围)→包围

【例】This book *encompasses* all the important events of the city.

hump [hʌmp] *vi.* 隆起

【例】The land here *humped* into a hummock.

pitch [pitʃ] *n.* 程度；斜度

project [prə'dʒekt] *v.* 突出 (protrude)；投射

【例】His eyebrows *project* noticeably.

protrude [prə'tru:d] *v.* (使)突出(project, stick out)

【记】pro(前)+trude(伸出)→突出

【例】John's teeth *protrude* from his gums at an odd angle.

regularly ['regjuləli] *adv.* 有规律地，整齐地 (routinely)

【例】Take the medicine *regularly* three times a day.

roll [rəul] *v.* 滚动(scroll)

rotate [rəu'teit] *v.* (使)旋转 (turn, alternate)

【例】The coach *rotates* her players frequently near the end of the game.

slant [sla:nt] *n.* 斜面 *vt.* 使倾斜(tilt, slope)

【例】The roof was built at a *slant* so rain would run off it.

slope [sləup] *n.* 倾斜；斜面 *v.* 倾斜(slant, tilt, incline)

spin [spin] *v.* 旋转

【例】The wheels of the car were *spinning*.

stuffy ['stʌfi] *adj.* 闷热的，不通风的(airless)

tilted ['tiltid] *adj.* 倾斜的(slanted)

tower ['tauə] *vi.* 屹立，高耸

【例】The skyscraper *towered* among the city.

状态变化

abate [ə'beit] *v.* 减少(lessen, diminish, dwindle, subside)

【记】a+bate(走)→走下去→减少

【例】It is reported that flu has been *abating* due to a warm winter.

accumulate [ə'kjuːmjuleit] *vt.* 积聚(aggregate, amass, accrue)

【记】ac+cumul(堆积)+ate→积累

【例】The television screen *accumulates* dust.

amplification [ˌæmplifi'keiʃən] *n.* 扩大

amplify ['æmplifai] *vt.* 放大，增强

【例】We need to *amplify* the electric current.

ascent [ə'sent] *n.* 上升

【例】The rock climbers made their *ascent* slowly.

deform [diː'fɔːm] *vt.* 使变形(disfigure, distort)

【记】de(坏)+form(形状)→使变形

【例】A constant wind *deformed* the tree.

descent [di'sent] *n.* 下降

elevate ['eliveit] *vt.* 抬高

【记】e(出)+lev(举)+ate→举出→升高

【例】The marchers *elevated* the flag as they passed the president.

enhance [in'hɑːns] *vt.* 增加(raise, improve, heighten)

【例】You can *enhance* your appearance with makeup.

extend [iks'tend] *v.* 扩充，延伸(stretch)

【例】He *extended* his arms in front of him as if he were praying to God.

extension [iks'tenʃən] *n.* 延伸

【例】The handle isn't long enough, so I need an *extension*.

hike [haik] *v.* 上升

【例】My coat had *hiked* up in the back.

hoist [hɔist] *v.* 升起(raise)

【例】He was *hoisted* up to the top of the building by a hoist.

sharpen ['ʃɑːpən] *vt.* 削尖

【例】You need to *sharpen* your eyes in doing experiments.

stretch [stretʃ] *v.* 伸展，伸长(pull taut, expand)

【例】She *stretched* herself out on the couch and fell asleep.

transform [træns'fɔːm] *vt.* 使变形

【记】trans(变)+form(形)→变形

【例】A fresh coat of paint can *transform* a room.

状态稳定

poise [pɔiz] *n.* 平衡(balance)；稳定

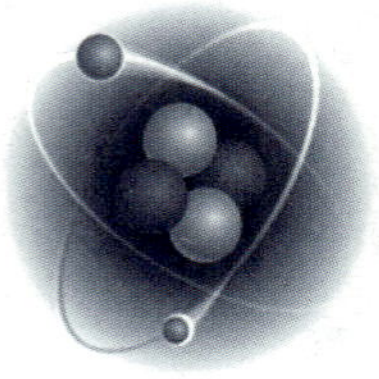

stable ['steibl] *adj.* 稳定的

steadily ['stedili] *adv.* 稳定地；有规则地 (consistently)

steady ['stedi] *adj.* 稳固的 *vt.* 使稳定

stability [stə'biliti] *n.* 固定；牢固；稳定

【例】Social *stability* is key to economic growth.

tranquilize ['træŋkwilaiz] *v.* 使安静，使平静

缩减

constrict [kən'strikt] *v.* (使)收紧；压缩(reduce, compress)

【记】比较strict(严格的；精密的)

【例】The snake *constricted* its body around its prey and killed it.

contract ['kɔntrækt] *vi.* 收缩 (shrink, reduce)

【记】con+tract(拉)→拉到一起→收缩

【例】Plastic bags *contract* when being heated.

curtail [kəː'teil] *vt.* 缩减(cut back, reduce)

【记】cur+tail(尾巴)→尾巴短了→减缩

【例】The discussions were *curtailed* when the fire alarm went off.

detract [di'trækt] *vi.* 去掉；减损(lessen, derogate)

【例】Their argument *detracted* from the otherwise pleasant conversation.

diminish [di'miniʃ] *vt.* 减少(decrease)；缩小(dwindle)

【记】di(向下)+mini(小)+(i)sh→小下去→缩小

【例】Unexpected expenses *diminished* the size of my bank account.

dwindle ['dwindl] *vi.* 减少(diminish, decrease)

【例】The stream will continue to *dwindle* if it doesn't rain.

indent [in'dent] *vt.* 缩排，缩进

【记】in+dent(牙齿)→成牙齿状→缩排

【例】Remember to *indent* the first line of every paragraph.

reduce [riˈdjuːs] *vt.* 减少；简化(simplify)

【例】Statistics helps to *reduce* unwieldy data to comprehensible form.

subtraction [səbˈtrækʃən] *n.* 减少

narrow [ˈnærəu] *vt.* 使变狭窄，使缩小 *vi.* 变窄

【例】The passage to the temple *narrows* as it approaches to the destination.

restrict [risˈtrikt] *vt.* 限制，限定

【例】He *restricted* himself to allocate one hour for sports per day.

shrink [ʃriŋk] *vi.* 缩小，变小

【例】The dress *shrank* when I washed it.

decrease [diˈkriːs] *n. / v.* 减少，降低

【例】Because of inflation, people's real salary *decreased* this year compared to that of last year.

decline [diˈklain] *n. / vi.* 下降(decrease, drop)；下滑；下倾

【例】The sales volume *declined* dramatically this month.

deduct [diˈdʌkt] *vt.* 扣除，减除(discount, subtract)

【例】Please *deduct* unrelated costs from the project.

偶然

accidental [ˌæksiˈdentl] *adj.* 偶然的(occasional)

【记】ac＋cid(落下)＋ental→意外的

【例】I made an *accidental* error on my exam.

casual [ˈkæʒjuəl] *adj.* 非正式的，随便的(informal)

【例】The picnic was *casual*, so we all wore shirts.

contingent [kənˈtindʒənt] *adj.* 可能发生的(accidental, unforeseen)

【例】Mary's offer to buy the house was *contingent* upon her getting a mortgage.

dispensable [disˈpensəbl] *adj.* 可有可无的(unnecessary, unimportant)

【例】This magazine is *dispensable*, so let's discontinue our subscription.

fortuitous [fɔːˈtju(ː)itəs] *adj.* 偶然的，意外的(accidental, coincidental)

【例】He is not a good swimmer; he just won the game *fortuitously*.

haphazard [ˌhæpˈhæzəd] *adj.* 偶然的；随便的(casual, random)

【记】hap＋hazard(偶然；运气)→偶然的

【例】I didn't mean to meet my old friend at the airport; it was just a *haphazard* meeting.

lottery [ˈlɔtəri] *n.* 碰巧之事

【例】"Marriage is just a *lottery*; don't believe in love." said the old man.

occasional [əˈkeiʒənəl] *adj.* 偶然的(accidental, haphazard)

【例】The silence was broken by an *occasional* scream.

random [ˈrændəm] *adj.* 任意的，随意的 (patternless, unplanned)

incidentally [insiˈdentəli] *adv.* 偶发性地(作为附带的或非主要的事)

【例】My father was by profession a businessman and *incidentally* a musician.

incidental [ˌinsiˈdentl] *adj.* 偶发的(accidental); 临时的

衰弱

decadence [ˈdekədəns] *n.* 衰落，颓废

【记】de+cad(落下)+ence→衰落

【例】The mayor criticized the teenagers for their *decadence*.

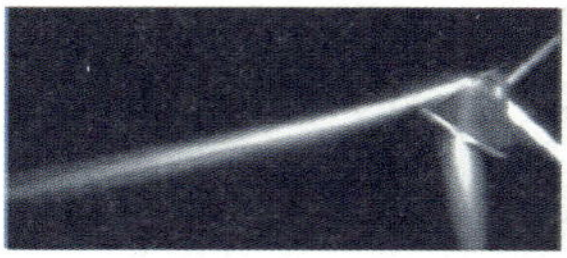

decline [diˈklain] *v.* 衰落(go down, drop)

【例】As the dog grew older, its health *declined*.

degenerate [diˈdʒenərət] *adj.* 堕落的 [diˈdʒenəreit] *vi.* 退步 (degrade, deteriorate)

【记】de(坏)+gener(产生)+ate→往坏产生→堕落

【例】I was shocked by the lack of morals in the *degenerate* book.

degrade [diˈgreid] *vt.* 使降级(lower); 使堕落(degenerate)

【记】de(向下)+grade(级)→向下降级

【例】I felt *degraded* by having to ask for money.

deplete [diˈpliːt] *vt.* 耗尽，使衰竭 (exhaust)

【例】I always replenish my food supply before it is *depleted*.

ebb [eb] *vi.* 衰退(decay)

【例】The water washed up on the shore, then slowly *ebbed* away.

enervate [ˈenəːveit] *vt.* 使衰弱(enfeeble, weaken)

【例】The dullness of the lecture as well as the heat of the day *enervated* the students, who were all too tired.

languish [ˈlæŋgwiʃ] *vi.* 变衰弱(wither, fade)

【例】The prisoners have been *languishing* for years in the dungeon.

debility [diˈbiliti] *n.* 虚弱，衰弱

【例】After operation, it seems that the old man was still in *debility* and had not recovered yet.

feeble [ˈfiːbl] *adj.* 虚弱的，衰弱的(weak, frail)

【例】I felt *feeble* when I was ill.

decay [diˈkei] *n.* / *vi.* 腐朽，腐烂；衰减，衰退

【例】Dentists advise their patients to brush and floss regularly to prevent their teeth from *decaying*.

wither [ˈwiðə(r)] *vt.* (使)枯萎，凋谢(deteriorate)

【例】The flowers *withered* in the cold.

recessionary [riˈseʃənəri] *adj.* (经济)衰退的，衰退期的

wane [wein] *n.* / *v.* (月)缺；衰落(abate, diminish, lessen)

【例】The tide was near the turn and already the day was on the *wane*.

缺乏

devoid [diˈvɔid] *adj.* 缺乏的(lacking)

【记】de+void(空)→缺乏的

【例】The hot air was *devoid* of even the slightest amount of moisture.

forfeit [ˈfɔːfit] *vt.* 丧失 *adj.* 丧失了的(lost)

【例】His lands were *forfeit*.

insufficient [ˌinsəˈfiʃənt] *adj.* 不足的，不够的(inadaquate)

meager [ˈmiːgə(r)] *adj.* 贫乏的，不足的(scanty)

needy [ˈniːdi] *adj.* 贫穷的(poor)

【记】need(需要)+y→急需的→贫穷的

【例】Those *needy* children had to work for their keep.

scanty [ˈskænti] *adj.* 贫乏的(sparse, meager)

【记】scant(不足的)+y→贫乏的

【例】The *scanty* resources defines this area as barren.

scarce [skɛəs] *adj.* 缺乏的，不足的(sparse)

stingy [ˈstindʒi] *adj.* 缺乏的

destitute [ˈdestitjuːt] *adj.* 贫困的，赤贫的(penniless, bankrupt)

【例】In the face of *destitute* period in his lifetime, he tried his best to support the family.

lacking [ˈlækiŋ] *adj.* 缺少的，缺乏的，不足的(in short of)

【例】Help was *lacking* at sea during the storm.

impoverish [imˈpɔvəriʃ] *vt.* 使贫困；使枯竭(deplete)

【例】The fertile grassland was *impoverished* because of over grazing.

deficient [diˈfiʃənt] *adj.* 缺乏的，不足的(inadequate, lacking)

【例】Food was *deficient* at time of famine.

deprived [diˈpraivd] *adj.* 缺乏足够教育的；缺少食物的

【例】Pre-school education is designed to give children from educationally *deprived* households an early boost.

频率

ceaseless [ˈsiːslis] *adj.* 不停的(incessant, endless)

【记】cease(停)+less(否定后缀)→不停的

【例】The *ceaseless* noise of the dripping faucet drove us crazy.

constant [ˈkɔnstənt] *adj.* 不变的，持续的 (invariable, continuous)

【例】The *constant* noise from the road crew gave Bill a headache.

fitful [ˈfitful] *adj.* 一阵阵的，断续的

【记】fit(一阵)+ful→一阵阵的

【例】Your *fitful* pacing is bothering me.

frequency [ˈfriːkwənsi] *n.* 频率，周率，发生次数

haunt [hɔːnt] *vt.* 常到(frequent)

【例】Do ghosts really *haunt* that old house?

incessant [inˈsesnt] *adj.* 不断的(ceaseless, continual)

【记】in(不)+cess(停止)+ant→不断的

speedy [ˈspiːdi] *adj.* 快的，迅速的

successive [səkˈsesiv] *adj.* 连续的(consecutive)

【例】The baseball player hit four *successive* home runs.

swift [swift] *adj.* 快速的(quick)

continual [kənˈtinjuəl] *adj.* 不停的，连续的 (continuous, perpetual, eternal, perennial, interminable)

【例】He was used to *continual* rain during the rainy season in the Yangtze Delta region.

regular [ˈregjulə] *adj.* 有规则的，有规律的 (routine)；常见的，频繁的 (customary)

【例】*Regular* inspection on work safety has contributed to the decrease of fire accidents this year in small factories.

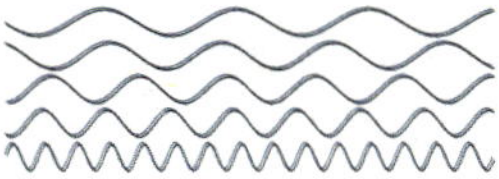

persistent [pəˈsistənt] *adj.* 固执的，坚持的；持续的(continuous)

【例】Tom was so *persistent* that he finally succeeded in his experiment, which led to a major discovery in thermodynamics.

黏附

adhere [ədˈhiə] *vi.* 黏着(stick, cling)；坚持(hold)

【例】There is a piece of lettuce *adhering* to the side of your plate.

adherent [ədˈhiərənt] *adj.* 依附的(adhesive, sticky)

attachment [əˈtætʃmənt] *n.* 连接物；附件

【例】The vacuum cleaner has six different *attachments*.

cling [kliŋ] *vi.* 黏附(adhere, stick)

【例】The child *clung* to his mother, begging her not to leave.

cohere [kəuˈhiə] *vi.* 附着(connect, fit)

【记】co(共同)+here(粘)→共同粘→附着

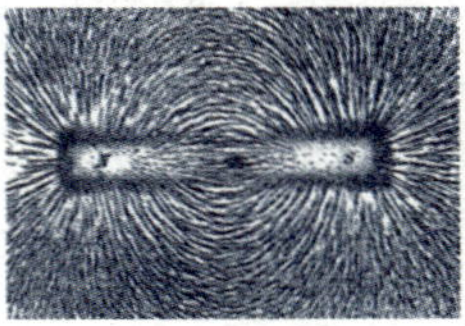

sticky [ˈstiki] *adj.* 粘连的(adhesive)

stick [stik] *v.* 粘住，粘贴(cling, attach)

【例】The stamp is not sticky enough to *stick* on the envelope.

slabby [ˈslæbi] *adj.* 粘的，胶粘的

conglutinate [kənˈgluːtineit] *v.* (使)粘附，(使)黏合

【记】con(一起)+glu(胶水)+tinate→(使)黏附

agglutinate [əˈgluːtineit] *v.* 使胶合，使黏合

扩大

augment [ɔːgˈment] *vt.* 增大，增加(enlarge, increase)

【记】aug(提高)+ment→提高→增大

【例】The addition to the house greatly *augmented* its value.

broaden [ˈbrɔːdn] *v.* 放宽，变阔

【记】broad(宽)+en→变宽

【例】The city *broadened* the road at the dangerous turn.

dilate [dai'leit] *vt.* 使膨胀，使扩大(expand, widen)

【记】di（分开）+late→分开后所占空间变大→扩大

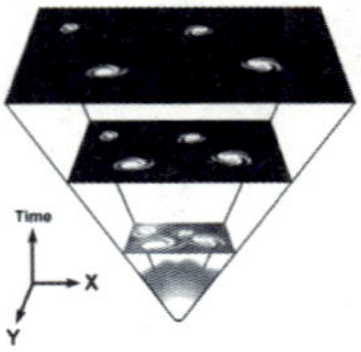

expand [iks'pænd] *vi.* 扩张(outspread)

【记】ex+pand(分散)→分散出去→扩张

【例】The balloon *expanded* slowly.

sprawl [sprɔːl] *n.* 扩展 *v.* 蔓延(spread)

【记】比较crawl(爬)

【例】Suburban *sprawl* caused really bad traffic jams.

swell [swel] *v.* 膨胀(expand, inflate)

【例】My ankle began to *swell* when I injured it.

enlarge [in'lɑːdʒ] *v.* 增大，扩大(increase)

【例】We're *enlarging* the production scale to produce more and better computers.

extend [iks'tend] *v.* 延长(expand)；继续

【例】Metal *extends* when heated.

magnify ['mægnifai] *v.* 放大，扩大

【记】比较diminish, minify(缩小)

【例】This microscope *magnifies* an object 100,000 times.

outstretch [aut'stretʃ] *v.* 伸出，伸展

boost [buːst] *n.* / *v.* 增加；提高(hoist)

【例】Investment *boosted* the economy.

amplify ['æmplifai] *vt.* 放大；增强；详述

【例】He *amplified* an electronical signal.

聚集

assemble [ə'sembl] *vt.* 聚集(gather, congregate)

【例】After *assembling* the things he needed, Bob baked a beautiful cake.

assembly [ə'sembli] *n.* 集会

【例】An *assembly* was called so that everyone could vote on the issue.

congregate ['kɔŋgrigeit] *vt.* 聚集(assemble, gather)

【记】con(共同)+greg(集会)+ate→聚集

【例】Each morning people at work *congregate* around the coffee pot.

convene [kənˈviːn] *vt.* 集合(assemble, gather)

【记】con+vene(走)→走到一起

【例】Party congresses at all levels are *convened* by Party committees at their respective levels.

gather [ˈgæðə] *v.* 聚集，集合 (compile, collect)

【例】Children, *gather* round, and Miss Alice will tell you a fable.

accumulate [əˈkjuːmjuleit] *v.* 积累，积存(amass, assemble)

【例】As the evidence began to *accumulate*, experts from the company felt obliged to investigate.

amass [əˈmæs] *vt.* 积蓄；积聚(accumulate, compile)

【例】During each war the monopoly capitalists *amassed* fabulous wealth.

flock [flɔk] *vi.* 聚集成群 *n.* 禽群；畜群；人群 (crowd)

【例】It rarely happened that people in the town *flocked* to the theatre to see the new opera.

accompany [əˈkʌmpəni] *vt.* 陪伴

【例】The minister was *accompanied* by his secretary to the meeting room.

混乱

befuddle [biˈfʌdl] *vt.* 使混乱(confuse)

【例】The *befuddled* deer could not move out of the path of the car.

complex [ˈkɔmpleks] *adj.* 复杂的(complicated, tangled)

【记】com+plex(交叉重叠)→复杂的

【例】The student thought the algebraic formula was *complex*.

complicate [ˈkɔmplikeit] *vt.* 使复杂

【例】Getting angry with each other will only *complicate* the matter.

confuse [kənˈfjuːz] *vt.* 使混淆

【记】con(共同)+fuse(流)→流到一起→混淆

disarray [ˌdisəˈrei] *n.* 杂乱 *v.* 混乱

【记】dis+array(排列)

【例】I couldn't find the papers in all the disarray on my desk.

intricate [ˈintrikit] *adj.* 错综复杂的(complicated, entangled)；难懂的

【记】in(进入)+tric(复杂)+ate→错综复杂的

jumble [ˈdʒʌmbl] *vt.* 混杂(muddle, mix)

【例】The papers in the office were all *jumbled* up.

muddle [ˈmʌdl] *vt.* 使混乱(confuse, make into a mess)

【记】mud(泥)+dle→混入泥→混乱

【例】The lesson was not clear and it has *muddled* me.

shuffle [ˈʃʌfl] *vt.* 搅乱，混合(mix, blend)

【例】He *shuffled* the cards before each new round.

chaos [ˈkeiɔs] *n.* 混乱，无秩序，混沌状态(disorder)

【例】The room was a *chaos* of boxes.

babelism [ˋbeibəlizəm] *n.* 混乱

disorder [disˈɔːdə] *n.* 杂乱，混乱，无秩序状态 *v.* 扰乱

【例】The bandits fled in *disorder* when they heard that a regiment of soldiers were marching to their den.

turmoil [ˈtəːmɔil] *n.* 混乱，骚乱，动乱(commotion, disturbance)

clutter [ˈklʌtə] *n.* 杂乱，喧闹 *vt.* 乱糟糟地堆满

【例】The room was *cluttered* up with old furniture.

tangle [ˈtæŋgl] *n.* 混乱状态 *v.* 处于混乱状态

【例】The string was in a *tangle*.

bedlam [ˈbedləm] *n.* 喧闹的地方；骚乱

pandemonium [ˌpændiˈməunjəm] *n.* 喧嚣，大混乱

【例】The whole lobby was a perfect *pandemonium*.

恢复

energize [ˈenədʒaiz] *vt.* 供给能量；使活跃

【例】I *energized* the motor when I turned on the electric switch.

rally [ˈræli] *n.* /*v.* 恢复；重整(溃散的队伍等)

【记】比较ally(联盟)

【例】We *rallied* together to save our leader from prison.

recover [riˈkʌvə] *vt.* 恢复(resume)

【例】The patient did not *recover* himself since he was knocked down in a car accident.

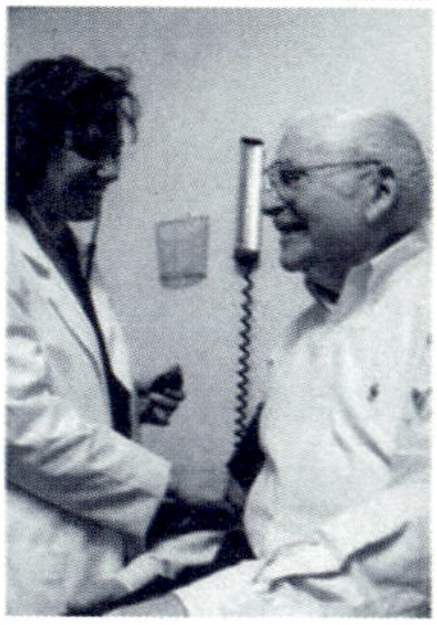

refresh [riˈfreʃ] *vt.* 使清新 *vi.* 恢复精神(renew, revive)

【记】re(重新)+fresh(新鲜的)→恢复精神

【例】She felt *refreshed* after her sleep.

rehabilitate [ˌriː(h)əˈbiliteit] *vt.* 恢复(restore)

【记】reh(重新)+abili(能力)+tate→重新获得能力→恢复

【例】After World War II, many factories were *rehabilitated* rather than bulldozed.

restore [risˈtɔː] *vt.* 恢复(recover, bring back)

【记】re(回)+store(储存)→返回储存→恢复

【例】She *restored* after her holiday.

retrieve [riˈtriːv] *v.* 重新找回(recover)

【记】re(重新)+trieve(找到)→重新找到

【例】Jane *retrieved* the lost document from the garbage can.

revive [riˈvaiv] *v.* 复兴，复苏(revitalize)

【记】re(重新)+vive(活)→复苏

【例】The fresh air soon *revived* him.

revoke [riˈvəuk] *vt.* 取消(cancel); 撤回(repeal)

【记】re(反)+voke(喊)→喊反话→取消

【例】The drunk driver had his driving licence *revoked*.

resume [riˈzjuːm] *vt.* 重新取得; 重新开始

【例】They *resumed* their normal work after a short rest.

recuperate [riˈkjuːpəreit] *v.* 恢复，复原(recover)

【例】The old man finally *recuperated* after a critical operation.

rejuvenate [riˈdʒuːvineit] *vt.* 使年轻，使复原 *vi.* 返老还童，复原

【例】Right policy *rejuvenated* the sound development of the economy.

convalesce [ˌkɔnvəˈles] *vi.* 恢复健康，渐愈，复原(rally, recuperate)

renovate [ˈrenəuveit] *vt.* 革新; 刷新; 修复

【例】We *renovated* the house before we moved in.

缓和

assuage [əˈsweidʒ] *vt.* 缓和(alleviate, mitigate, soothe)

【记】as+suage(甜)→变甜→缓和

【例】I pray that our Heavenly Father may *assuage* the anguish of your bereavement.

console [kən'səul] *vt.* 安慰(conciliate, comfort)

【例】The physician *consoled* the parents of the accident victim.

cushion ['kuʃən] *n.* 垫层 *vt.* 缓解

mitigate ['mitigeit] *vt.* 缓和；减轻(alleviate, relieve)

【记】miti(小)+gate(做)→减轻

【例】Nothing could *mitigate* the cruelty with which she had treated him.

mollify ['mɔlifai] *vt.* 缓和(appease, assuage)

【记】moll(软)+ify→软化→缓和

【例】He tries to find ways of *mollifying* her.

pacify ['pæsifai] *vt.* 镇定；抚慰(appease, placate)

【记】pac(和平，平静)+ify→抚慰

【例】Even a written apology failed to *pacify* the indignant hostess.

placate [plə'keit] *vt.* 安抚(appease, pacify)

【记】plac(平静)+ate→安抚

【例】To *placate* an infant, a mom has to offer vocal reassurance.

relax [ri'læks] *v.* (使)松弛，放松(ease)

slacken ['slækən] *vt.* 使松弛(loosen, slow down)

【记】slack(松弛)+en→使松弛

【例】I *slackened* the line to let the fish swim.

soothe [suːð] *v.* 缓和，减轻(appease, relieve)

abate [ə'beit] *vi.* 减弱，减轻，减低(decrease, curtail)

【例】The government *abated* the tax to spur investment.

demulcent [di'mʌlsənt] *adj.* 缓和的；镇痛的

lenitive ['lenitiv] *adj.* 润泽的；缓和的 *n.* 润泽药，缓和剂

alleviate [ə'liːvieit] *vt.* 减轻，缓和(痛苦等)

【例】No arguments shall be wanted on my part that can *alleviate* so severe a misfortune.

relieve [ri'liːv] *vt.* 减少；减轻(alleviate, assuage, lighten, mitigate, palliate)

【例】This will *relieve* pressure on the trains to some extent.

分离

detach [di'tætʃ] *vt.* 分开，分离(remove, separate)

【例】Sally *detached* the spray nozzle from the hose.

detached [diˈtætʃt] *adj.* 分离的(separated, disconnected)
【例】The house has a *detached* garage rather than an adjoining one.

disunite [ˌdisjuːˈnait] *vt.* 使分离
【记】dis+unite(统一)→不统一→分离
【例】He managed to *disunite* the links of a chain.

rend [rend] *vt.* 分离(apart, seperate)
【例】The cruel enemies *rent* the child away from his mother.

scatter [ˈskætə] *vt.* 使分散(disperse, spread)
【例】The farmer *scattered* the corn in the yard for the hens.

segregate [ˈsegrigeit] *vt.* 隔离，分离 (alienate, separate)
【记】se(分开)+greg(群体)+ate→和群体分开→隔离
【例】Solid and liquid are *segregated* and then mixed again in the experiment.

sever [ˈsevə] *vt.* 分开(separate)；断绝
【例】The road was *severed* at several places.

solitude [ˈsɔlitjuːd] *n.* 与外界隔绝(isolation, loneliness)

apart [əˈpɑːt] *adv.* 分开，离开
【例】All the children like music *apart* from Bobby.

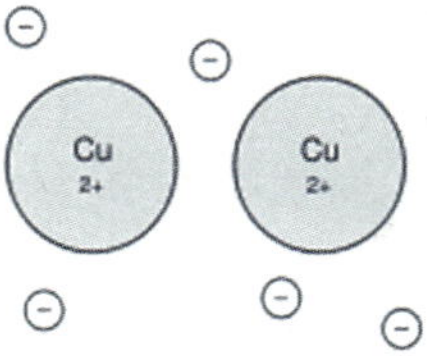

disengage [ˌdisinˈgeidʒ] *vi.* 解开；使解脱；分离
【例】*Disengage* the gears when you park the car.

dissolve [diˈzɔlv] *vi.* 溶解(melt)；液化(liquefy)
【例】Heat *dissolved* the candle into a pool of wax in a few minutes.

separate [ˈseprit] *adj.* 区别的，不同的 [ˈsepəreit] *v.* 分开(divide)；离开，脱离(part, sever)
【例】The two children *separated* at the end of the road.

发展

accomplished [əˈkɔmpliʃt] *adj.* 完成的
【例】Bill is the most *accomplished* musician I have ever known.

achieve [əˈtʃiːv] *vt.* 完成，实现(accomplish, fulfil)
【例】Bill could not *achieve* his schooling because he is too lazy.

advance [ədˈvɑːns] *vt.* 使前进(proceed)

beget [biˈget] *vt.* 引起，产生(arise, bring)
【例】Hunger *begets* crime.

climax [ˈklaimæks] *v.* (使)达到高潮 *n.* 高峰，顶点(peak, culmination)

【例】The movie *climaxed* with Tom's revealing that he was really the child's father.

commence [kəˈmens] *vi.* 开始(begin)

【记】co+mmence(说)→一起说→开始

【例】The second term *commences* in March.

conclude [kənˈkluːd] *vi.* 结束

【例】The movie *concludes* at ten o'clock.

conclusive [kənˈkluːsiv] *adj.* 决定性的(decisive, definitive)；最后的(final)

【例】The committee didn't reach any *conclusive* decision.

condition [kənˈdiʃən] *n.* 条件；状况

【例】My shoes are in bad *condition* and need to be replaced.

culmination [kʌlmiˈneiʃ(ə)n] *n.* 顶点(climax, summit)

【例】At the *culmination* of her career, Mary gave a final concert.

develop [diˈveləp] *v.* 发展；产生；成长

【例】I will *develop* a headache if it gets too hot.

emerge [iˈməːdʒ] *vi.* 出现(appear, come into prominence)

【记】e(出)+merge(沉)→沉的东西出现→浮现

【例】The divers *emerged* from the water.

engender [inˈdʒendə] *vt.* 产生(generate, produce)

【记】en(使)+gender(产生)→使产生

【例】John's kind acts *engendered* my friendship.

eventual [iˈventjuəl] *adj.* 最后的(final, ultimate)

【记】比较event(事件)

【例】Owning a restaurant is Bill's *eventual* goal, but now he is just an assistant chef.

exit [ˈeksit] *v.* 退出

【记】ex(出)+it(走)→走出→出口

final [ˈfainəl] *adj.* 最后的(ultimate)

【例】After the *final* contest has completed, the judges will decide.

foremost [ˈfɔːməust] *adj.* 最初的(prime)

【记】fore(前)+most(最)→最先的

【例】He is one of the *foremost* atom scientists in China.

generate [ˈdʒenəˌreit] *vt.* 造成(produce, give rise to)

【记】gener(产生)+ate→造成

【例】His improper behavior *generates* a good deal of suspicion.

halt [hɔːlt] *v.* 踌躇；停止，停止行进

【例】The police ordered the thief to *halt*.

headway [ˈhedwei] *n.* 进展（progress）

incipient [inˈsipiənt] *adj.* 初期的

【记】in(进入)+cip(掉)+ient→掉进来→刚开始的

initial [iˈniʃəl] *adj.* 初始的(original，beginning，early，oldest)

【记】in(进入)+it(走)+ial→走进→开始的

【例】His *initial* step to start a small business is to do a market research.

initiate [iˈniʃieit] *vt.* 开始，创始(start，begin，commence)

launch [lɔːntʃ] *vt.* 发动(start，begin)

【例】My company *launched* a new insurance plan.

onset [ˈɔnset] *n.* 开始(baginning)

【记】来自set on(攻击)

【例】The *onset* of arthritis stopped the old lady from doing needlework.

original [əˈridʒənəl] *adj.* 最初的(earliest，initial)

【记】origin(起源)+al→最初的

【例】His idea is not *original*；many pioneers had the same thought.

originally [əˈridʒənəli] *adv.* 本来；最初地

peak [piːk] *n.* 高峰(mountain top)；尖端(summit，top)

【例】At the *peak* of their labor，they could lay five miles of rails a day.

phase [feiz] *n.* 阶段(stage，period)

【例】The three *phases* of matter are solid，liquid and gas.

primary [ˈpraiməri] *adj.* 最初的(foremost，initial)

【记】prim(最初的)+ary→最初的

proceed [prəˈsiːd] *vi.* 进行(carry on，go on)

【记】pro(向前)+ceed(走)→进行

【例】Business *proceeded* as usual.

process [ˈprəuses] *n.* 过程(procedure)

progress [prəˈgres] *v.* 前进，发展

【记】pro(向前)+gress(走)→前进

【例】The year is *progressing*; it will soon be winter again.

result [riˈzʌlt] *n.* 结果（outcome）

resume [riˈzjuːm] *v.* 继续(continue)

【记】re(重新)+sume(拿)→继续

【例】We *resumed* our work after a rest.

status [ˈsteitəs] *n.* 状况

【例】The *status* of colonial women had been well studied.

successful [səkˈsesful] *adj.* 成功的(fruitful)

terminate [ˈtəːmineit] *vt.* 终止(end, finish, conclude, stop)

【记】termin(结束)+ate→终止

【例】The author *terminated* his contract with the publisher.

triumph [ˈtraiəmf] *n.* 成功(victory)

【例】In our moment of *triumph*, let's not forget those who made it all possible.

ultimate [ˈʌltimit] *adj.* 最后的(final, eventual)

【记】ultim(最远)+ate→最后的，最终的

【例】*Ultimate* success can be only achieved by those who hang on.

vanish [ˈvæniʃ] *vi.* 消失(disappear, fade)

【记】van(空)+ish→变空→消失

【例】The magician made the flowers *vanish* with a wave of his wand.

穿透

impale [imˈpeil] *vt.* 刺穿，刺住(pierce, penetrate)

【记】im(进入)+pale(尖木)→刺穿

【例】She had the butterflies *impaled* on small pins.

penetrate [ˈpenitreit] *vt.* 刺穿，进入(pierce)

【记】pen(全部)+etr(进入)+ate→刺穿

【例】The knife *penetrated* her finger and made it bleed.

pierce [piəs] *vt.* 穿透，戳穿(penetrate, puncture)

【例】I *pierced* the paper with my pencil.

punch [pʌntʃ] *vt.* 打孔

【例】Workers have to *punch* holes in the mountain to get the road through.

sheathe [ʃiːð] *vt.* (将刀剑)入鞘(encase)

【例】He *sheathes* his sword.

stab [stæb] *v.* / *n.* 刺，戳(jab, injure)

【例】He *stabbed* the woman with a knife and she died.

transfix [træns'fiks] *vt.* 刺穿(pierce, impale)

【例】The fisherman *transfixed* the shark with a harpoon.

bayonet ['beiənit] *vt.* 用刺刀刺 *n.* 刺刀

infiltrate [in'filtreit] *vi.* 渗透

【例】A team of Japanese soldiers had *infiltrated* China and the war was on the edge.

puncture ['pʌŋktʃə] *n.* 刺孔，穿孔，刺痕 *vi.* 刺穿，刺破

【例】The tire *punctured* a mile from home.

冲突(竞争)

admonish [əd'mɔniʃ] *vt.* 警告(warn)

【记】ad(加强)+mon(警告)+ish→加强警告

【例】Mary *admonished* the children not to talk to strangers.

adverse ['ædvəːs] *adj.* 敌对的(hostile); 不利的(unfavorable, negative)

【例】The *adverse* weather conditions made travel difficult. / Penicillin can have an *adverse* effect on a person who is allergic to it.

assail [ə'seil] *vt.* 猛击(attack, assault); 决然面对

【记】as+sail (跳上去)→跳上去打→猛打

【例】A police officer *assailed* the crook with a baton.

baste [beist] *vt.* 殴打(lash, beat); 公开责骂

【例】The man was *basted* for his crime.

belligerent [bi'lidʒərənt] *adj.* 好战的(hostile, aggressive); 交战的

【例】It is unwise to take a *belligerent* attitude.

compete [kəm'piːt] *vi.* 竞争

【例】Children sometimes *compete* for their parents' attention.

contend [kən'tend] *v.* 争斗(compete, rival)

diverge [dai'vəːdʒ] *vt.* 分歧，差异(differ, deviate)

【记】di+verge(转)→转开→分歧

【例】I'm afraid our opinions *diverge* from each other on the direction of investment.

divergent [dai'vəːdʒənt] *adj.* 分叉的; 分歧的(different)

【例】Thousands of *divergent* tree branches made a thick canopy overhead.

emulate [ˈemjuleit] *vt.* 与…竞争；仿效(imitate, copy)

【例】I tried to *emulate* Mary's skill at playing the piano.

feud [fjuːd] *n.* 世仇 *vi.* 不合

【例】The *feud* between our families has lasted for generations.

frown [fraun] *vi.* 皱眉；反对

【例】My father *frowned* when I came home late last night.

fulminate [ˈfʌlmineit] *vt.* 猛烈爆发(explode)

【记】fulmin(闪电，雷声)+ate→像雷声一般发作→猛烈爆发

【例】The government has determined to *fulminate* against the crime wave.

hostile [ˈhɔstail] *adj.* 敌对的，不友好的(antagonistic, unfriendly)

【例】The *hostile* cat hissed whenever I came near.

impact [ˈimpækt] *v.* 冲击(affect, influence)

【例】The Cultural Revolution greatly *impacted* many Chinese families.

offensive [əˈfensiv] *adj.* 无礼的；攻击性的(aggressive)

【记】动词offend(进攻，冒犯)

【例】I would take it as an *offensive* action if you don't stop making those terrible noises.

parallel [ˈpærəlel] *vt.* 匹敌(match, rival)

【记】para(旁边)+llel→旁边的→平行的→匹敌的

【例】His paintings *parallels* that of Qi Baishi.

punch [pʌntʃ] *vt.* 重击(blow, hit)

【例】Plain Indians *punched* their hand-held drums while dancing.

repel [riˈpel] *vt.* 排斥(resist, reject)；击退

【记】re(反)+pel(推)→排斥

【例】The soldiers *repelled* the enemy.

repulse [riˈpʌls] *vt.* 排斥；击退

【记】re(反)+pulse(推)→排斥

【例】Tom *repulsed* the attacker by punching him in the stomach.

repulsive [riˈpʌlsiv] *adj.* 排斥的(revolting, disgusting)

rival [ˈraivəl] *vt.* 竞争，匹敌(compete, match)

【例】Edison is a genius who can't be *rivaled* by ordinary mortals though advancedly educated.

strife [straif] *n.* 冲突，竞争(squabble, conflict)

strike [straik] *v.* 打击 (hit)

【例】In France, going on strike is frequently being utilised by the union in fighting for the workers' interest, which *strikes* the nation's economy heavily.

struggle [ˈstrʌgl] *n.* /*vi.* 竞争，奋斗 (fight)

【例】The human being *struggles* with his environment.

tantalize [ˈtæntəlaiz] *vt.* 逗惹，使…着急(provoke, tease)

【例】Every time I reached for the bird, it disppeared. I withdrew, it reappeared. It posed a *tantalizing* question for me.

thump [θʌmp] *vt.* 重击(strike, pound)

【例】The salesman *thumped* the door knocker.

变化

convert [kənˈvəːt] *vt.* 转换(change, transform)

【记】con+vert(转)→转换

【例】I *converted* the spare bedroom into a reading room.

copious [ˈkəupjəs] *adj.* 丰富的 (plentiful)

diverse [daiˈvəːs] *adj.* 不同的(different, various)

diversify [daiˈvəːsifai] *vt.* 使多样化(vary)

【例】That factory has *diversified* its products.

enrich [inˈritʃ] *vt.* 丰富(make rich, enhance)

【记】en+rich(富)→丰富

【例】I *enriched* my coffee with cream and sugar.

fickle [ˈfikl] *adj.* 多变的(changeable, capricious)

【例】The weather in this area is *fickle*; you can never foretell.

lavish [ˈlæviʃ] *adj.* 丰富的(liberal)

【例】My neighbors spoiled their children with *lavish* gifts.

manifold [ˈmænifəuld] *adj.* 多样的(various, many); 多方面的

【记】mani(许多)+fold(层次)→繁多的

【例】The newlywed couple received the *manifold* blessings of their friends and relatives.

mutation [mju(ː)ˈteiʃən] *n.* 变化(transformation)

【记】mut(变)+ation→变化

【例】A little frog was transformed into a monster due to a *mutation* aroused by nuclear emission.

profuse [prəˈfjuːs] *adj.* 极其丰富的(abundant, exuberant)

【记】pro(向前)+fuse(流)→充足的，丰富的

transform [trænsˈfɔːm] *vt.* 变换(change, transmute)

【记】trans(变)+form(形)→变换形状→变换

【例】A fresh coat of paint can *transform* a room.

transition [trænˈziʃən] *n.* 转变，变迁(change, shift)；过渡

【记】trans(交换)+it(走)+ion→交换→转变

【例】Spring is a *transition* from winter into summer.

variant [ˈvɛəriənt] *adj.* 不同的(different)

【记】vari(变化)+ant→不同的

variation [ˌvɛəriˈeiʃən] *n.* 变化(alteration, change)

【记】vari(变化)+ation→变化

【例】The global warming trend has made considerable *variation* of temperature.

various [ˈvɛəriəs] *adj.* 各种的(diversified)

vary [ˈvɛəri] *vt.* 改变(differ, deviate from, range)

【例】He *varies* his writing style according to his readers.

One swallow does not make a summer.

—*Taverner*

一燕不成夏。

——泰维纳

连 线 题

左列单词在右列中有一个或多个同义词，请画线连接。

（一）

diverse	exuberant
admonish	rival
penetrate	appear
hostile	ultimate
parallel	various
eventual	disappear
emerge	antagonistic
profuse	pierce
engender	warn
varnish	detach
segregate	generate

（二）

soothe	revitalize
assemble	adhere
augment	repeal
complex	invariable
scanty	wither
revive	enlarge
languish	appease
revoke	consecutive
constant	perplex
cling	congregate
successive	scarce

（三）

contingent	steady
accumulate	diminish
deform	fragile
conspicuous	encircle
dwindle	accidental
entice	aggregate
protrude	disfigure
stable	lure
encompass	project
seclusion	disguise
brittle	isolation
conceal	noticeable

连线题答案

（一）

diverse	various
admonish	warn
penetrate	pierce
hostile	antagonistic
parallel	rival
eventual	ultimate
emerge	appear
profuse	exuberant
engender	generate
varnish	disappear
segregate	detach

（二）

soothe	appease
assemble	congregate
augment	enlarge
complex	perplex
scanty	scarce
revive	revitalize
languish	wither
revoke	repeal
constant	invariable
cling	adhere
successive	consecutive

（三）

contingent	accidental
accumulate	aggregate
deform	disfigure
conspicuous	noticeable
dwindle	diminish
entice	lure
protrude	project
stable	steady
encompass	encircle
seclusion	isolation
brittle	fragile
conceal	disguise

Word List 36

音频

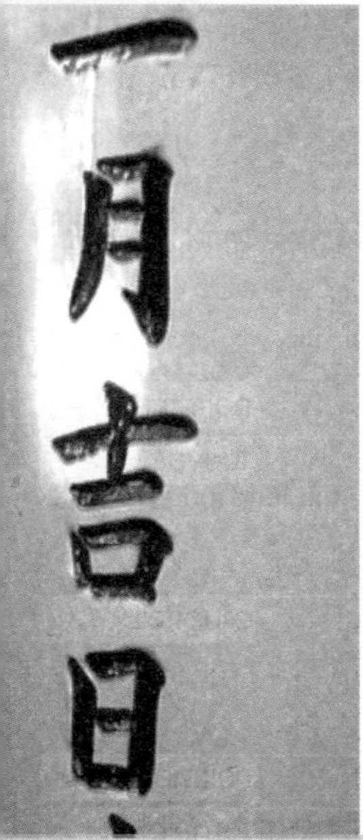

语 言

记忆小贴士:循环记忆法

人脑有一个特点，对某个信息要反复刺激才能记住。循环记忆法就是基于此点。它的诀窍在不断的快速循环记忆中记牢单词。

争辩

bicker [ˈbikə] *vi.* 争吵(brawl, quarrel)

【例】The couple *bickered* over little things.

brawl [brɔːl] *vi.* 争吵(bicker, quarrel)

【例】The disagreement soon erupted into a *brawl*.

contradict [kɔntrəˈdikt] *vt.* 反驳；抵触(counteract, oppose)

【记】contra(相反)+dict(言)→相反之言→反驳

【例】I hate to *contradict* your statement, but there are many snakes in Australia.

contradictory [ˌkɔntrəˈdiktəri] *adj.* 矛盾的；反驳的(opposing)

contravene [ˌkɔntrəˈviːn] *vt.* 反对(contradict, oppose)；违反

【记】contra(相反)+vene(走)→违背

【例】Don't do whatever may *contravene* the law of the country.

controversial [ˌkɔntrəˈvəːʃəl] *adj.* 引起争论的

【例】Mike wrote a very *controversial* book about the weakness of our political leaders.

controversy [ˈkɔntrəvəːsi] *n.* 争论

【例】I am really tired of public *controversy* concerning the morals of the president.

controvert [ˈkɔntrəvəːt] *vt.* 反驳(deny, contradict)；辩论

【记】contro(反)+vert(转)→反驳

【例】What he said is a fact that can't be *controverted*.

debatable [diˈbeitəbl] *adj.* 争论中的，未决定的(controversial, unsettled)

【记】来自debate(争论)

【例】It is *debatable* as to which football team is the best.

debate [diˈbeit] *n.* / *v.* 争论，辩论(discussion, argument)

disprove [disˈpruːv] *vt.* 反驳，证明…有误

【例】The research *disproved* information I had taken for granted.

dispute [disˈpjuːt] *v.* 争论，辩论

【记】dis+pute(说，表述)→争论

【例】The strikers began to *dispute* hotly with members of management.

eloquence [ˈeləkwəns] *n.* 雄辩

【记】e(出)+loqu(说)+ence→总能说出→雄辩

【例】Because of her *eloquence*, Anne made an excellent lobbyist.

eloquent [ˈeləkwənt] *adj.* 雄辩的，有口才的(persuasive, fluent)
【记】e(出)+loqu(说)+ent→雄辩的
【例】The *eloquent* lecture was interesting to listen to.

gainsay [geinˈsei] *vt.* 反驳(oppose)
【记】gain(=against反对)+say(说)→反驳

haggle [ˈhægl] *vi.* 争论(argue, bargain)
【例】The housewife *haggled* about the price with the vendor for half an hour.

refute [riˈfjuːt] *vt.* 驳斥，反驳(disprove, rebut)
【记】re(反)+fute(=fuse流)→反流→反驳
【例】I *refuted* him easily.

retort [riˈtɔːt] *v.* 反驳(refute, reply)
【记】re(反)+tort(歪曲)→反驳

squabble [ˈskwɔbl] *n.* 口角，争论(quarrel, argument)

wrangle [ˈræŋgl] *vi.* 争论，争执(argue, bicker)

dissentious [diˈsenʃəs] *adj.* 好争论的，争吵的

quarrel [ˈkwɔrəl] *n.*/*v.* 争论，争辩；口角
【例】Those children are always *quarrelling* over little things.

oppose [əˈpəuz] *vt.* 反对；反抗，对抗(contradict, counteract)

challenge [ˈtʃælindʒ] *vt.* 表示异议，质疑(question)

contentious [kənˈtenʃəs] *adj.* 引起争论的；好争吵的，好争论的

rebut [riˈbʌt] *vt.* 反驳；驳回

counter [ˈkauntə] *vt.* 反对(oppose)；驳回

rejoinder [riˈdʒɔində] *n.* 反驳

tiff [tif] *n.* 小争吵，小争执，吵嘴(quarrel)

协商

consult [kənˈsʌlt] *v.* 商量；请教
【例】I *consulted* the weather report before planning the picnic.

convention [kənˈvenʃən] *n.* 会议(conference)
【例】The medical association annually holds a large *convention* in a major city.

negotiate [niˈgəuʃieit] *v.* 谈判，交涉
【记】neg(不)+oti(空)+ate→不空闲→忙着谈判
【例】The two parties are *negotiating* about the contract.

pact [pækt] *n.* 协定(treaty, agreement)

placate [plə'keit] *vt.* 和解

【记】plac(平静)+ate→和解

reconcile ['rekənsail] *vt.* 和解(conform, harmonize)

【例】Anne *reconciled* her disagreement with Mary.

reconciliation [ˌrekənsili'eiʃən] *n.* 和解(compromise, pacification)

【例】The two parties make *reconciliations* to meet each other in the middle.

谈话

accost [ə'kɔst] *vt.* 向人搭话(address, speak to)

【例】She was often *accosted* by complete strangers.

coax [kəuks] *vt.* 哄

【例】Jane *coaxed* her little baby to sleep.

colloquial [kə'ləukwiəl] *adj.* 会话的，口语的(oral)

【记】col(共同)+loqu(说)+ial→会话的

【例】Bob deletes *colloquial* expressions from his formal writing.

compliment ['kɔmplimənt] *n.* 问候

confide [kən'faid] *v.* 倾诉(confess, disclose)

【记】con(全部)+fide(相信)→吐露(真情)

【例】Mary *confided* in John that she had lost her job.

declaim [di'kleim] *v.* 朗诵；演讲

【记】de+claim(宣称)→朗诵

【例】A preacher stood *declaiming* in the town center.

dialogue ['daiəlɔg] *n.* 对话(conversation)

【记】dia(对着)+logue(说)→对话

【例】The entire play consisted of *dialogue* and no movement.

dumb [dʌm] *adj.* 哑的，无言的

【例】Mike keeps *dumb* when he doesn't know the answer.

effuse [i'fju:z] *vt.* 流出；散布

【记】ef(出)+fuse(流)→散布

【例】I can't believe that kind of words *effuse* from her mouth.

equivocate [iˈkwivəkeit] *vi.* 说模棱两可的话，支吾

【例】If you *equivocate* on the witness stand, you might be charged with perjury.

excuse [iksˈkjuːz] *n.* 借口(reason)

gabble [ˈgæbl] *v.* 急促而不清楚地说出

【记】比较gobble(贪婪地大吃)

【例】"Articulate your words; don't *gabble*." said the mother.

gossip [ˈgɔsip] *n.* 闲话

grumble [ˈgrʌmbl] *vi.* 喃喃诉苦(complain, grunt)

【例】That student is discourteous; he *grumbles* no matter how one tries to please him.

hearsay [ˈhiəsei] *n.* 谣传，风闻(rumor, gossip)

【记】hear(听)+say(说)→道听途说→谣传

【例】It's just *hearsay*, but it's rumored that John is going to quit.

hoarse [hɔːs] *adj.* (声音)嘶哑的(husky, rough)

【例】Bob's *hoarse* voice sounded as if his throat really hurt.

hubbub [ˈhʌbʌb] *n.* 嘈杂(uproar)

interrupt [ˌintəˈrʌpt] *v.* 打断(halt)，插嘴(intermit)

【例】It's impolite to *interrupt* while others are talking.

nonsense [ˈnɔnsns] *n.* 胡说，废话

oration [əˈreiʃən] *n.* 演说(speech, address)

【记】orat(e)(演说)+ion→演说

outwit [ˌautˈwit] *vt.* 哄骗

【记】out(出)+wit(机智)→用计谋出去→哄骗

【例】The fox *outwitted* the farmer and stole a chicken.

refer [riˈfəː] *v.* 言及，提到(mention)

【记】re(再次)+fer(带来，提到)→提到

【例】The president *referred* several times to the Paris Treaty during his address at the summit meeting.

rumble [ˈrʌmbl] *v.* 低沉地说

【例】He *rumbled* a command to the soldiers.

solicit [səˈlisit] *v.* 恳求(request, demand)

说明

accentuate [æk'sentjueit] *vt.* 重读；强调（emphasize, underline, highlight, underscore）

【记】ac＋cent(=cant唱，说)＋uate→不断说→强调

【例】Her style of dress *accentuates* extreme slenderness.

account [ə'kaunt] *n.* 描述

cite [sait] *vt.* 引用，举例(mention, quote, refer to)

【例】When writing research papers, writers must *cite* the sources they use.

clarify ['klærifai] *vt.* 澄清，阐明

【记】clar(清楚)＋ify→澄清

【例】The explanation *clarified* the details of the plan.

construe [kən'stru:] *vt.* 解释(expound)；翻译(translate, interpret)

【例】The offended customer had *construed* my words to mean something I didn't mean at all!

convey [kən'vei] *vt.* 表达(communicate)

cover ['kʌvə] *vt.* 报道

【例】I *covered* the trial for our paper.

delineate [di'linieit] *vt.* 刻画；记述(depict, portray)

【记】de(加强)＋line(线)＋ate→用力画线→描画

【例】He *delineated* his plan in this notebook.

depict [di'pikt] *vt.* 描写，叙述(delineate, describe, portray)

【例】The poet tried to *depict* the splendor of the setting sun in his poem.

divulge [dai'vʌldʒ] *vt.* 宣布(reveal)

【例】The president asked the managers not to *divulge* the news of the merger.

elaborate [i'læbərət] *vt.* 详细阐述(explain, embellish)

【例】We ask Mary to *elaborate* her trip to Tibet.

elucidate [i'lju:sideit] *vt.* 阐明，说明(clarify, explain)

【记】e(出)＋lucid(清楚)＋ate→弄清楚→阐明

【例】Lisa cannot simply *elucidate* her ideas well enough to carry on a reasonable conversation.

emphasize [ˈemfəsaiz] *vt.* 强调，着重 （underscore, underline, highlight, stress, accentuate）

【例】The speaker will *emphasize* team work and patience in her speech.

enunciate [iˈnʌnsieit] *v.* 阐明；清晰发音(articulate)

【记】e(出)+nunci(清楚)+ate→讲出来→清楚表达

【例】You must *enunciate* your lines, or the audience will never understand you.

exemplify [igˈzemplifai] *vt.* 例证，例示(illustrate)

【例】Your diligence *exemplifies* the characteristics of a good employee.

exposition [ˌekspəˈziʃən] *n.* 展览（exhibition）；说明，阐明（description）

expound [iksˈpaund] *vt.* 解释(explain, interpret)

【例】The priest *expounded* his religion.

highlight [ˈhailait] *vt.* 突出显示，强调(underline, underscore, stress)

【例】A beam of light was cast onto the dancer, *highlighting* her vivid imitating action of a peacock.

illuminate [iˈljuːmineit] *vt.* 说明(clarify)

illustrate [ˈiləstreit] *vt.* 说明(exemplify, explain)

【记】il(不断)+lustr(光明)+ate→不断给光明→说明

【例】I *illustrated* my point about politics with examples from a book.

insinuate [inˈsinjueit] *vt.* 暗示(allude, hint, imply)

【记】in(进入)+sinu(弯曲)+ate→绕着弯进入→迂回进入

【例】Are you *insinuating* that I am responsible for the accident?

narrate [nəˈreit] *v.* 叙述(describe, recount)

【例】The story is *narrated* by its hero.

proclaim [prəˈkleim] *vt.* 宣布，声明(announce, declare)

【记】pro(前)+claim(喊)→宣布

【例】The ringing bells *proclaimed* the news of the birth of the prince.

reiterate [riːˈitəreit] *vt.* 重述(restate)

【记】re(反复)+iterate(重申)→重述

【例】The spokeman *reiterated* the policy of the government.

render [ˈrendə] *vt.* 表达(deliver, perform, express)

【例】She rendered the song beautifully.

specify [ˈspesifai] *vt.* 详述

【例】The student *specified* several reasons for his being late.

责备

berate [bi'reit] *vt.* 痛骂(scold, reproach)

【记】be+rate(骂)→痛骂

【例】Don't congratulate yourself too much, or *berate* yourself either.

blame [bleim] *vt.* / *n.* 谴责

【例】Who took the *blame* for the failure of the project?

castigate ['kæstigeit] *vt.* 谴责(condemn, denounce)

【例】It is not good to *castigate* children too harshly.

censure ['senʃə] *n.* / *vt.* 责难(disapproval)

【例】Bill received a *censure* from his boss for the failure of the project.

chide [tʃaid] *vt.* 斥责(blame, rebuke)

【例】My mother *chided* me for eating junk food.

condemn [kən'dem] *vt.* 谴责

【例】The newspaper editorial *condemned* the court's decision.

critical ['kritikəl] *adj.* 评论的；批评的

【例】The movie review was *critical* of the director's casting choices.

culpable ['kʌlpəbl] *adj.* 该受谴责的(guilty, blameworthy)

【记】culp(罪行)+able→该受谴责的

decry [di'krai] *vt.* 非难，谴责(condemn, denounce)

【记】de+cry(喊)→谴责

【例】As a staunch materialist, he *decries* economy.

denounce [di'nauns] *vt.* 谴责，声讨 (censure, condemn)

【记】de(坏)+nounce(讲话)→讲坏话→抨击

【例】Jane loudly *denounces* anyone who litters.

deprecate ['deprikeit] *vt.* 抗议，抨击(fustigate, attack)

【例】Lovers of peace *deprecate* war.

rap [ræp] *vt.* 责难

rebuke [ri'bjuːk] *vt.* / *n.* 斥责(censure, reprove)

【记】re(反)+buke(打)→反打→斥责

【例】My efforts were met with *rebukes* and insults!

reproach [ri'prəutʃ] *v.* 责备

【记】比较approach(接近)

【例】Do not *reproach* yourself; it was not your fault.

repudiate [ri'pjuːdieit] *vt.* 批判(renounce)

【例】The scientist *repudiated* the results of the shoddy experiment.

upbraid [ʌpˈbreid] *vt.* 责备，谴责(criticize, reproach)

reprimand [ˈreprimɑːnd] *vt.* 申斥，谴责(reproach, admonish)

revile [riˈvail] *v.* 辱骂；漫骂

【记】比较laud(赞美，称赞)

reprove [riˈpruːv] *vt.* 责骂，申斥，谴责(rebuke, reprimand)

【例】The principal *reproved* the students for always staying away from school.

命令

accredit [əˈkredit] *v.* 委任，任命

【例】The president will *accredit* you as his assistant.

assign [əˈsain] *vt.* 分配，指派(allot, distribute)

【例】The manager *assigned* Bill to the project.

bidding [ˈbidiŋ] *n.* 命令，要求

【例】The servant grumbled but did his employer's *bidding*.

designate [ˈdezigneit] *vt.* 指定，指派(assign, nominate, specify)

【例】The team *designated* Sally as captain.

dispatch [disˈpætʃ] *vt.* 分配(allocate, allot)

expedite [ˈekspidait] *vt.* 派出

【记】ex＋ped(脚)＋ite→脚跨出去→加速

【例】The person I talked to on the phone promised to *expedite* the shipment of the book I ordered.

imperative [imˈperətiv] *adj.* 命令的

【记】imper(命令)＋ative→命令的

instruct [inˈstrʌkt] *vt.* 命令(direct, inculcate)

nominate [ˈnɔmineit] *vt.* 任命(appoint, name)

【记】nomin(名称)＋ate→任命

【例】I *nominate* Mary for the office of treasurer.

prescription [priˈskripʃən] *n.* 指示(instruction, direction)

【例】The general demand that his men act strictly to his *prescription*.

command [kəˈmɑːnd] *vt.* 命令；指挥

【例】The general *commands* his soliders to attack the enemy troop from the left and rear.

mandatory [ˈmændətəri] *adj.* 命令的，强迫的(compulsory, obligatory)

decree [diˈkriː] *n.* 法令；政令；判决(order) *v.* 发布命令，下令(dictate)

【例】The Ministry of Commerce promulgated a *decree* to curb over investment.

appoint [əˈpɔint] *vt.* 任命，委派(designate, assign)

【例】Bill was *appointed* Governor of Massachusetts.

夸张

boastful [ˈbəustful] *adj.* 自夸的(bragging, conceited)

【例】When telling of her success, Mary tried not to be *boastful.*

boast [bəust] *vi.* 自夸 *vt.* 吹嘘(brag, self-praise)

【例】He *boasted* about the big fish he had caught.

bombastic [bɔmˈbæstik] *adj.* 夸大的(boastful)

【记】比较bomb(炸弹)

brag [bræg] *vt.* 夸张(boast, talk big)

【例】Sue *bragged* that she could eat an entire pie in two minutes.

exaggerate [igˈzædʒəreit] *v.* 夸大，夸张(overstate, overemphasize)

【例】Bill *exaggerates* every story he tells his friends.

pretentious [priˈtenʃəs] *adj.* 装腔作势的(showy, ostentatious)

overstate [ˌəuvəˈsteit] *vt.* 把…说得过分，夸大(exaggerate)

magniloquent [mægˈniləkwənt] *adj.* 夸大的，言过其实的

【记】magni(巨大的)+loquent(说话)→夸大的

联络

communicate [kəˈmjuːnikeit] *vt.* 传达 *vi.* 通信；交流

【记】commun (e)(交谈)+ic+ate→大家交谈→交流

【例】Mary *communicated* the news as tactfully as she could.

consort [ˈkɔnsɔːt] *vt.* 结交(associate, connect)

【例】Father is annoyed that his daughter *consorts* with all kinds of strange people.

correspondence [ˌkɔrisˈpɔndəns] *n.* 通信

【例】Jane saved all of her grandmother's *correspondence*.

disseminate [diˈsemineit] *vt.* 散布，传播(disperse, distribute, spread, impart)

【记】dis+semin(种子)+ate→散布(种子)

【例】The public relations department *disseminates* information.

impart [imˈpɑːt] *vt.* 给予；传递(disseminate)；告诉(inform)

【记】im(进入)+part(部分)→成为(信息的)一部分→传递

【例】A teacher's job is mainly *imparting* knowledge to students.

liaison [li(ː)ˈeizɑːn] *n.* 联络(contact, connection)

【记】lia(捆)+ison→捆在一起→联络

propagate [ˈprɔpəgeit] *vt.* 宣传

【例】Missionaries went far afield to *propagate* their faith.

reciprocal [riˈsiprəkəl] *adj.* 相互的(mutual)；交往的(exchanged)

【例】The treaty should be signed on the basis of *reciprocal* benefits.

remit [riˈmit] *vt.* 汇寄

【记】re(再)+mit(送)→再送出去→汇寄

【例】Please kindly *remit* us the rest of the money withour delay.

建议

advice [ədˈvais] *n.* 建议，忠告(suggestion)

【例】In times of trouble, people ask friends for *advice*.

advise [ədˈvaiz] *vt.* 告知；劝告(suggest)

【例】The weather report *advised* carrying an umbrella today.

counsel [ˈkaunsəl] *n.* 商议；忠告 *v.* 劝告(advise)

【例】Mary *counseled* her daughter about good study habits.

mention [ˈmenʃən] *vt.* 主张；提及

【记】ment(思考)+ion→思考想到→提到

【例】I hope you didn't *mention* my name to her.

offer [ˈɔfə] *n.* 提议 (proposal) *vt.* 提出，提议(suggest, propose)

【记】of(一再)+fer(带来)→一再带来→提供

proposal [prəˈpəuzəl] *n.* 提案；建议(advice)

propose [prəˈpəuz] *v.* **提出，提议**(advance, suggest)

【例】Man *proposes*; God disposes.

recommend [rekəˈmend] *vt.* **劝告；推荐**(suggest)

【例】She *recommended* the book to her students.

submit [səbˈmit] *vt.* **提交**(propose)

【例】Christians *submit* themselves to God's will.

advocate [ˈædvəkit] *vt.* **拥护；提倡；主张**

【例】The governor *advocates* building more schools.

呼喊

acclaim [əˈkleim] *v.* **喝彩，欢呼**(applaud)；**称赞**(approve, praise)

【记】ac+claim（喊）→欢呼

【例】The ballerina was *acclaimed* for her wonderful performances.

clamour [ˈklæmə] *n.* **叫嚣**(uproar, hubbub)

【记】clam（喊）+our→叫嚣

【例】The *clamour* from the backyard drew us out of the house.

exclaim [iksˈkleim] *v.* **呼喊**(shout)；**惊叫**(ejaculate)

exhale [eksˈheil] *vt.* **呼出**(breathe out, respire)；**发出；散发**

【记】ex+hale(气)→呼出气

【例】Bill inhaled the cigarette smoke and then *exhaled* deeply.

howl [haul] *vt.* **咆哮**(wail, bawl)

【例】The wolf *howled* in the moonless night.

bellow [ˈbeləu] *vi.* **怒吼，咆哮**(roar, yell, shout)

bawl [bɔːl] *v.* **大喊，大叫**(howl, shout)

holler [ˈhɔlə] *v.* **呼叫，叫喊**(yell)

讽刺

cynical [ˈsinikəl] *adj.* **讥讽的，冷嘲热讽的**(contemptuous, sarcastic)

【例】His *cynical* remarks simply show how uninformed he is.

deride [diˈraid] *vt.* **嘲笑，愚弄**(ridicule, mock, gibe)

【记】de(坏)+ride(笑)→嘲笑

【例】The politician *derided* his opponents at every opportunity.

flout [flaut] *vt.* **嘲弄**(scoff, despise)

【例】He *flouted* his mother's advice.

gibe [dʒaib] *vt.* / *n.* 讥笑(deride, ridicule, mock, make fun of)

【例】Don't make *gibes* about her behavior.

jeer [dʒiə] *vi.* 揶揄，嘲笑(deride, gibe)

【例】Don't *jeer* at the person who came last in the race — it's very unkind.

mock [mɔk] *n.* 嘲弄 *vt.* 嘲弄，挖苦(mimic, ridicule)

sarcasm [ˈsɑːkæzəm] *n.* 讽刺，挖苦(irony, scorn)

sarcastic [sɑːˈkæstik] *adj.* 讽刺的，挖苦的

【例】I was being *sarcastic* when I said this movie was thrilling.

sardonic [sɑːˈdɔnik] *adj.* 讽刺的，嘲笑的(sarcastic, derisive)

【例】Bill's *sardonic* sense of humor is often misunderstood.

satirical [səˈtirik(ə)l] *adj.* 讽刺的(acid, sardonic)

sneer [sniə] *vt.* 嘲笑(scoff, scorn)

【例】James *sneered* at my old bicycle. He has a new one.

taunt [tɔːnt] *n.* / *vt.* 嘲笑(tease, insult)

【记】比较daunt(恐吓)

【例】They *taunted* Tom into losing his temper.

lampoon [læmˈpuːn] *vt.* 攻击；讥讽 *n.* 讥讽文章(caricature)

ironical [aiəˈrɔnikəl] *adj.* 讽刺的(sarcastic)

derisive [diˈraisiv] *adj.* 嘲笑的

ridicule [ˈridikjuːl] *n.* / *v.* 嘲笑，愚弄(taunt, jeer)

【例】My father discouraged me by *ridiculing* my performances.

tease [tiːz] *vt.* 取笑，嘲弄(make fun of)

【例】If you always *tease* others like that, you'll forfeit the good opinion of your friends.

scoff [skɔf] *n.* / *v.* 嘲笑，嘲弄(deride, jeer)；藐视

诽谤

asperse [əsˈpəːs] *vt.* 诽谤(slander)

【记】a+sperse(散开)→散布坏东西→诽谤

【例】I strongly resent the conduct of *aspersing* other's reputation.

aspersion [əsˈpəːʃən] *n.* 诽谤

【例】I resent your casting *aspersions* on my brother and his ability.

defame [diˈfeim] *vt.* 诽谤，损毁名誉(slander, malign)

【记】de+fame(名声)→损毁名誉

【例】The politician *defamed* his opponent in his speech.

disparage [disˈpæridʒ] *vt.* 轻视(depreciate)；毁谤(denigrate)

【记】dis+par(平等)+age→不平等→贬低

【例】Before you *disparage* this idea, give us a better one.

humiliate [hju(ː)ˈmilieit] *vt.* 使屈辱，贬抑(shame, humble, insult)

【记】hum(地)+iliate→使人想找地缝→羞辱别人

【例】Dave's cruel jokes *humiliated* me.

indignity [inˈdigniti] *n.* 侮辱

injurious [inˈdʒuəriəs] *adj.* 侮辱的，诽谤的；有害的(harmful, deleterious)

【记】injuri(伤害)+ous→侮辱的

insult [ˈinsʌlt] *vt.* / *n.* 侮辱，凌辱

【例】He *insulted* her by calling her a stupid fool.

malign [məˈlain] *vt.* 诋毁，诽谤(defame, slander)

【例】Haven't I taken your part when you were *maligned*?

slander [ˈslɑːndə] *vt.* 造谣，诽谤(defame, malign)

【例】To utter or spread *slander* is against the law.

calumniate [kəˈlʌmnieit] *vt.* 中伤，诽谤(malign)

libel [ˈlaibəl] *n.* / *v.* 诽谤，中伤(slander, insult)

infamatory [inˈfæmətəri] *adj.* 诽谤的，中伤的

Time and tide wait for no man.

—*Scott*

时间不等人。

——斯科特

连 线 题

左列单词在右列中有一个或多个同义词，请画线连接。

(一)

	insult
asperse	sarcastic
counsel	applaud
disseminate	overstate
ironic	slander
pretentious	denounce
acclaim	advise
nominate	ridicule
humiliate	appoint
censure	distribute
mock	reproach
castigate	ostentatious
exaggerate	

(二)

	address
colloquial	request
depict	restate
oration	enunciation
emphasize	compromise
solicit	contradict
reiterate	rebut
exposition	oral
reconciliation	underscore
refute	delineate
contravene	

连线题答案

（一）

asperse	slander
counsel	advise
humiliate	insult
ironic	sarcastic
mock	ridicule
acclaim	applaud
disseminate	distribute
pretentious	ostentatious
exaggerate	overstate
nominate	appoint
censure	reproach
castigate	denounce

（二）

colloquial	oral
oration	address
solicit	request
exposition	enunciation
depict	delineate
emphasize	underscore
reiterate	restate
reconciliation	compromise
refute	rebut
contravene	contradict

附录 索引

请登录新东方图书网www.dogwood.com.cn浏览更多图书

《剑桥雅思常见错误精讲精练》
Pauline Cullen，Julie Moore　编著

定价：18元　开本：32开　页码：136页

《剑桥雅思语法精讲精练》（附 MP3）
Diana Hopkins，Pauline Cullen　编著

定价：45元　开本：16开　页码：272页

- ◎ 雅思备考资料官方出版机构推出的权威雅思语法教程
- ◎ 剑桥资深语法专家为全球雅思考生量身定做

《剑桥雅思核心词汇精讲精练》
（附 MP3）**Pauline Cullen　编著**

- ◎ 错误警示：帮助考生避免常见错误
- ◎ 单元测试：协助考生检验自己的进步
- ◎ 试题练习：涵盖学术类、培训类阅读以及写作、听力测试内容

定价：40元　开本：16开　页码：180页

《剑桥雅思写作高分范文》
刘巍巍 方林　编著

- ◎ 收集十年雅思写作题目，全部写作话题一网打尽
- ◎ 从雅思写作题目出发，全面提高考生写作能力

定价：38元　开本：16开　页码：248页

《剑桥雅思 12 周完全攻略——阅读》
耿耿 乐静 孙吉芯 梅晗　编著

定价：35元　开本：16开　页码：320页

《剑桥雅思 12 周完全攻略——听力》
（附MP3）　王超伟　编著

定价：29.8元　开本：16开　页码：184页

《剑桥雅思 12 周完全攻略——口语》
孙涛 王冬　编著

定价：29元　开本：16开　页码：204页

- ◎ 针对中国雅思考生的学习特点，制定12周科学备考方案
- ◎ 覆盖雅思阅读、听力、口语考试核心话题，提供权威答案，帮助考生有的放矢地备考

《雅思词汇词根+联想记忆法（加强版）》
俞敏洪　编著

- ◎ 完整收录雅思常考词汇，大量真题例句
- ◎ “词根+联想”实用有趣，配有插图，加深记忆
- ◎ 按字母顺序编排，增加返记菜单，便于考生进行自测

定价：59元　开本：16开　页码：536页

《雅思词汇词根+联想记忆法（乱序版）》
俞敏洪　编著

- ◎ 完整收录雅思常考词汇，大量真题例句
- ◎ “词根+联想”实用有趣，配有插图，加深记忆
- ◎ 增加返记菜单和索引，便于查找定位

定价：59元　开本：16开　页码：536页

《雅思词汇词根 + 联想记忆法》
俞敏洪　编著

- ◎ 原汁原味的真题例句，收词全面，涵盖雅思四大题型词汇
- ◎ 标出听力、口语单词，有针对性进行记忆

定价：32元　开本：32开　页码：368页

《雅思词汇词根+联想记忆法——写作》
俞敏洪　编著

定价：12元　开本：64开　页码：200页

《雅思词汇词根+联想记忆法——听力》
俞敏洪　编著

定价：12元　开本：64开　页码：160页

《雅思词汇词根+联想记忆法——口语》
俞敏洪　编著

定价：12元　开本：64开　页码：192页

《雅思词汇词根+联想记忆法——阅读》
俞敏洪　编著

定价：12元　开本：64开　页码：232页

- ◎ “词根+联想”实用有趣，配有插图，加深记忆
- ◎ 涵盖雅思听、说、读、写词汇，收词全面，分类科学

邮购咨询电话：010-62605127

《词以类记：IELTS 词汇》
张红岩　编著

◎ IELTS最新词汇：覆盖听说读写
◎ 按学科和意群分类：细分至最小同义词区间，符合大脑分类记忆规律

定价：38元　开本：32开　页码：400页

《雅思词组必备》
俞敏洪　编著

◎ 紧扣真题，选词科学
◎ 例句经典，原汁原味
◎ 收录同义词组，扩充词汇量
◎ 幽默插图，巧妙助记

定价：22元　开本：32开　页码：224页

《雅思口试话题高分妙语——旁征博引助你赢》
（附MP3）　陆文佳　编著

◎ 新颖性：以全新的视角剖析雅思口语考试，灵活运用名言引证
◎ 全面性：覆盖雅思口语常考话题，提供大量名言素材与使用范例
◎ 专业性：融多年课堂教学经验，深入讲解引证法在雅思口语考试中的运用

定价：28元　开本：32开　页码：264页

《剑桥雅思官方模考题精讲精练》
（附 MP3）
Louise Hashemi, Barbara Thomas　编著

◎ 6套官方雅思模拟测试题，设题科学，难度仿真
◎ 具体、实用的答题指导和建议
◎ 特设的语法、词汇和写作练习

定价：49元　开本：16开　页码：236页

《雅思写作论证论据素材大全》
韦晓亮 刘剑　编著

◎ 全面性：覆盖雅思写作话题涉及的英文论证和论据素材
◎ 权威性：精选《经济学家》、《时代周刊》、《科学》、《大英百科全书》等权威刊物文章
◎ 文化性：囊括西方教育、法律、文化、科技、历史等领域

定价：28元　开本：32开　页码：280页

《IELTS 9 分必考短语·学术类》
（附MP3）　李伯庆　著

定价：25元　开本：32开　页码：272页

《IELTS 9 分必考短语·培训类》
（附MP3）　林昱伶　著

定价：25元　开本：32开　页码：272页

从记忆、理解到应用，一次搞定IELTS应考短语！① 记忆公式：不用死记，让你迅速掌握短语意义；② 英语理解：英语释义，让你直接领略短语的精确含义；③ 例句应用：通过例句让你学会如何应用短语。

《雅思核心词汇》（第 2 版）
（附MP3）　陆文玲　编著

◎ 根据雅思考试出现频率分为“高频单词”、“精选单词”及“挑战单词”三大类，由浅入深，循序渐进
◎ 15项主题式单词分类，涵盖政治、经济、科技、教育与休闲等领域。核心单词配合实用例句，活学单词，即学即用

定价：38元　开本：16开　页码：272页

《雅思 9 分口语》（第 2 版）
（附MP3）　Patrick Hafenstein　编著

◎ 给出4大口试评分标准及QPS口试应考策略
◎ 提供实用笔记速记法及口语测试现场模拟
◎ 全面囊括12大常考主题，依照口语测试标准题型编排

定价：40元　开本：16开　页码：280页

《雅思 9 分写作》（第 2 版）
Julian Charles　编著

◎ 60篇高分写作范文
◎ 阶段式写作学习法
◎ 高分词汇精准运用
◎ 综合练习精进写作

定价：45元　开本：16开　页码：380页

请将读者反馈email至：bj62605588@163.com

《雅思 9 分听力》（第 2 版）

（附MP3） **Justine Ball** 编著

- ◎ 5大题型深入分析
- ◎ 8种要领彻底掌握
- ◎ 4套完整模拟试题
- ◎ 全真听力测试原文

定价：40元　开本：16开　页码：288页

《雅思 9 分阅读》（第 2 版）

Patrick Hafenstein 编著

- ◎ 3阶段进阶，逐步提高
- ◎ 说明式解答，题题详尽
- ◎ 5大题型精辟剖析
- ◎ 4套考题全真模拟

定价：40元　开本：16开　页码：308页

《雅思 9 分模考》（第 2 版）（附 MP3）

Daniel Sansoni, Patrick Hafenstein 编著

- ◎ 4套完整模拟考题
- ◎ 8篇高分写作范文
- ◎ 常用词汇完整收录
- ◎ 全真听力测试原文

定价：40元　开本：16开　页码：292页

《雅思口语特训》（附 MP3）

孙涛　编著

- ◎ 收录最新口语真题和话题卡片，将常考话题进行分类、分级，实现逐级突破
- ◎ 随书配有420分钟录音光盘，内含所有话题题目及经典答案

定价：45 元　开本：16开　页码：292页

《雅思听力特训》（附 MP3）

彭新松，Stuart Perkins 编著

- ◎ 洞悉雅思听力出题规律，提供最新模拟试题
- ◎ 针对中国雅思考生的特点和需求

定价：35元　开本：16开　页码：176页

《雅思口语必备核心话题》

（附 MP3）　孙涛　王冬　关新　编著

- ◎ 话题全面，分类合理，提供一个小型“口语语料库”
- ◎ 答案精准，表达地道，奉上最佳口语练习模板
- ◎ 选材丰富，语言生动，展示英语语言无限魅力

定价：40元　开本：16开　页码：260页

《雅思考前突破与冲刺试题》

（附MP3） **Lin Lougheed** 编著

- ◎ 四套全真模拟练习题，提供真实的考场氛围
- ◎ 包含详细题解、答案及听力原文，供考生自我检测

定价：48元　开本：16开　页码：356页

《雅思听力》（附 MP3）

新东方教育科技集团雅思研究院　著

定价：48元　开本：16开　页码：192页

《雅思口语》（附 MP3）

新东方教育科技集团雅思研究院　著

定价：48元　开本：16开　页码：204页

《雅思阅读》

新东方教育科技集团雅思研究院　著

定价：45元　开本：16开　页码：176页

《雅思写作》

新东方教育科技集团雅思研究院　著

定价：45元　开本：16开　页码：212页

- ◎ 新东方团队倾力打造，雅思基础培训指定辅导教材
- ◎ 符合中国雅思考生学习特点，听说读写全部搞定

《强化培训：雅思口语》（附MP3）

新东方教育科技集团雅思研究院　著

定价：35元　开本：16开　页码：160页

《强化培训：雅思写作》

新东方教育科技集团雅思研究院　著

定价：32元　开本：16开　页码：160页

《雅思全真模拟试题集》（附 MP3）

新东方教育科技集团雅思研究院　著

定价：45元　开本：16开　页码：304页

- ◎ 新东方团队倾力打造，雅思强化培训指定辅导教材
- ◎ 重点攻破中国学生口语和写作薄弱环节，提供雅思试题全攻略